초격차 이후, 삼성의 길을 묻다

전략, 조직, 문화의 재설계

허문구

REDESIGN
SAMSUNG

박영사

머리말

책을 쓴 이유

"삼성전자, 어디로 가야 하는가?"

이 책은 삼성전자의 현재를 진단하고 미래에 대한 모색을 통해, 삼성과 한국 기업의 경영에 성찰을 제공하고자 하는 목적으로 쓰여졌습니다.

삼성전자는 한국 경제 성장의 상징이자 혁신의 아이콘이었지만, 초격차 경쟁력을 자부하던 메모리 반도체조차 기술 리더십이 흔들리고 있습니다. 세계 어느 기업보다 다양한 사업을 하고 있지만, 어떤 분야에서도 확실한 경쟁우위를 갖고 있지 못합니다. 위기입니다.

저는 위기의 원인을 **전략, 지배구조, 그룹본부, 혁신, 역량, 조직, 문화**라는 일곱 가지 요소를 통해 분석했습니다. 각 장은 문제의 원인과 함께 미래를 위한 제안을 담고 있습니다. 과연 삼성전자는 **왜 위기를 맞았으며, 어떻게 다시 도약할 수 있을까요?**

그리고 이 물음은, **다른 한국기업에게 어떤 통찰을 제공할 수 있을까요?**

책의 접근과 독자

Nothing is so practical as a good theory!('좋은 이론보다 실용적인 것은 없다'). 이론은 불완전하지만, 경영 현상을 분석하는 데 어떤 방법보다 '실질적(practical)'이라 믿습니다. 이러한 믿음을 바탕으로, 삼성전자가 당면한 문제를 진단하고 방향을 제시하는 데 이론을 최대한 활용했습니다. 다만 일반 독자를 대상으로 한 책이므로, 이론적 냄새는 배제하고 쉽게 풀어쓰려고 노력했습니다. 그리고 마이크로소프트, 엔비디아, 애플 등 글로벌 기업들의 사례를 함께 살펴보며, 한국 기업에 대한 구체적 시사점을 제공하고자 했습니다. 일반 독자를 염두에 두고 쓴 책이므로, 어려운 이론을 몰라도 책을 읽고 이해하는 데 어려움이 없을 것입니다.

책의 구성

책은 크게 두 부분으로 나뉩니다. PART 1 **전략과 지배구조**에서는 삼성전자의 사업구조와 전략, 이사회와 그룹본부의 역할을 다루고, PART 2 **혁신과 조직**에서는 기술기업으로서의 혁신 체계, 환경에 대응하는 동적 역량, 조직의 구조와 운영, 조직문화를 분석합니다. 부록에서는 본문 이해에 도움이 되는 **이론과 사례**를 설명했으며, 책 말미에는 **용어 해설**을 붙였습니다.

덧붙이는 말

세상 어디에도 문제가 없는 조직은 없습니다. 이 책에서 지적한 삼성전자의 여러 문제점과 과제는 삼성의 미래에 대한 '제안'을 하기 위한 징검다리로 받아들여지길 원합니다. 대안없는 비판을 경계하여, 책의 모든 부분에서 진단과 제안의 균형을 유지하려 애썼습니다.

삼성전자는 사업 분야도 워낙 다양하고 조직도 방대합니다. 다양한 원천을 통해 자료를 수집, 분석하기 위해 최대한 노력했지만, 자료 수집이나 사실 확인이 어려운 부분이 있어 아쉬움이 남습니다.

'개미 날개만 한 지식으로 화엄창천을 날아다니는구나' (박웅현, 〈여덟단어〉 서문). 책을 완성하면서 이런 염려가 들었지만 한국 기업의 경영에 보탬이 되려는 마음에서 용기를 냈습니다.

이 책은 한국 기업에게 보내는 성찰의 제안입니다. 기술과 시장의 패러다임이 바뀌는 상황에서, 경영에 대한 새로운 생각이 필요합니다. 그 출발은, **전략과 구조를 다시 묻고, 조직과 문화를 새롭게 설계하며, 무엇보다 사람과 경영의 본질을 성찰하는 것**에서 시작됩니다. 이 책이 한국 기업의 더 나은 미래를 고민하는 모든 이들에게 작은 길잡이가 되기를 바랍니다. 한국 경제를 이끌어가는, 모든 건강한 기업을 응원합니다.

일러두기

- 이 책의 자료와 분석은 2025년 2월 말을 기준으로 삼았습니다.
- PART 1 전략과 지배구조는 삼성전자 전체를 대상으로 서술했으며, PART 2 혁신과 조직은 주로 반도체 부문(DS 부문)을 분석 대상으로 했습니다.
- 각 장은 서로 연계되어 있지만, 독립적이고 자체 완결적으로 작성했습니다. 따라서 장의 순서와 무관하게 읽을 수 있습니다. 이 때문에 각 장별 분석과 제안이 일부 상충되거나 겹치는 부분이 존재할 수 있습니다.

목차

PART 02 혁신과 조직

Introduction

"삼성전자, 어디로 가야 하는가?"

이 질문은 단순히 한 기업의 미래를 묻는 것이 아닙니다. 삼성전자의 행보는 대한민국 경제의 미래와 긴밀히 연결되어 있으며, 한국기업들이 직면한 도전과 기회에 대한 하나의 거울이 됩니다. 기술 패러다임의 전환이 가속화되는 이 시대, 기술과 시장, 조직과 경영은 새로운 게임의 규칙을 요구하고 있습니다. 이 책은 그러한 변화를 통찰하고, 삼성전자가 맞이한 현실과 미래를 진단하며, 한국기업 전반에 필요한 성찰과 방향을 제시하고자 합니다.

Part 1. 전략과 지배구조

Part 1에서는 삼성전자의 현재 사업구조와 전략, 그리고 이를 뒷받침하거나 제약하는 지배구조 문제를 진단합니다. 복합적인 사업구조와 수직적 통합이라는 기존의 강점이 변화하는 기술과 시장 환경 속에서 어떻게 유연성과 민첩성을 제약하는 요인으로 작용하고 있는지를 살펴봅니다. 또한, 이사회와 그룹본부가 어떻게 기업의 전략적 선택과 혁신을 지원하거나 저해하고 있는지 구체적으로 분석합니다.

▶ **1장 전략**에서는 삼성전자의 멀티비즈니스 및 수직계열화된 사업구조를 진단하고, 각 사업의 지배논리가 충돌하면서 오히려 사업 간 시너지를 제약하고 있음을 밝힙니다. 복합 사업구조 유지의 득실을 평가하고, 선택과 포기의 중요성을 제안합니다. 그리고 경쟁력이 열세인 사업 분야에서는 경쟁자를 이겨서 1등이 되려는 전략이 아니라, 경쟁자와 차별적인 경쟁의 필요성을 강조합니다.

▶ **2장 지배구조**에서는 현 이사회의 구성과 운영, 역할과 위상의 한계를 살펴봅니다. 그리고 삼성전자에서 이사회가 감독기구를 넘어 경영진을 보완하는 전략적 파트너 역할을 해야 하는 이유를 제시합니다. 이를 바탕으로 적극적, 전략적 역할을 하는 이사회가 되는 데 필요한 방안을 제안합니다.

▶ **3장 그룹본부**에서는 삼성전자 사업지원 TF를 중심으로 그룹 본사의 역할을 분석합니다. 본사가 사업부의 자율성과 혁신을 제약하는 구조적 문제를 논의하고, 그룹본부의 바람직한 역할과 이를 위한 조건을 제시합니다.

Part 2. 혁신과 조직

Part 2는 기술기업으로서 삼성전자가 지속 가능한 경쟁력을 확보하기 위해 극복해야 할 혁신 역량과 조직의 문제를 진단합니다. 기술 패러다임이 전환되는 시대에, 기존의 성공방식은 오히려 새로운 도전 앞에서 걸림돌이 될 수 있습니다. 미래를 개척하는 데 필요한 혁신의 방향과 조직의 변화를 구체적으로 제안합니다.

▶ **4장 혁신**에서는 활용과 탐험이라는 개념을 중심으로 삼성전자의 혁신 활동을 분석합니다. 기존 강점의 활용에 치우쳐 불확실성 속에서 새로운 가능성을 탐색하는 탐험활동을 소홀히 한 결과로 기술 지배력 상실이라는 위기에 처하게 되었다고 분석합니다. 그리고 미래를 개척하는 탐험적 활동을 어떻게 강화할 것인지에 대한 구체적 방안도 함께 제시합니다.

▶ **5장 역량**에서는 동적 역량 이론에 기반하여, 변화하는 환경에 효과적으로 대응하기 위해 요구되는 '환경감지 역량'과 '자원재구성 역량'의 중요성을 강조합니다. 삼성전자의 빠른 추격자 전략이 성공을 가져왔지만, 창조적 선도자로 전환하는 데 필요한 역량은 부족함을 밝힙니다. 창조적 선도기업으로 도약하기 위해 요구되는 역량은 무엇인지, 그리고 이러한 역량을 어떻게 개발하고 강화할 수 있을지에 대한 구체적 방안을 제시합니다.

▶ **6장 조직**에서는 단절된 사업부제 구조, 수직적이고 경직된 조직운영, 과도한 성과통제와 행동통제가 기술개발과 혁신, 구성원의 사기에 어떻게 부정적 영향을 미치고 있는가를 진단합니다. 혁신능력을 복원하고 민첩한 환경 적응과 구성원의 창의성 발휘를 위해서는 조직구조, 조직운영 및 조직통제 방식의 획기적 변화가 필요하다고 제안합니다.

▶ **7장 조직문화**에서는 통제와 경쟁, 성과와 효율, 삼성 중심의 문화가 기술기업으로서 삼성전자의 경쟁력에 어떻게 부정적 영향을 미치고 있는가를 분석합니다. 기술 중심의 원팀 문화를 구축하기 위해서는 최고경영진 및 관리자의 인식과 역할의 전환이 필요하다는 점을 강조합니다. 또한 평가·보상 시스템의 변화와 기술직에 대한 별도의 인사시스템에 대해서도 논의합니다.

이 책이 던지는 메시지

삼성전자가 직면한 문제는 단순히 기술과 제품만의 문제가 아닙니다. 그동안의 전략적 선택과 1등 경쟁(1장), 감독기구로서의 소극적 역할에 머무른 이사회(2장), 혁신과 장기적 경쟁력을 지원하지 못한 그룹본부의 관리 방식(3장), 미래를 개척하기 위한 탐험 활동의 부족(4장), 과거의 역량에만 매달려 새로운(부족한) 역량을 개발하지 못한 안이함(5장), 사람의 가능성을 제약하고 추격자 시절의 경영 방식에 머물러 있는 조직구조, 운영, 조직통제방식(6장) 및 건강하지 못한 역기능적 조직문화(7장)가 결합하여, 현재의 위기를 초래했습니다.

기술, 제품, 혁신을 낳는 밑바탕에는 사람과 경영이 자리하고 있음을 깊이 인식해야 합니다. 우리는 마이크로소프트, 애플, 구글, 엔비디아 같은 기업에서 이들의 제품과 기술에만 주목하지만, 이들이 전략, 혁신, 조직구조와 운영, 조직문화에 이르기까지 자신만의 독특한 경영 방식을 창조하고 체계화해 왔다는 사실을 깨달아야 합니다.

이제는 경영활동 전반을 근본부터 다시 성찰하고, 새로운 방향을 모색해야 할 때입니다. 전략적 선택, 이사회의 리더십, 새로운 역량의 개발, 조직구조와 조직운영이 상호 유기적으로 연결되어 변화를 이끌어야 하며, 그 모든 바탕에는 결국 사람과 조직문화가 있습니다.

이 책은 삼성전자에 대한 진단을 넘어, 한국기업에 보내는 제언입니다. 혁신을 위해서는 과거의 성공 공식을 과감히 버리고, 새로운 시대의 요구에 맞는 전략, 역량, 조직, 문화를 구축해야 합니다. 경영에 대한 치열한 고민과 실천이, 우리가 마주한 거대한 변화의 시대를 헤쳐나갈 열쇠가 될 것입니다.

REDESIGN SAMSUNG

PART 1

전략과 지배구조

CHAPTER

1

전략

사업구조와 전략적 선택

전략은 선택이며, 선택의 본질은 '무엇을 하지 않을 것인가'를 결정하는 것입니다. 현재의 복합적 사업구조와 다층적 수직계열화의 득실을 재검토하고, 각 사업의 특성과 경쟁력을 기준으로 선택과 집중을 고려해야 합니다. 경쟁력이 취약한 사업에서는 '1등 전략'보다는, 선도 기업과 차별적인 방식으로 경쟁할 수 있는 전략적 통찰이 요구됩니다. 지배논리가 다른 사업 간에는 경영방식도 달라야 하며, 경우에 따라서는 사업분할 등을 포함한 과감한 선택이 요구됩니다.

실행 이전에 선택이 먼저다

"당신 회사의 전략은 무엇입니까?"

이 질문은 삼성전자의 사업구조와 경쟁전략을 살펴보며 가장 먼저 떠올랐던 의문입니다. 한국 최고의 기업이지만, 삼성전자의 전략이 무엇인지 뚜렷하게 떠오르지 않습니다. 여러 사업 분야와 다양한 제품군을 보유하고 있지만, 무엇을 선택했고, 어떤 길을 걸으려는지 분명치 않습니다.

삼성은 빠른 실행력으로 성장해 왔지만, 이제는 명확한 전략이 필요합니다. '어떤 길을 선택할지, 그 길에서 목표는 어떤 방법으로 달성할 것인지'에 대해 경영진의 생각이 명확해야 하고, 조직구성원들에게도 분명하게 전달되어야 합니다.

시스템 반도체의 팹리스(반도체 설계)와 파운드리(반도체 생산)에서는 경쟁 기업과 격차가 점점 벌어지고 있고, 초격차 경쟁력을 갖고 있다던 메모리 반도체에서도 기술 리더십을 상실할 위기입니다. 이대로는 안 된다는 위기의식이 퍼지고 있지만, 어떤 선택을 해야 할지, 무엇에 집중해야 할지 방향이 명확하지 않습니다.

전략이란 선택입니다. 무엇을 할 것인가를 결정하는 동시에, 무엇을 하지 않을 것인가를 분명히 하는 작업입니다. 그러나 삼성의 현재 모습은 선택을 미루고 모든 가능성을 열어둔 채 실행에만 몰두하는 모습입니다. 급속한 기술과 시장의 변화 속에서 실행력만으로는 세계적인 기업들과 경쟁하기 어렵습니다. 실행 이전에 전략이 우선입니다. 선택이 이루어져야 실행도 빛을 발합니다.

이 장에서는 삼성전자의 사업구조와 전략적 선택을 분석하고, 전략의 관점에서 위기의 근본 원인이 무엇인지 진단합니다. 첫째, 다각화된 멀티비즈니스 구조와 수직계열화된 사업구조가 경쟁력에 어떤 영향을 미치는지 살펴봅니다. 둘째, 각 사업부문 간 경영방식과 지배논리가 조화를 이루지 못하고 충돌하고 있는 현실을 짚어봅니다. 마지막으로 이러한 복잡한 구조가 왜 전략적 선택을 방해하는지 분석하고, 미래를 위한 전략 복원의 방향을 모색합니다.

삼성에 먼저 필요한 것은 실행의 속도가 아니라 방향을 바로잡는 선택의 용기입니다. 이 장이 그 첫걸음이 되기를 바랍니다.

1 현황과 과제

전략의 핵심은 사업영역을 선택하고 경쟁 방법을 결정하는 것입니다. 삼성전자는 다양한 사업을 영위하고 있으므로, 먼저 현재의 사업구조를 분석, 평가하겠습니다.

다음으로 사업을 성공적으로 경영하는데 필요한 지배논리dominant logic-즉, 경영자들이 문제를 인식하고 의사결정을 내리는 고유한 방식이나 경영에 관한 생각의 틀-가 사업영역별로 비슷한지, 혹은 차이가 있는지 검토하겠습니다. 지배논리가 서로 다른 사업은 한 기업에서 성공적으로 경영하기 어렵기 때문입니다.

사업구조의 분석과 평가

(1) 멀티비즈니스 사업구조

삼성은 다양한 사업을 영위하는 멀티비즈니스 기업multibusiness company으로 복합적 사업구조를 갖추고 있습니다. 〈그림 1〉에서 보듯

그림 1 주요 사업 분야의 구성

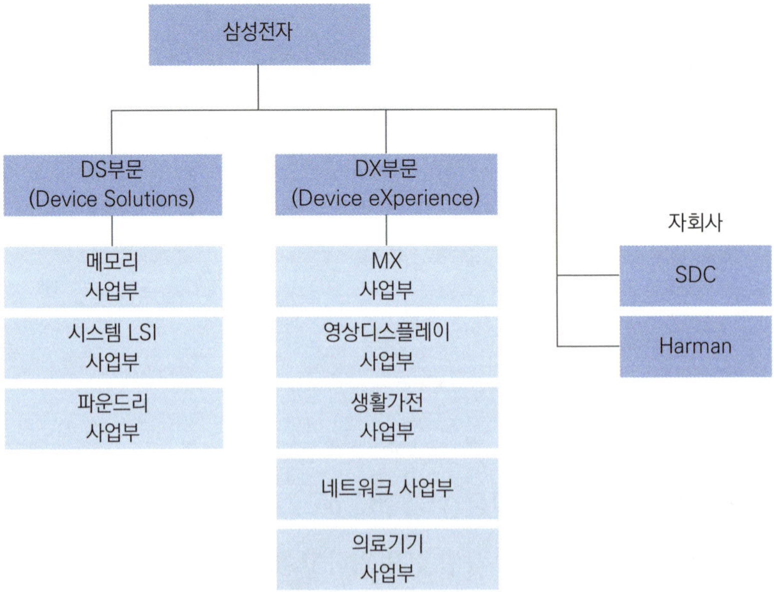

크게 DS(반도체)와 DX 부문으로 나뉘며, 부문별 여러 사업부와 자회사로 구성됩니다. 서로 관련은 있지만 다양한 사업 분야를 가진 멀티 비즈니스 기업입니다. 〈표 1〉에서 사업부별 주요 경쟁자를 살펴보면 삼성이 얼마나 대단한 기업들과 경쟁하고 있는지 알 수 있습니다.

• 반도체의 종류, 비즈니스모델, 삼성의 반도체 사업 분야

삼성전자의 사업구조를 이해하려면 먼저 반도체 산업의 비즈니스 모델을 살펴볼 필요가 있습니다. 〈표 2〉에서 보듯, 반도체는 기능에 따라 크게 메모리 반도체와 시스템 반도체로 나뉘며, 이에 따라 비즈니스모델도 달라집니다.

표 1 • 사업부별 주요 제품과 경쟁사

부문	사업부	주요제품	주요 경쟁사
DS	메모리	D램, 낸드플래시	SK하이닉스, 마이크론
	시스템 LSI	모바일 AP	미디어텍, 퀄컴, 애플
		이미지 센서	소니
		DDI	노바텍, LX세미콘
	파운드리	생산(시스템 반도체)	TSMC
DX	MX	스마트폰	애플, 샤오미
		노트북	Lenovo, HP, Dell, 애플
	영상디스플레이	TV	LG전자, TCL, 하이센스
		모니터	LG전자, ASUS, Dell
	생활가전	냉장고, 세탁기, 에어컨	LG전자, 월풀, GE
	네트워크	통신 장비	화웨이, 에릭슨, 노키아
	의료기기	디지털 엑스레이, 초음파 진단기기	GE, 필립스, 지멘스
SDC		스마트폰용 OLED 패널	LG디스플레이, BOE
Harman		디지털 콕핏, 카오디오, 포터블 스피커	LG전자, 덴소, 파나소닉

메모리 반도체는 설계 복잡도가 낮고, 공정·제조 기술과 대량생산 역량이 경쟁력의 핵심입니다. 이 때문에 메모리 업체는 설계와 제조를 일괄 수행하는 종합 반도체 기업(integrated device manufacturer: IDM) 구조를 택하는 경우가 대부분입니다.

반면 시스템 반도체는 제품 종류가 다양하고, 고객 요구에 따라 설계 난이도도 높습니다. 이에 따라 비즈니스모델은 설계에 특화된 팹리스fabless와 팹리스의 설계에 맞춰 위탁 생산을 수행하는 파운드리foundry로 분업화되어 있습니다.

삼성전자는 **메모리**(메모리 사업부), **팹리스**(시스템LSI 사업부), **파운드**

리(**파운드리 사업부**) 등 세 영역을 모두 아우르는 유일한 반도체 기업입니다. 특히 1992년 세계 최초로 64M D램 개발에 성공한 이후, 30년 넘게 메모리 반도체 분야에서 글로벌 1위를 유지해 왔습니다.

하지만 시스템 반도체 분야에서는 여전히 후발주자의 위치에 머

표 2 • 반도체의 종류, 특징, 비즈니스모델

		메모리 반도체	시스템 반도체
기능과 용도	기능	데이터 저장 (기기의 저장장치역할)	데이터 처리, 분석, 제어 (기기의 두뇌 역할)
	제품 종류	D램, 낸드플래시, HBM	CPU, GPU, 모바일 AP, 통신 칩, 센서 등
	용도	PC, 스마트폰, 서버의 기억장치	스마트폰, 자율주행, AI, 통신장비, 가전 등
제품 특성과 생산 방식	제품특성	범용(표준화된 규격품) HBM은 고객 맞춤형	용도에 따라 매우 다양함 (고객 맞춤형)
	설계 복잡도	낮음(단순)	비교적 높음 ~ 매우 높음 (제품에 따라 다름)
	생산방식	대량생산	다품종 소량생산
경쟁 방식과 시장 구조	경쟁방식	가격(원가) 경쟁 (공정, 수율, 생산규모)	기술·설계에 의한 차별화 경쟁
	시장구조	소수 업체 과점	수많은 기업이 세분화된 (제품별) 시장에서 경쟁
비즈니스 모델과 삼성	구조	**종합 반도체 기업** (설계 + 제조 통합: IDM)	**팹리스**(설계) + **파운드리**(생산) 분업 구조
	주요 기업	삼성, SK 하이닉스, 마이크론	• 팹리스: 엔비디아, 퀄컴, 브로드컴, AMD, 애플 등 • 파운드리: TSMC
	삼성전자의 해당 사업부	**메모리 사업부**	• 팹리스: **시스템LSI 사업부** • 파운드리: **파운드리 사업부**

묻고 있습니다. 2019년 '반도체 비전 2030'을 통해 시스템 반도체에서도 글로벌 1위를 달성하겠다는 포부를 밝혔지만, 파운드리 부문에서는 TSMC와의 격차가 오히려 확대되는 등, 현재까지는 뚜렷한 경쟁력 향상을 보여주지 못하고 있습니다.

• 멀티비즈니스 사업구조의 장단점

멀티비즈니스 사업구조는 사업부문 간 자원, 기술, 인력, 시장을 공유하여 시너지를 창출하고 단일 사업의 위험을 분산할 수 있습니다. 또한 내부 시장(조직)을 통해 자금 및 인력 조달이 가능하고(이를 '내부시장 효과'라고 합니다), 구매, 홍보 등 공통 기능을 통합함으로써 규모의 경제에 따른 비용 절감과 효율성 향상이라는 장점이 있습니다. 이 외에도 여러 사업을 하면 시장지배력이 커지고 규모 증대로 인해 기업의 위상이 높아질 수 있다는 점도 경영자에게는 다각화의 동기로 작용할 수 있습니다. 이런 이유로 한때 많은 대기업이 복합적 사업구조를 가졌습니다. 멀티비즈니스가 싱글 비즈니스보다 장점이 많다고 생각했기 때문입니다.

멀티비즈니스의 단점으로는 기업의 규모가 커지고 사업 분야가 많아지므로 경영의 복잡성이 증가한다는 점을 들 수 있습니다. 조직구조가 복잡해지고 의사결정이 지연되며 관리비용 증가로 비효율성이 발생합니다. 사업부 특성에 맞는 경영(의사결정, 자원 배분, 조직운영과 통제방법 등)이 어렵다는 점도 무시할 수 없습니다. 그리고 대부분 산업에서 경쟁이 치열해지고 있어서 다각화로 인한 위험분산 효과는 더 기대하기 힘들고, 오히려 사업 분야가 많을수록 위험은 커집니다. 기업의 핵심 역량이나 경영자의 관심^attention^이 분산된다는 점도 치열한

표 3 • 멀티비즈니스 사업구조에 대한 평가

부문	장점	단점
주요 내용	시너지 창출(자원 공유) 단일 사업의 위험 분산 내부시장 효과(자금, 인력 조달) 비용절감(공통 기능 통합) 시장지배력 제고	경영의 복잡성 증대(조직규모, 사업 분야) 조직의 관료화 사업 특성에 맞는 경영이 곤란 위험 증대(위험분산 효과 상실) 핵심 역량과 경영자의 관심 분산 자원배분의 비효율성
평가 종합	기술과 시장의 변화가 빠른 산업에서는 불리함 환경 변화에 유연하고 민첩한 대응이 곤란함 차별적 역량을 가진 핵심 비즈니스에 집중이 어려움	

경쟁환경에서는 부정적으로 작용합니다. 수익성이 높은 부문에서 창출한 자원을 수익성이 낮은 부문에 배분하는 자원 배분의 비효율성 문제도 발생합니다.

멀티비즈니스 기업에 대한 시장의 평가도 부정적으로 바뀌고 있습니다. 다각화된 기업의 시장가치가 개별 사업의 합산 가치보다 낮게 평가되는 경향이 있으며, 이를 다각화 할인diversification discount이라 합니다.[1] 앞서 제시한 여러 문제점이 다각화 할인을 초래하는 것입니다. 이상의 내용을 요약하면 〈표 3〉과 같습니다.

• 싱글 비즈니스의 장점과 기업분할 및 분사 동향

사업구조조정이나 기업분할을 통해 특정 사업에 집중하는 싱글 비즈니스 기업이 늘어나고 있습니다. 여러 사업을 영위하더라도 사업 분야의 범위를 좁히고, 대신 제품/서비스의 적용 분야를 확대해서 경쟁력을 확장하는 기업이 많아지는 추세입니다. 멀티비즈니스의 장

표 4 • 기업분할 및 분사 사례

기업명	분할 후 기업 및 주요 사업 분야	분할 연도
HP	HPI(PC, 프린터), HPE(서버, 네트워크, IT 서비스)	2015년
Google	모기업 알파벳을 설립하여 구글의 여러 사업부문(Waymo, Calico, DeepMind 등)을 구글과 독립적인 자회사로 분리	2015년
eBay	결제 서비스 부문을 PayPal로 분사	2015년
IBM	IBM(클라우드, AI), Kyndryl(IT 서비스)	2021년
Dell	VMware 분리, VMware는 소프트웨어, Dell은 하드웨어에 집중	2021년
Johnson & Johnson	Johnson & Johnson(제약, 의료기기), Kenvue(헬스케어)	2023년
GE	GE Aerospace(항공엔진), GE healthCare(헬스케어), GE Vernova(에너지)	2024년

점보다는 단점이 두드러져서 발생하는 현상입니다.

시장과 기술 환경의 불확실성이 높아지면서, 변화하는 환경에 유연하고 민첩하게 대응하는 것이 기업 생존의 조건이 되고 있습니다. 이와 맞물려 핵심 비즈니스와 차별적 역량을 가진 활동에만 집중하는 것이 조직의 비대화로 인한 관료주의의 폐해를 예방하면서, 민첩성과 경쟁력을 높일 수 있다는 인식이 확산하고 있습니다. 기술발전 속도가 빠르고 환경 불확실성이 높은 기술기업의 경우에는 더욱 그렇습니다.

멀티비즈니스의 큰 장점이 사업부 간 시너지 효과인데, 최근 연구들은 시너지를 창출하기가 쉽지 않다고 결론 내리고 있습니다.[2] 다양한 사업을 하면 시너지를 만들 기회는 생기지만, 시너지를 끌어내기 위해 발생하는 조정비용, 경영의 복잡성과 사업부 간 마찰 등으로 시너지 창출 효과보다는 부작용과 비용이 더 크기 때문입니다. 요약하

그림 2 GE: 기업분할 전후 기업가치 변화

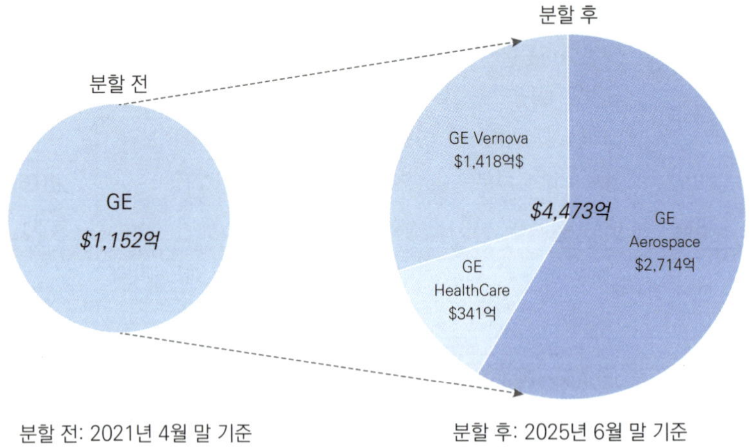

면, **기술과 시장의 변화가 빠른 환경에서는 멀티비즈니스 사업구조는 득보다 실이 많습니다**.

이는 기업의 통합 및 분사에 대한 동향에서도 알 수 있습니다. 2000년대까지는 규모의 경제를 확보하고, 시너지 창출과 글로벌 경쟁력 강화를 위해 기업 통합 사례가 많았습니다. 반면 앞서 〈표 4〉에 제시한 것처럼 근래 들어 기업분할이나 분사가 활발합니다.

현재까지 기업분할의 결과는 긍정적입니다. 구글, 페이팔부터 최근의 GE에 이르기까지 분할된 후 경쟁력과 성장이 향상되었으며, 기업가치도 크게 증가했습니다. GE의 경우 항공, 에너지, 헬스케어 세 회사로 분할 후 기업가치가 분할 전에 비해 3.8배나 증가했습니다(〈그림 2〉). 경영의 복잡성은 줄어들고 사업 특성에 맞는 자율적 경영이 가능해져 시장 대응력과 유연성, 민첩성이 향상되었기 때문입니다.

그림 3 삼성의 다층적 수직계열화 구조

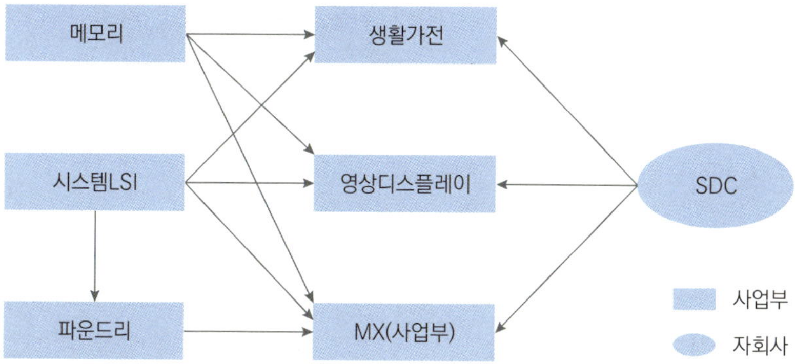

(2) 수직계열화된 사업구조

수직계열화 또는 수직적 통합vertical integration을 이해하려면, 먼저 '수직적 가치사슬'이라는 개념부터 살펴볼 필요가 있습니다. 수직적 가치사슬은 원재료에서 최종 고객에게 제품이나 서비스를 제공하기까지 연결된 일련의 활동(사업)을 말합니다.

본질은 같지만 그 내용은 산업마다 다른데, 일반 제조업의 가치사슬은 원재료 → 부품(반제품) → 제품 → 물류/유통(→ 소비자)로 나타낼 수 있으며, 영화산업은 기획 → 투자 → 제작/수입 → 배급 → 상영(극장) (→ 소비자)과 같이 나눌 수 있습니다. 이처럼 산업별로 수직적 가치사슬이 존재하는데, 이 중 둘 이상의 사업을 동시에 수행하는 것을 수직계열화라고 합니다.

삼성은 다층적으로 수직계열화된 사업구조를 갖추고 있습니다. 〈그림 3〉에 제시한 것처럼, 메모리 반도체는 스마트폰, TV, 가전제품의 부품으로 공급되며, 반도체 사업부의 세 부문(메모리, 시스템LSI, 파운드리 사업부)이 모두 스마트폰에 제품을 공급합니다. 메모리 반도체

외에도 시스템LSI 사업부의 제품들이 MX 사업부(스마트폰, 노트북)와 영상디스플레이사업부(TV, 모니터)의 부품으로 사용되고, 자회사인 삼성디스플레이의 디스플레이 패널이 스마트폰과 TV, 모니터의 부품이 됩니다. 이처럼 각 사업부 간 설계-생산 또는 부품공급-완제품으로 수직적으로 통합된 구조를 형성하고 있습니다.

• 수직계열화의 장단점

수직계열화는 부품이나 원재료를 내부에서 조달하므로 공급망이 안정되고 거래 관계 조정이 수월합니다. 내부 공급자가 효율적이라면 품질 향상, 비용 절감 같은 이점이 있습니다. 반면 사업부문 간 관련성이 높아 환경 변화에 유연한 대응이 어렵고 경영의 복잡성도 커집니다. 내부 고객이 확보되므로 기술혁신이나 효율성을 높일 동기가 낮아집니다.

수직계열화는 우리나라 대기업들이 성장 과정에서 폭넓게 활용한 전략입니다. 상호 거래 관계를 통해 규모 확대와 신사업 진출이 손쉽고, 관련 산업의 발전이 미흡한 상황에서는 수직계열화에 의해 핵심사업의 경쟁력도 키울 수 있습니다.

근래는 수직계열화의 단점이 주목받고 있습니다. **사업 분야 간 관련성이 높아 환경 변화에 유연하고 민첩한 대응이 어려워집니다.** 특히 급진적 혁신이 빈번한 기술산업에서는 여러 사업영역에서 기술우위를 유지하기가 불가능해지고 있습니다(〈표 5〉 참고).

표 5 • 수직계열화에 대한 평가

부문	장점	단점
주요 내용	• 공급망 안정 • 거래관계 조정이 용이 • 품질향상과 비용절감(공급선이 효율적인 경우)	• 환경 변화에 유연한 대응 곤란 • 경영의 복잡성 증대 • 기술혁신이나 비용절감의 유인 저하 • 사업의 전문화 곤란
평가 종합	기술 변화가 빠른 산업에서는 불리한 비즈니스 모델 • 대안: 수직적 분할	

• 반도체 산업과 수직적 분할

이에 따라 기술혁신이 빈번한 분야에서는 오히려 수직적 분할 vertical disintegration이 주목을 받고 있습니다.[3] 수직계열화가 주요 활동을 내부화하는 데 비해, 수직적 분할은 가장 경쟁력이 높은(핵심 역량을 보유한) 특정 가치사슬 활동(사업)에만 집중하고 다른 활동은 외부로부터 조달하는 것을 의미합니다.

반도체 산업이 수직적 분할의 대표적인 사례입니다. 1980년대까지만 해도 대부분의 반도체 기업은 설계, 생산, 패키징, 검증 등 전 과정을 한 회사에서 수행하는 종합 반도체 기업IDM 형태를 취했습니다. 그러나 이후 산업구조가 바뀌며, 설계에 특화된 팹리스fabless와 제조에 특화된 파운드리foundry로 분화되었습니다. 파운드리라는 새로운 비즈니스모델은 TSMC가 처음 개발한 것으로, 반도체 기업 간 설계와 제조의 분업 체계를 정착시키는 데 결정적 역할을 했습니다. 이제 IDM은 소수에 불과하며, 대부분의 반도체 기업은 가치사슬 중 특정 활동에 집중하는 전문기업으로 진화했습니다(〈그림 4〉 참조).

반도체 산업을 살펴보면 수직적 분할이 대세가 되고 있습니다. 이는 **기술변화가 빠른 산업에서는 수직계열화보다 수직적 분할이 효과**

그림 4 반도체 산업의 가치사슬과 비즈니스모델

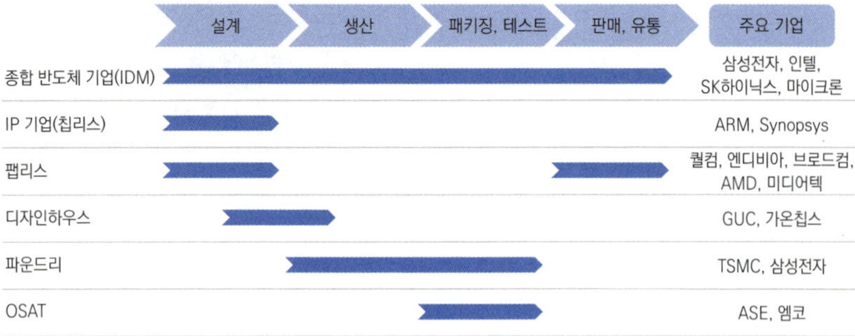

자료: 삼성반도체 이야기, 2020, 반도체 생태계 한눈에 보기!, http://samsungsemiconstory.com.

적 사업모델이라는 것을 의미합니다. 시스템 반도체 시장의 성장과 함께 반도체 시장의 주도권은 엔비디아, 브로드컴, 퀄컴과 같은 팹리스와 파운드리 시장을 장악한 TSMC 같은 전문기업이 장악하고 있습니다. 기술변화가 일상인 기술산업에서는 핵심 역량을 가진 분야에 집중해서 기술우위를 유지하고, 시장과 기술의 변화에 유연하게 대응할 수 있는 전문기업의 장점이 크기 때문입니다.

현재 종합 반도체 기업은 삼성, 인텔, SK 하이닉스, 마이크론 정도입니다. 한때 반도체 산업의 주도적 비즈니스모델이 이젠 소수가 된 것입니다. 메모리 반도체는 특성상 모두 IDM입니다. 메모리 반도체를 제외하면 시스템 반도체에서는 인텔과 삼성만 IDM입니다.

한때 세계반도체산업의 상징과도 같았던 인텔은 2024년에만 130억 달러 적자를 기록하는 등 추락을 거듭하고 있습니다. 경영실적 부진에 사임한 CEO 겔싱어Gelsinger가 파운드리 분사를 발표하기도 했습니다. 2025년 2월 현재 미확인 인수설이 제기되었는데, 브로드컴Broadcom이 인텔의 칩 설계 및 마케팅 부문을 인수하고, TSMC가 파운드리를 인수하는 시나리오입니다. 월가에서는 적어도 반도체 설계와 생산의 분리에 대해서는 긍정적으로 평가하고 있습니다.

시스템 반도체에서 둘뿐인 IDM이 삼성과 인텔인데, 인텔은 이렇듯 미래가 불확실합니다. 삼성의 경우 메모리, 팹리스, 파운드리 비즈니스를 한 회사에서 수행하는 IDM 비즈니스모델이 성공 가능한 대안viable option이 될 수 있을지 냉철한 평가가 필요한 시점입니다.

(3) 사업구조 평가 종합

앞서 살펴본 것처럼, 삼성은 다양한 사업을 동시에 영위하는 복합적(멀티비즈니스) 구조이면서 동시에 주요 사업부문이 수직적으로 연결된 수직계열화된 사업구조를 갖추고 있습니다. 이런 사업구조의 장점으로 ① 위험분산을 통한 안정적 수익구조, ② 기술이나 자원 공유에 의한 시너지 효과, ③ 원가절감 및 품질경쟁력 강화, ④ 공급망 안정성과 시장지배력 증대와 같은 효과를 들 수 있습니다. ①, ②는 멀티비즈니스 구조에 따른 장점이며, ③, ④는 수직계열화 구조에서 기대할 수 있는 효과입니다. 그러나 실제로 이러한 구조적 강점들은 삼성의 경쟁력에 충분히 공헌하지 못하고 있다고 판단합니다.

반면 이러한 사업구조에는 분명한 한계와 단점도 존재합니다. 첫째, 사업 분야별 특성과 전략적 요구에 맞는 경영이 어렵고, 둘째, 경영(의사결정, 자원 배분, 사업부문 간 조정 등)의 복잡성이 커지며, 셋째, 이로 인해 변화하는 환경에 유연하고 민첩한 대응이 어려워집니다. 특히 혁신이 경쟁우위의 원천인 기술산업에서 이러한 문제가 커집니다. 자원과 인력이 분산되어 핵심 사업의 역량 강화가 어렵고, 경영진의 관심이 분산된다는 점도 중요한 단점입니다.

삼성의 사업 분야는 세계적 기업들과 치열하게 경쟁해야 하며, 기술혁신이 경쟁우위의 핵심이고, 기술과 시장의 변화에 유연하고 민첩하게 대응해야 하는 특징을 가지고 있습니다. 이러한 점을 고려할 때, **현재의 복합적이고 수직계열화된 사업구조는 장점보다 단점이 더 크게 작용하고 있다**고 판단합니다.

다양한 사업, 하나의 방식: 지배논리의 문제

여러 사업을 수행하면 사업구조에서 발생하는 문제도 있지만, 다양한 사업을 경영하는 데 따르는 '경영방식'의 문제도 있습니다. 이를 경영에 대한 지배논리라고 하는데, 비즈니스에 대한 마인드셋mind-set이나 문제를 인식하고 해결방안을 모색하는데 적용되는 사고방식을 의미합니다. 즉 조직에서 의사결정을 내리고 문제를 해결하며 자원을 배분하는 데 활용하는 근본적인 사고방식mental models과 조직운영 원칙을 '경영의 지배논리'라고 합니다.

이는 프라할라드Prahalad와 베티스Bettis라는 저명한 전략 학자가 다각화와 기업 성과의 관계를 연구하면서 제시한 개념입니다.[4] 이들에 따르면, 각 사업의 성공을 위해서는 그에 적합한 경영방식이나 사고틀-즉 지배논리가 필요하며, 성공 경험이 축적될수록 지배논리는 더욱 강화됩니다. 따라서 기존의 지배논리가 잘 작동하는 사업에서는 높은 성과를 낼 가능성이 있지만, 성격이 다른 새로운 사업에서는 기존 방식만으로는 성공하기 어렵다고 봅니다. 이 경우에는 기존의 관점을 전환하거나, 전혀 다른 방식의 경영 사고를 새롭게 도입해야 한다는 것입니다.

그러나 이러한 인식 틀은 주로 경영진의 사고방식(멘탈모델)에 기반하기 때문에, 핵심 인물이 바뀌거나 새로운 시각을 지닌 리더가 최고

경영팀에 포함되지 않으면 변화하기 어렵습니다. 이런 맥락에서 전략 이론은 서로 다른 지배논리가 요구되는 사업들을 조직적으로 분리하는 것이 다각화 기업의 성과 제고에 바람직하다고 제안합니다.

• 사업 분야별 지배논리 차이

삼성의 지배논리는 주력 사업 분야인 메모리 반도체의 성공으로 개발, 강화되었습니다. 그리고 반도체 부문의 경영진은 대부분 메모리 반도체 출신입니다. 메모리 반도체와 팹리스, 파운드리는 제품의 특성, 경쟁력의 원천, 기술개발 방식에서 큰 차이가 있으며, 이에 따라 각 사업을 성공적으로 경영하는데 필요한 지배논리도 현격히 다릅니다.

〈표 6〉에서 보는 것처럼, 메모리는 '대규모 투자, 대량생산에 의한 원가절감과 시장지배력 강화'가 중요하다면, 팹리스는 차별화된 설계 및 소프트웨어 역량, 파운드리는 '초미세 공정기술을 바탕으로 고객과의 긴밀한 협력과 신뢰 관계'가 핵심 성공 요인입니다. 협력업체와의 관계도 메모리는 품질, 가격, 물량, 표준 등에서 시장지배력을 바탕으로 주도적인 위치에서 관계를 조정하는 반면, 팹리스와 파운드리는 다양한 관련 업체들과 수평적 생태계 형성이 중요합니다.

같은 반도체라도 메모리, 팹리스, 파운드리는 지배논리가 너무 다르므로, 경영자나 경영방식도 서로 달라야 합니다. 그러나 대부분 경영자가 메모리 반도체에서 성장했으므로 자연히 메모리의 지배논리를 다른 사업부에 적용하게 되고, 이로 인해 각 사업의 경쟁력에도 문제가 생기게 됩니다.

2010년대 중반 무렵 파운드리에서 10나노 공정을 개발할 때의 일입니다. 고객의 요구에 빠르게 대응하기 위해 엔지니어들은 ARM 사

표 6 • 메모리, 팹리스, 파운드리의 특성 비교(지배논리 관점)

	메모리 반도체	팹리스	파운드리
제품 특성	표준화된 규격품commodity *HBM은 고객 맞춤형	다양한 응용 분야별 특화된 제품(설계)	고객 맞춤형 제품 생산(설계를 받아)
비즈니스모델	설계 - 생산 - 판매 통합	설계 전문, 생산은 파운드리 위탁	팹리스의 설계에 따라 맞춤형 생산
시장구조	소수 기업 과점	제품 용도에 따라 다양한 기업이 경쟁	TSMC의 1강 체제(고부가가치 제품 독점, 전체 시장의 60% 이상 점유)
경쟁우위 요소	공정기술, 원가경쟁력, 규모의 경제	설계 품질	최첨단 제조공정 및 수율
주요 성공 요인 (경쟁우위 원천)	• 대량생산을 통한 원가절감 • 대규모 설비투자능력(자본력) • 미세공정과 양산기술	• 설계 역량(아키텍처 설계 역량) • 축적된 개발 프로세스(노하우) • 소프트웨어 역량	• 첨단 공정기술 • 고객과의 파트너십 • 대규모 투자 능력 • 생산 유연성 및 다양성
진입장벽	자본력, 공정기술	설계 역량, 설계자산IP 보유	초미세 공정기술, 고객 확보 능력, 대규모 자본투자능력
혁신 방향	미세공정, 차세대제품 개발	차별화된 고용량, 저전력 설계	첨단 미세공정 개발
혁신 속도와 특성	점진적, 선형적	빠르고 급진적, 응용 분야에 따라 기술이 다양	지속적인 연구개발(초미세 공정기술 개발 경쟁)
협력업체와의 관계, 생태계	수직적 가치사슬의 중심 기업으로 물량, 품질, 표준 등 선도(수직적 관계)	리서치, S/W, H/W를 포괄하는 생태계 육성이 중요	다양한 협력업체, IP 업체와의 파운드리 생태계 형성(수평적 관계)
지배논리	• 대규모 투자 - 대량생산 - 시장지배력 강화 • 공정기술/양산기술 - 규모의 경제 - 원가절감 • 수직적 가치사슬에서 중심 역할: 갑의 관점(수직계열화)	• 설계 차별화에 의한 경쟁력 확보 • 반도체 생태계 활용(IP 업체, EDA 업체 등과 협업) • 수평적 협업 구조(팹리스-파운드리)	• 초미세 공정기술 개발-고객 파트너십 강화 • 고객과의 긴밀한 협력과 신뢰 관계 구축 • 대규모 투자 - 설비/장비 우위 • 다양한 협력업체, IP 제공업체, 패키징 및 테스트 업체와의 파운드리 생태계 형성

에서 제공하는 반도체 설계 자산IP을 활용(구매)하여 공정을 개발하려 했으나, 경영층에서는 원가절감을 위해 (외부 설계자산을 쓰지 말고) 자체 개발하라는 지시를 내렸다고 합니다.[5] 파운드리는 고객 요구의 신속한 충족과 협력이 중요한데, '고객에게 끌려다니지 말고 우리가 주도한다' '원가절감이 중요하다' 등과 같은 메모리 비즈니스의 지배논리가 파운드리 사업에도 그대로 적용된 사례입니다. 이때 이후 파운드리가 TSMC에 추월당한 후, 현재까지 격차가 계속 벌어지고 있습니다.

최근 고대역폭메모리HBM의 부진도 지배논리 측면에서 분석할 수 있습니다. HBM은 기존 메모리 제품과 달리 범용 제품이 아닙니다. 고객과의 긴밀한 협업이 필요하며, 그것도 갑의 위치가 아니라 을의 위치에서 고객 요구를 수용해야 합니다. 그동안 메모리는 표준화된 제품을 대량생산하고 원가절감에 초점을 두었으며, 시장지배력을 가진 갑의 위치였습니다. HBM은 메모리 제품이지만 범용 메모리와는 성격이 전혀 다릅니다. 오히려 지배논리 측면에서 HBM은 파운드리와 유사한 점이 많습니다. HBM에서의 고전은 사전 준비를 제대로 못 한 점도 있지만, 메모리 반도체 1등에서 오는 지배논리가 HBM에는 적합하지 않았기 때문이기도 합니다.

메모리, 시스템LSI(팹리스), 파운드리는 같은 반도체지만 제품 특성, 비즈니스모델, 시장구조, 기술의 특성과 경쟁력의 원천, 협력업체와의 관계 등에서 상당히 다릅니다. 〈표 6〉에서 보는 것처럼, 세 부문은 특성은 물론 경영에 대한 지배논리도 전혀 다른 비즈니스라 할 수 있습니다. 더불어 스마트폰, 영상디스플레이, 생활 가전 사업도 일반 소비자를 대상으로 한 완제품이라는 점에서 사업 성격이 전혀 다릅니다. 요약하면, 삼성은 지배논리가 다른 여러 사업을 운영하고 있어, 모든 분야에서 동시에 성공을 이루기는 쉽지 않은 구조입니다.

2 미래 발전을 위한 제안

전략에 대한 제안은 기업구조의 변경, 사업구조의 조정과 같은 아주 복잡한 이슈가 서로 맞물려 있어서 현실적, 실현 가능한 대안을 제시하기 쉽지 않습니다. 이를 전제로 현재의 기업구조 유지를 전제로 한 대안(전략의 복원)과 기업구조 변화를 포함하는 대안(기업구조의 변경)으로 나누어 저의 제안을 제시하겠습니다.

전략의 복원: 전략적 사고가 필요하다

현 비즈니스 구조가 안고 있는 문제점을 살펴봤습니다. 전략을 연구하는 학자로서 삼성 연구를 진행하며 떠올랐던 질문은 '삼성의 전략은 무엇인가?'였습니다. 연구를 마무리하는 지금도, 삼성은 명확한 전략보다는 실행 중심의 경영에 치우쳐 있다는 생각을 지우기 어렵습니다. 그 이유를 전략적 사고의 본질인 ① '선택', ② '경쟁자와 다른 방법으로 경쟁하기'competition to be unique라는 두 요소로 나누어 살펴보고, 각각 대안을 제시하겠습니다.

(1) 전략은 선택이다: 선택을 해야 한다

'전략은 선택'이라고 합니다. 이 말의 본질은 '무엇을 하지 않을 것인가를 결정하는 것'입니다. 경영자를 포함해서 인간은 누구나 선택을 회피(지연)하는 성향이 있습니다. 선택에는 위험이 따르기 때문이죠. 선택을 지연함으로써, 여러 대안을 갖고 있으면 나중에 상황에 따라 유연하게 대처하거나 더 올바른 의사결정을 내릴 수 있을 것이라는 기대심리도 작용합니다. 그러나 선택을 미루면 대개 상황은 악화하고 또 다른 변수가 생겨 불확실성은 줄어들지 않습니다.[6]

인텔의 전성기 뒤에는 CEO였던 앤디 그로브Andrew Grove의 과감한 선택이 있습니다. 그는 1985년 메모리 반도체 사업 완전 철수를 결정하고 마이크로프로세서에 집중했습니다. 당시 메모리 사업을 유지할 여력이 충분했지만, 기술이 빠르게 변하고 혁신이 중요한 사업에서는 한 가지 분야에 역량을 집중하는 것이 경쟁우위를 차지하는 데 효과적이라고 판단했기 때문입니다.

이 결정은 이후 30년간 인텔 성공의 초석이 되었습니다. 그는 훗날 자서전에서 이 과정을 "죽음의 계곡death valley을 지나는 듯했다"라고 회고했습니다.[7] 루멜트Rumelt 교수도 전략의 어려움은 논리나 분석이 아니라 '선택' 그 자체에 있다고 통찰했습니다.[8] 오늘날 AMD의 성공도 파운드리 사업 분사와 철수라는 전략적 선택에서 시작되었습니다.

반면 삼성의 지난 10여 년간 사업구조를 분석하면 '선택'의 흔적을 찾기 어렵습니다(프린팅 솔루션, LCD 사업 등 비주력 한계사업 제외). 기존 사업의 필요에 따라 새로운 비즈니스에 진입하거나 제품군만 추가된 것으로 보입니다. **'실행'만 있고, '전략'은 보이지 않습니다.**

• **시스템 반도체 사업의 전략적 선택: 팹리스 vs 파운드리**

여러 사업 분야에서 세계적 전문기업들과 힘든 경쟁을 벌이고 있는 현 시점이 무엇보다 '전략적 선택'이 필요한 때입니다. 시스템 반도체 분야에 대한 선택이 필요하다고 생각합니다. 시스템 반도체 사업에서 설계와 생산을 동시에 하는 종합 반도체 기업IDM을 지향하고 있지만, 차별적 역량으로 경쟁하는 수직적으로 전문화된 기업들이 시장을 장악하고 있습니다.

삼성의 IDM 모델이 효과가 있으려면 팹리스나 파운드리 두 분야 중 적어도 한 분야에서는 경쟁 기업보다 경쟁우위를 확보하고 있어야 합니다. 한 분야에서 경쟁우위를 확보하고 있다면 이를 레버리지 삼아, 다른 분야의 경쟁력을 강화할 수 있습니다. 그러나 현재는 팹리스와 파운드리 두 분야 모두 경쟁열위competitive disadvantage에 있습니다.

시스템 반도체에서 팹리스 업체로 자리매김할 것인가, 파운드리 업체로 경쟁할 것인가에 대한 선택이 필요합니다. 저는 파운드리를 선택하고, 팹리스 포기가 현실적인 대안이라 생각합니다. 그 이유를 제시하겠습니다.

첫째, 고객 확보를 통해 성장할 여지가 파운드리가 더 큽니다. 파운드리는 격차가 크지만 글로벌 2위이며 초미세 공정 개발을 통해 TSMC와 경쟁하는 유일한 기업입니다. TSMC가 여러 팹리스의 수요를 모두 충족하기는 힘든 상황이며, 주요 팹리스도 TSMC 단일 공급자에 대한 의존도를 낮출 유인이 충분합니다. 따라서 파운드리에서 격차를 좁힐 수 있다면, 글로벌 고객 확보와 급속한 성장을 기대할 수 있습니다.

둘째, 시스템LSI 인력을 메모리로 통합하여 메모리의 경쟁력을 강화할 수 있습니다. 메모리 시장의 변화가 빨라지고 있습니다. HBM

시장의 급속한 성장은 물론 CXL(컴퓨터 익스프레스링크), PIM(processing in memory; 메모리에 연산 기능을 더한 것) 등 차세대 메모리 개발이 본격화되면 고부가가치 메모리 시장규모도 크게 성장할 것으로 예상됩니다. 이런 상황이므로 LSI 인력을 메모리로 통합, 집중한다면 메모리의 설계 역량을 강화할 수 있습니다.

셋째, 팹리스 고객사와 경쟁 구조가 해소되므로 파운드리 비즈니스는 글로벌 고객들과 더욱 적극적으로 협력관계를 모색할 수 있을 것입니다.

(2) 경쟁자와 다른 방법으로 경쟁해야 한다

전략적 사고의 첫 번째 덕목은 '경쟁자와 다른 방법으로 경쟁하는 것'입니다. **비즈니스 경쟁은 최고가 되기 위한 경쟁**[competition to be best]**이 아니라, 독특해지기 위한 경쟁**[competitor to be unique]**입니다**. 최고가 되기 위한 경쟁은 전쟁과 같이 1등만 살아남는 경쟁입니다. 경쟁자가 제공하지 못하는 독특한 가치를 고객에게 제공하는 것이 비즈니스 경쟁의 본질이고, 같은 산업에서도 여러 기업이 존재하는 이유입니다.

삼성을 살펴보면 경쟁자를 물리치고 최고가 되기 위한 경쟁에 몰두하고 있다는 생각이 듭니다. 이는 메모리 반도체의 지배논리 탓이기도 합니다. 메모리는 표준화된 규격품이어서 누가 성능이 유사한 범용 제품을 더 빨리 개발하고 더 싸게 양산하는가가 중요합니다. 삼성도 메모리 시장에 진입한 이래 선도기업을 추격하여 1등이 되는 것이 목표였습니다. 그리고 1등이 된 후에는 초격차를 유지하여 1등의 자리를 굳건히 하는 게 목표였습니다. 그래서 경쟁자를 앞서 최고가 되는 게 삼성의 경쟁에 대한 DNA입니다.

그림 5 시스템 반도체(시스템LSI 및 파운드리) 매출 비교(TSMC vs 삼성)

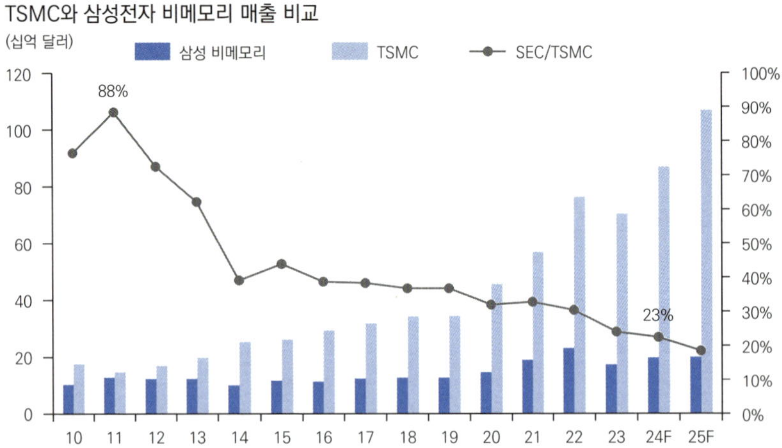

자료: 유진투자증권, 2024, 3Q24P Review: 지켜지지 못한 약속들.

그러나 모든 분야에서 전부 1등이 되기도 어렵고, 그럴 필요도 없습니다. 삼성이 미래의 먹거리로 키우겠다는 목표 아래 집중적으로 투자하고 있는 시스템 반도체(설계 및 파운드리) 사업을 살펴보겠습니다. 〈그림 5〉와 〈그림 6〉에서 보는 것처럼 시스템 반도체 및 파운드리의 시장점유율은 지속해서 하락하고 있으며, 적자 폭이 확대되고 있습니다. 시스템 반도체 사업에 뛰어든 지 약 20년이 흘렀는데 경쟁력이 개선되고 있다는 징후는 발견하기 어렵습니다.

'반도체 비전 2030'에는 2030년까지 133조 원을 투자하여 글로벌 1위를 달성하겠다는 야심 찬 목표를 담고 있습니다. 그러나 이 계획은 '과감한 투자'와 '글로벌 1등'이라는 선언만 있을 뿐, 어떤 방법으로('경쟁자와 어떻게 차별적으로 경쟁해서') 1등을 달성하겠다는 내용은 찾아볼 수 없습니다. 목표만 있을 뿐 '전략'이 빠져 있습니다.

시스템 반도체는 메모리와는 달리 고객 맞춤형 다품종 소량생산이 요구되며 시장을 주도하는 1등 기업이 존재하므로, 전략이 더 중

그림 6 파운드리 시장점유율: TSMC와 비교

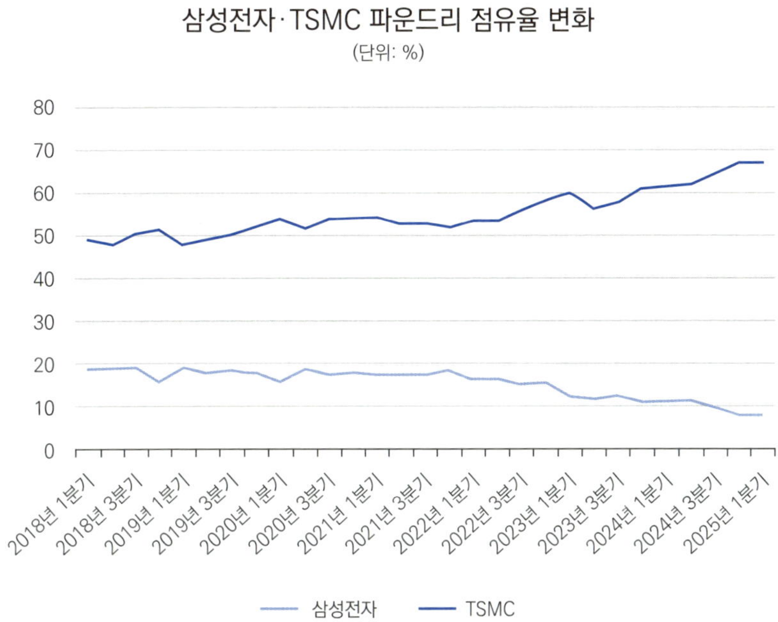

자료: 트렌드포스.

요합니다. 그러나 최고가 되겠다는 선언만 있을 뿐, 어떻게 경쟁하겠다는 전략의 본질이 빠져 있습니다. **후발주자로서 시장 주도기업과 경쟁하기 위한 차별적인 경쟁 방법을 모색해야 합니다.**

• 파운드리와 팹리스 사업: 경쟁자와 차별적인 방법으로 경쟁

파운드리 경쟁을 살펴보겠습니다. 2017년 파운드리가 독자 사업부로 분리·출범한 이후에도 TSMC와의 경쟁력 격차는 계속 벌어지고 있습니다. 추격이 가능할까 라는 의구심이 들 정도입니다. 〈그림 6〉에서 보듯, 시장점유율은 TSMC가 65%를 넘어섰는데, 삼성은 급기야 8% 이하로 떨어졌으며, 중국 SMIC가 6%로 삼성과의 격차를 크게 좁히고 있습니다(2025년 1분기 기준). 이마저도 시스템LSI 사업부의 자체 물량을 제외하면 주요 고객사는 찾기 어렵습니다.

이런 상황인데도 삼성의 전략은 변하지 않은 듯합니다. 초미세 공정 개발 경쟁을 통해 TSMC로부터 메이저 고객사(애플, 엔비디아, 퀄컴, AMD 등)를 다시 확보하는 것이 삼성의 경쟁전략으로 보입니다. 최고가 되기 위한 경쟁의 전형적 예라고 판단합니다. 엄청난 투자까지 겹쳐서 현재 적자는 갈수록 커지고 있으며, 이는 자원 배분의 비효율성을 초래해 타 사업부의 경쟁력에도 부정적 영향을 미치고 있습니다.

초미세 공정 개발에서 앞서는 것만이 답일까요? 경쟁사와 다르게 경쟁할 방법을 찾아야 합니다. TSMC는 상위 3개 고객이 매출의 50%, 상위 10개 고객이 매출의 90% 이상을 차지합니다. 주문대기가 길고, 기존 고객의 주문 물량도 다 소화하지 못하고 있습니다.

이럴 때가 기회입니다. 파운드리는 고객 맞춤형 제품이므로 TSMC가 충족하지 못하는 고객을 대상으로 우선 수율이 확보되는 공정을 통해 비즈니스 기회를 모색해야 합니다. 시스템 반도체의 용도가 급속히 확대되고 있으므로, 현재 공정기술로 충족 가능한 고객에게 제품을 공급하고, 향후 수요 변화나 기술 축적에 따라 고객 기반을 확대해 나간다면 비즈니스에 새로운 전기가 될 수 있을 것입니다. 지금은 '**TSMC와 다른(차별적인) 방법으로 경쟁하는 것**'이 중요하다고 생각합니다.

시스템LSI 사업부도 현재 제품군(모바일 AP, 이미지센서, DDI 등)을 보면 삼성만의 특징이 무엇인지 찾기 어렵습니다. 스마트폰이나 영상, 가전 등 회사 내 타 사업부 수요 충족이 목적인지, 새로운 시장 개척이 목표인지 불분명해 보입니다. 향후 팹리스 사업을 계속한다고 전제하면, 주력으로 경쟁할 분야를 집중해서 선택할 필요가 있습니다.

그리고 시스템 반도체는 전체 칩의 구조와 작동방식을 설계하는 능력, 즉 아키텍처 설계 역량이나 축적된 개발 프로세스가 핵심 경쟁력입니다. 따라서 단기간에 이러한 역량과 노하우를 따라잡기 어려우므로, 해당 분야에서 오랜 경험과 전문성을 축적한 기업에 대한 M&A를 적극적으로 고려할 필요가 있습니다. 다음은 삼성전자의 엔지니어가 유튜브[9]에 단 댓글입니다.

> "제품군은 플래그십/미들엔드/웨어러블/모뎀/전장 다 합니다. 왜냐고요? 퀄컴이 하니까요. 인력의 질적인 비교는 무시하고 인력의 숫자만 따져도 퀄컴의 절반도 안 되는데, 퀄컴이 하는 건 다 따라 합니다. 우리만의 특별한 전략? 그런 거 없습니다."

정리하겠습니다. 전략 피벗, 즉 전략 방향의 전환strategic reorientation이 절실한 시점입니다. 전략적 사고를 바탕으로, 회사의 전략 방향을 명확히 설정해야 합니다. 이때 ① 무엇을 하지 않을 것인가를 분명히 선택해야 하며, ② 경쟁자와 똑같은 방법으로 경쟁해서 앞서려고 하지 말고, 경쟁자와 다른 독특한 방법으로 경쟁할 수 있는 길을 모색해야 합니다.

기업구조 변화를 포함하는 대안

현재 삼성전자의 복합적, 수직계열화된 사업구조는 득보다는 실이 많으며, 지배논리 측면에서도 특성이 다른 사업 분야를 함께 영위하고 있습니다. 이런 이유로 모든 사업 분야에서 경쟁력을 확보하는 것은 구조적으로 어렵다고 생각합니다. 비즈니스 특성이나 지배논리가 다른 사업을 운영하는 데 따르는 여러 문제점을 고려할 때, 사업구조에 대한 과감한 '선택'이 필요한 시점입니다. 이러한 선택으로 갈 수 있는 과정을 두 가지 대안으로 제시하겠습니다.

(1) 대안 1: 기업분할

• 기업분할의 필요성

주요 사업 분야에 따라 기업분할을 적극적으로 고려할 필요가 있습니다. 앞서 제시한 것처럼 삼성의 여러 비즈니스는 서로 관련성이 있지만, 사업 특성이나 경영에 대한 지배논리도 다릅니다. 〈표 7〉에 제시하였듯이, 반도체의 경우 설계-제조의 연계성 약화, 스마트폰, 가전도 반도체, 디스플레이 부문과의 수직계열화 구조 완화 등으로 시너지 손실이 발생할 수 있습니다.

그러나 기업 특성에 맞는 전문화된 경영, 조직 복잡성 완화로 인한 시장 대응력 향상, 자원 배분의 효율성 향상 등 장점이 더 큽니다. 파

표 7 • 기업분할의 장단점 비교

장점	단점
• 기업 규모와 사업범위 축소로 조직 및 의사결정 구조의 복잡성 완화 • 비즈니스 특성에 맞는 자율적, 독립적인 경영으로 시장대응력 향상 • 신속한 의사결정과 효율적 자원배분 가능 • 기업가치 증대 • 파운드리: 고객과의 신뢰 관계 구축 가능	• 잠재적 시너지 손실(반도체 설계-제조의 연계 약화, 반도체, 디스플레이-스마트폰, 가전의 수직적 통합 구조 약화) • 적자사업부(파운드리)의 투자자금 조달에 문제 • 기업구조 재편에 따른 혼란, 복잡성과 실행의 어려움

운드리의 경우 분할이 이루어진다면 고객의 설계자산 유출 우려도 해소할 수 있어 글로벌 고객의 확보에도 새로운 전기가 될 수 있습니다.

다만 적자 사업부의 경우 투자자금 조달의 문제, 기업분할에 따르는 초기 비용과 실행 상의 난관이 기업분할의 현실적 어려움입니다.

삼성이 경쟁사들보다 훨씬 더 복잡하고 다양한 사업구조를 갖추고 있다는 사실을 냉철하게 직시할 필요가 있습니다. 반도체 비즈니스만 하더라도 메모리 반도체와 시스템 반도체를 동시에 하는 유일한 기업이며, 시스템 반도체에서도 설계와 파운드리 분리가 논의되고 있는 인텔을 제외하면 사실상 유일한 종합 반도체 기업입니다. 더불어 스마트폰은 애플과 중국 기업 사이에서 치열한 경쟁을 벌이고 있고, 소비자가전, 통신 분야에서도 세계적 기업들과 경쟁하고 있습니다.

현재의 모든 사업 분야에서 글로벌 경쟁력을 확보, 성공한다는 생각은 낙관적입니다. 독립적, 자율적 경영을 통해 경쟁력이 취약하고 미래에도 경쟁력 강화가 쉽지 않은 사업이 있다면 포기하는 것도 전략적 선택입니다. 엔비디아도 테그라Tegra라는 제품명으로 스마트폰용 모바일 AP 사업에 진입했다가 경쟁력 확보가 어렵다고 판단하자 철수했습니다. MS도 노키아의 휴대폰 부문을 인수해 진출한 스마트폰(윈도폰) 사업이 애플 생태계 및 안드로이드 생태계와 경쟁이 어렵다고 판단하자, 인수비용 72억 달러에 구조조정 비용까지 합쳐 84억 달러를 손실로 처리하고 사업에서 철수했습니다.

삼성의 주요 경쟁자들은 해당 분야에서 세계적 경쟁력을 가진 기업입니다. 경쟁력이 약한 사업 분야를 지원하다가 강점이 있는 사업에서도 경쟁력을 상실할 위험이 있습니다. 이런 점에서 기업분할의 필요성과 의의가 있다고 생각합니다.

지금부터 10년 전인 2015년 시가총액이 삼성의 1.5%에 불과했다가(2015년 말 기준, 삼성 185조, AMD 2.6조), 삼성과 시가총액이 비슷해진 AMD 사례(2024년 말 기준, 삼성 318조, AMD 284조)를 살펴볼 필요가 있습니다.

1969년 창립, 1972년 주식시장에 상장한 AMD는 시스템 반도체에서 오랜 역사를 가진 기업입니다. 주력 제품인 CPU 사업이 1980년대 이후 2010년 중반까지 인텔에 경쟁력이 뒤처져서 2015년에는 주가가 2달러 이하로 추락하기도 했습니다. AMD는 원래 설계와 생산을 모두 수행하는 종합 반도체 기업이었습니다.

2009년 재정적 어려움을 극복하고 설계(팹리스)에 집중하기 위해, 파운드리 사업을 글로벌 파운드리[Global Foundries]로 분사했습니다. 불가피한 선택이기도 했지만, 이 결정은 AMD를 팹리스의 강자로 재탄생시킨 전환점이 되었습니다. 파운드리 분사 후, 설계에 역량을 집중해서 Ryzen 프로세서와 EPYC 프로세서 등 성공적인 제품 출시로 인텔을 추격하는 데 성공했습니다. 그리고 이는 결과적으로 TSMC와의 협력(글로벌파운드리가 미세공정 개발을 포기함으로써)을 강화하는 계기로 작용하여, 팹리스로서 굳건한 경쟁력을 가지게 되었습니다.

• 대안: 파운드리 분사 & 반도체와 비반도체로 2단계 기업분할

우선 **파운드리 사업의 분사**(물적 분할)가 필요합니다. 물적 분할을 통해 비상장 자회사로 분리한 후, 기업공개를 통해 자본을 조달하고 독립적인 기업으로 운영하는 방법입니다.

그 장단점을 평가하면 〈표 8〉과 같습니다. 단점으로는 독립 초기의 리스크 증대, 타 사업부와의 시너지 약화, 기업분할에 따르는 초기 비용과 실행상의 어려움이 있습니다. 그러나 경쟁력 확보라는 점에서 장점이 훨씬 크다고 생각합니다. TSMC가 파운드리 분야를 사실상 독점하는 상황에서 글로벌 파운드리 전문기업으로 위상을 확보하고 성장 비전을 제시한다면, 글로벌 투자자의 자금 유치나 글로벌 고객의 확보가 가능해질 것입니다.

이와 더불어 회사 내 타 사업부의 경우, 자원과 역량 집중을 통한 경쟁력 강화, TSMC와의 협력관계 구축(메모리, 시스템LSI)과 같은 이점이 있습니다. 파운드리가 현재 적자가 누적된 상태이므로 물적 분할에 따른 소액주주의 반대도 크지 않을 것으로 판단합니다. 그 외 파

표 8 • 파운드리 분사(물적 분할)의 장단점 비교

장점	**파운드리** • 파운드리 전문기업으로서의 위상 구축 • 업의 특성에 맞는 독립적, 자율적 경영(경영의 주도성 확보) • 고객(팹리스)과 신뢰 회복으로 글로벌 고객사 개발 용이 • 글로벌 투자자의 전략적 투자 유치 가능(국부펀드 등) **삼성 내 타 사업부** • 주력 사업(메모리, 스마트폰) 분야에 자원과 역량 집중 • TSMC와의 협력적 관계 구축(메모리, 시스템LSI) • 벤더 선택의 자율성 확대(MX 사업부 등)
단점	**파운드리** • 독립 초기에 위험 증대(고객 확보, 자금조달 등) **삼성(전사)** • 기업분할 실행 과정에서의 어려움 • 메모리와 공정, 장비, 인프라 공유 문제 해결 필요(평택, 화성) • 시너지 약화(공동 기술개발, 협업, 사업부 간 거래 관계)

운드리 분리가 독과점과 같은 시장구조에 미치는 영향도 크지 않으므로 법적, 제도적으로도 큰 문제는 없을 것입니다.

파운드리 사업을 물적 분할한 이후에는 가급적 이른 시일 내에 IPO(신규 상장)를 추진해야 합니다. 특히 자금조달과 글로벌 고객 유치 측면에서, 미국 시장에 상장하는 것이 가장 효과적인 선택이 될 것입니다. 미국 시장에 상장하고 미국 내 생산시설을 확충한다면, 고객과의 협력이 쉬워지고 증가하는 통상압력에도 효과적으로 대처할 수 있을 것입니다.

이를 위해서는 신설기업이 독립적 경영진과 이사회 구성을 통해 지배구조의 투명성을 강화하고, 구체적 비전과 성장전략을 제시함으로써 시장과 잠재 고객의 신뢰를 얻을 수 있도록 노력해야 합니다.

파운드리 분사 이후 2단계로는 반도체 부문과 스마트폰을 중심으로 한 비반도체 부문으로 기업분할을 고려할 필요가 있습니다(〈그림 7〉). 이때 시스템LSI 사업의 소속에 관한 판단이 필요합니다. 특히 모바일 AP 등 스마트폰에 대한 의존이 큰 분야는 독립 사업으로 키울

그림 7 단계별 기업분할 방안

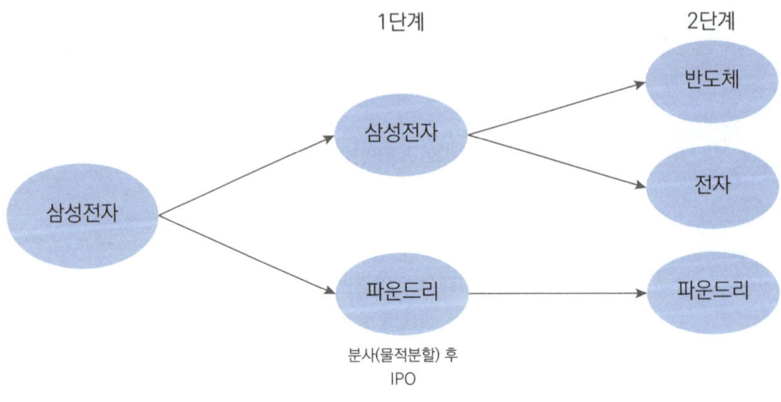

지, 스마트폰의 경쟁력을 뒷받침하는 비즈니스로 키울 것인지 아닌지에 따라 소속이 달라질 수 있습니다. 전자라면 반도체 기업에, 후자라면 비반도체 기업 소속이 되는 것이 바람직합니다. 일단 2단계까지 기업분할이 완료된다면, 분할된 기업 내에서 환경 변화에 따라 사업구조 재편이나 구조조정을 내부적으로 수행하기 쉬워진다는 이점도 있습니다.

(2) 대안 2: 자율성을 강화한 사업부 중심의 책임경영체제

비즈니스 특성과 각 사업의 효과적 경영을 위해서는 원칙적으로 기업분할이 바람직하다고 생각합니다. 전략 이론 역시 지배논리가 다른 사업들은 분리하여 독립적으로 경영하는 것이 더 효과적이라고 제안합니다.

그러나 기업분할(대안 1)은 기업구조에 근본적인 변화를 초래하며, 구조 개편에 많은 시간과 자원이 소요되고, 실행 과정에서 여러 가지 복잡한 문제가 발생할 수 있습니다. 이에 따라 보다 현실적인 접근으로 '**자율성을 강화한 사업부 중심의 책임경영체제**'를 대안 2로 제안합니다(〈그림 8〉). 이 방식은 대안 1보다 기업구조를 대대적으로 바꾸지 않고도 실행 가능하다는 현실적인 이점이 있습니다. 아래에서 대안 2의 구체적 내용을 설명하겠습니다.

기업분할이 어렵다면 각 사업부가 더욱 독립적으로 경영할 수 있는 구조를 마련하는 것이 바람직한 방향입니다.

(가) 현재의 '부문'[DS, DX]을 폐지하고 각 사업부의 자율적, 독립적 경영을 최대한 보장하는 형태로 운영하는 방법입니다. 현재의 부문 체제는 관련 있는 사업부를 하나의 단위로 묶어 사업부 간 협력을 통한

그림 8 대안 2: 자율성, 독립성을 강화한 사업부 중심의 책임경영체제

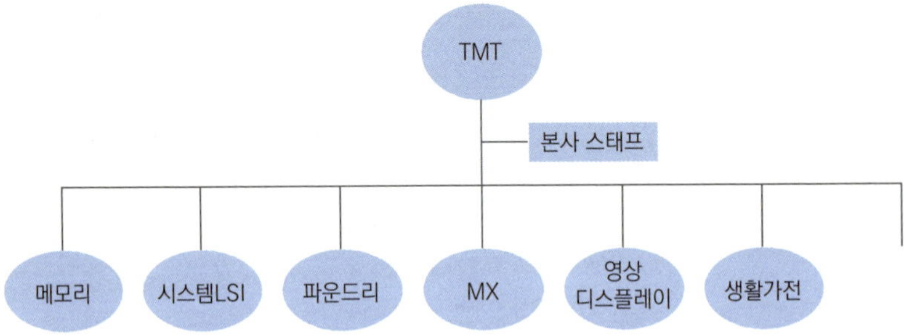

- 그룹 CEO가 이사회에 참여
- TMT는 CEO와 각 사업부 장으로 구성
- 본사 스태프(삼성전자의 본사 스태프를 의미함)은 사업부 자율경영을 위해 최소한의 규모로 운영

시너지 창출을 목표로 한 것으로 보이지만, 오히려 조직과 의사결정 구조를 복잡하게 하고, 개별 사업의 자율적 경영에 장애가 될 소지가 있기 때문입니다.

(나) 더불어 그룹본부(그룹 CEO와 이를 지원하는 스태프)와 삼성전자 관계의 재정립이 필요합니다. 현재는 삼성전자 위에 그룹 컨트롤타워로 그룹본부가 존재하므로 의사결정과정이 복잡해지고, 삼성전자의 책임경영이 이루어지기 힘든 구조입니다. 또한 스태프 조직도 사업부 스태프, 본사 스태프, 그룹본부 스태프 등으로 중첩된 구조를 갖추고 있습니다. 이를 해결하기 위해서는 그룹 CEO가 삼성전자의 이사회에 참여해야 합니다(이에 대해서는 2장에서 자세히 논의합니다). 그룹 CEO가 삼성전자의 경영에 참여한다면 그룹본부 스태프가 삼성전자의 경영에 개입할 필요성은 크지 않습니다. 이렇게 되면 그룹본부는 그룹 차원의 업무에만 집중할 수 있습니다.

스탠포드대학교 연구팀은 멀티비즈니스 사업구조를 가진 대기업을 대상으로 사업부 간 협업에 관한 연구를 수행했습니다. 연구결

과, 기업 본사(사업부 상위 조직)가 주도하는 사업부 간 협업 프로세스 corporate-centric process보다는 각 사업부 간 자율적 협업business unit-centric process이 우월한 협업 성과를 보였습니다.[10] 이는 **사업부 간 관계에 본사가 개입하는 것보다 사업부 간 자율적 조정이 더 효과적**이라는 것을 시사하는 연구결과입니다.

사업부는 메모리, 시스템LSI, 파운드리, 스마트폰, 영상디스플레이, 생활가전 등 독립적, 자율적 경영이 가능한 단위로 구성합니다. 그리고 CEO와 각 사업부장으로 구성된 최고경영팀top management team을 만들어 자원 배분, 협업, 내부거래 등 사업부 간 조정이 필요한 사항에 관해 결정하도록 합니다. 중요한 것은 사업부의 독립성과 자율성을 최대한 보장하는 것입니다. 따라서 부품의 내부조달 등과 같은 문제는 해당 사업부에서 자율적으로 결정하도록 해야 합니다. 더불어 본사 스태프의 기능과 인력 규모도 최소한으로 유지해야 하며, 최고경영팀의 의사결정을 지원하는 역할에 머물러야 합니다.

특히 각 사업부 특성에 맞는 책임자를 선임해야 하며, 내부인재를 고집할 필요는 없습니다. 지배논리 관점에서 보면, 내부에서 성장한 경영자들은 서로 멘탈모델이 유사할 가능성이 큽니다. **사업구조가 다양한 만큼 최고경영팀은 다양한 지배논리를 가진 경영자들로 구성**되는 것이 바람직합니다. 이를 지배논리의 추가 및 변화라고 표현하였는데, '추가'add는 경영에 대한 새로운 지배논리를 가진 경영자가 사업부 책임자로 최고경영팀에 합류하는 것을 의미하며, '변화'change는 다양한 지배논리를 가진 경영자로 구성된 최고경영팀이 멀티사업부 구조에 적합한 새로운 지배논리를 형성하는 것을 뜻합니다.

이상에서 자율성을 강화한 사업부 중심의 책임경영체제를 기업구조 변경의 두 번째 대안으로 제시하였습니다. 이 방법은 각 사업부가 자율성을 가지고 사업 특성에 적합한 전략을 수립하고 실행할 수 있도록 지원하며, 조직의 복잡성을 줄이고 시장 대응력을 높이는 데 기여할 수 있을 것으로 생각합니다.

이 장을 마치며

"전략은 선택이다. 실행에 앞서 선택의 용기가 필요하다."

이 장에서는 삼성전자의 사업구조와 전략적 선택 문제를 진단하고, 미래 경쟁력을 확보하기 위한 방향을 제시했습니다. 삼성전자는 반도체, 스마트폰, 가전 등 다양한 사업을 영위하는 세계적 기업이지만, 복합적이고 수직계열화된 사업구조는 오히려 경쟁력에 불리하게 작용하고 있습니다.

사업 특성에 따라 각기 다른 경영방식이 요구되지만, 삼성은 여전히 메모리 중심의 지배논리에서 벗어나지 못하고 있습니다. 이로 인해 파운드리와 팹리스(시스템LSI 사업부)와 같은 사업에서는 고유한 전략 없이, 선두기업과의 격차는 점점 더 벌어지고 있습니다.

삼성전자가 당면한 가장 중요한 과제는 '선택'입니다. 과거처럼 실행의 속도로 경쟁하는 것은 한계가 있습니다. 특히 시스템 반도체 분야에서는 'IDM 모델'을 고수할 것인지, 수직적 전문화를 택할지 전략적 선택이 시급합니다. 선택을 미루는 것은 미래의 불확실성을 키우는 가장 위험한 길입니다.

전략이란 '어떻게 경쟁할 것인가'를 고민하는 것입니다. 파운드리, 팹리스 사업에서는 선두기업과 똑같은 방식으로 경쟁해서, 선두를 추월하려는 모습이 나타납니다. 시장의 강자와 같은 방식으로 싸워서는 이길 수 없습니다. 경쟁자와는 다른 방법으로, 차별화된 길을 가야 합니다. 즉, "최고가 되기 위한 경쟁"이 아니라, "독특해지기 위한 경쟁"으로 전환해야 합니다.

삼성은 막강한 자원과 축적된 기술력을 보유하고 있음에도, 명확한 선택과 차별적 전략 부재로 인해 위기에 당면해 있습니다. 모든 것을 다 하려는 실행 중심 사고에서 벗어나, **'무엇을 하지 않을 것인가'를 분명히 하고, 경쟁자와 다른 차별화된**(독특한) **전략을 선택**해야 합니다. 전략적 사고의 본질은 선택이며, 이 선택의 용기야말로 삼성이 미래를 향해 다시 도약할 수 있는 출발점이 될 것입니다.

CHAPTER

2

지배구조

이사회의 구성과 역할

급격한 기술 변화와 글로벌 경쟁 환경에 대응하려면, 이사회는 경영진에 대한 감독을 넘어 전략적 조언과 통찰을 제공하는 역할로 진화해야 합니다. 이를 위해 사외이사의 전문성과 다양성을 대폭 강화하고, 전략 수립 과정에서 이사회의 적극적 참여가 필요합니다. 아울러, 최고 의사결정권자의 이사회 참여를 통해 책임과 권한을 분명히 하여, 이사회가 회사의 최고 의사결정 기구로 자리매김할 수 있도록 제도적 기반을 재설계해야 합니다.

감독을 넘어 전략으로:
이사회, 무엇을 해야 하는가

"당신 회사의 이사회는 회사의 전략에 대해 경영진과 깊이 토론하고 있습니까?"

이 질문을 던지면 많은 기업의 경영자들이 잠시 멈칫합니다. 여전히 이사회는 '경영진이 보고한 안건을 승인하는 자리'라는 인식이 널리 퍼져 있기 때문입니다.

그러나 최근 글로벌 선도 기업의 지배구조를 살펴보면, 이사회는 단순한 감시기구를 넘어 전략의 동반자 역할을 수행하고 있습니다. 마이크로소프트, 넷플릭스, 엔비디아와 같은 기업들은 이사회에서 장기 전략을 논의하고, 기술변화에 대응하며, 미래 기회를 선제적으로 포착합니다.

기업이 처한 대외 환경과 내부 상황에 따라 이사회의 역할도 진화해야 합니다. 최고경영자의 경험과 리더십에 전적으로 의존하던 시기를 지나, 복잡하고 예측 불가능한 환경 변화에 대응하기 위해서는 다양한 경험과 전문성을 활용하는 의사결정 구조가 필요합니다. 이사회는 이러한 집단지성의 장이 되어야 합니다.

삼성전자는 우리나라를 대표하는 글로벌 기업입니다. 그러나 현재 이사회의 역할과 운영 방식은 그 위상에 걸맞은 전략적 기능을 수행하고 있는지 되돌아볼 필요가 있습니다. 삼성이 당면한 위기를 헤쳐나가기 위해서는 이사회(사외이사)의 전문성과 다양성이 어느 때보다 필요하며, 이를 바탕으로 이사회에서 회사의 전략 방향, 기술 전략, M&A 등에 대한 깊은 토의와 결정이 이루어져야 합니다.

하지만 현재의 이사회는 주요 전략이나 사업 방향에 대해 심도 있는 논의가 이루어지는 구조가 아닙니다. 중요한 의사결정은 경영진이나 사내이사 중심의 경영위원회에서 논의되고, 이사회는 경영진이 상정한 안건을 승인하는 역할에 머물러 있습니다.

이 장에서는 삼성전자의 지배구조를 이사회를 중심으로 살펴봅니다. 감독 역할 중심의 이사회를 넘어 전략 중심의 이사회로 전환하기 위해, 어떤 변화가 필요한지를 살펴보고, 함께 고민해 보고자 합니다.

1 현황과 과제

이사회가 전통적인 감시, 감독 역할을 넘어 기업의 장기적 경쟁력 강화를 위해 적극적 역할을 해야 한다는 목소리가 높아지고 있습니다. 신기술의 등장과 기술 융합으로 인한 급격한 환경 변화에 대응하기 위해 이사회의 전문성에 대한 요구가 어느 때보다 커지고 있습니다. 이런 관점에서 현 이사회의 역할, 구성, 운영에 대해 살펴보겠습니다.

바람직한 이사회의 모습: 적극적, 가치창출 역할

주식회사에서 이사회는 회사의 주인인 주주를 대리하여 경영진을 감독하고 주주의 이익(회사의 가치)을 증대하는 역할을 합니다. 그러므로 이사회는 경영진에 대한 '감독'과 '지원'이라는 두 가지 역할을 수행해야 하는데, 대개는 감독[oversight] 기능을 중심으로 이사회가 운영되고 있습니다. 회사의 주요 현안에 대해서는 내부 경영진들이 구체적으로 파악하고 있으며 더 많은 시간과 에너지를 쏟기 때문에, 사외이사가 지원을 통해 새로운 가치를 더하기는 어렵다고 생각했기 때문입니다.

근래 전문가 집단과 일부 기업을 중심으로, 이사회가 경영에 대한 감독이라는 전통적, 소극적, 위험 회피적 역할을 넘어서, 적극적, 가치창출 역할을 해야 한다는 데 대한 합의가 형성되고 있습니다.[1] 그 이유는 두 가지로 요약할 수 있습니다.

첫째, 기업을 둘러싼 환경이 빠르게 변화하기 때문에, 다양한 경험과 전문성을 가진 전문가들의 조언이나 아이디어가 필요합니다. 이런 면에서 여러 분야의 전문가로 구성된 사외이사진은 회사 경영에 새로운 시각을 제공할 수 있는 원천이 됩니다.

둘째, 내부 경영진은 효과적 경영 방식에 대해 유사한 생각이나 문제 인식 틀을 공유할 가능성이 큽니다. 그리고 회사의 전략이나 주요 현안에 대해서도 비슷한 관점을 가질 가능성이 큽니다. 조직에서 접하는 정보도 같고 경영 과정에서 서로 밀접하게 상호작용하기 때문입니다.

반면 사외이사진은 경영진이 미처 고려하지 못한 이슈나 문제를 제기하여, 경영진이 새로운 관점에서 경영 현안을 바라보게 할 수 있습니다. 주요 사안에 대해 새로운 시각을 제공하는 것이죠. 따라서 이사회의 적극적 역할은 ① 경영 현안에 대해 유용한 조언을 제공하며 ② 경영진의 결정에 대해 새로운 관점에서 건설적인 도전을 제기하는 역할로 나눌 수 있습니다.

실제 좋은 이사회를 가진 서구 기업에서는 기업의 전략, 신사업, M&A, 기술 투자 등과 같은 이슈에서 이사회의 의견과 통찰력을 적극적으로 활용하고 있는 것으로 조사되고 있습니다. 글로벌 기업의 이사회를 대상으로 한 McKinsey의 조사에 따르면, **이사회가 경영에 가장 효과적으로 기여할 수 있는 분야로 많은 이사는 위험관리나 감독 역할보다는 경영전략에 대한 조언과 외부인의 관점을 제공**하는 것이라고 응답했습니다.[2]

이사회의 현황과 과제

(1) 소극적, 수동적 역할 수행

특정 기업을 대상으로 이사회의 역할을 분석하는 일은 쉽지 않습니다. 여기서는 이사회에 상정된 안건을 중심으로 이사회의 역할을 유추하겠습니다(이사회에서는 상정된 안건 외에도 여러 사안에 대해 논의가 이루어질 수 있으며, 이 부분에 대해서는 다루지 못하다는 한계가 있습니다). 이사회 안건은 보고사항과 의결사항으로 나눌 수 있습니다. 지난 3년간(2022 - 2024) 안건을 살펴보면, 〈표 1〉과 같습니다. 의결사항은 경영계획 승인 등 법규, 정관에서 규정하고 있는 사항에 머물고 있습니다.

이를 바탕으로 이사회의 역할을 평가하면 다음과 같습니다. 첫째, 공식 안건 수준에서 보면 회사의 전략에 대한 검토, 논의, 승인이 전

표 1 • 이사회 주요 안건

	2022	2023	2024
보고사항	CEO 승계 후보군 준법 통제 활동 내부회계 관리제도 운영	CEO 승계 후보군 준법 통제 활동 내부회계 관리제도 운영	정기 조직개편 사장단 인사(안) CEO 승계 후보군 준법 통제 활동 매수 청구권 실행 내부회계 관리제도 운영
의결사항 (승인 사항)	법령•정관에 규정한 사항 • 익년 경영계획(표준 이사회 규정) • 재무제표·영업보고서, 분기 보고서 및 분기 배당 • (대표)이사, 주요 위원 선임 • 기부금/후원금 출연, 안전·보건 등 계획수립, 각종 규정 개정 • 특수관계인과의 거래, 임대차 계약 등		

체 이사회에서 이루어지지 않습니다. '경영위원회의 구성, 역할, 결의 사항'에서 보는 것처럼, 사내 이사로 구성된 경영위원회가 1), 2), 3) 과 같은 회사의 전략에 대해 이사회의 위임을 받아 결의하는 것으로 되어 있습니다. 일반적으로 이사회 내 위원회는 이사회에 상정되는 안건을 사전 심의하는 경우가 많은데, 경영위원회는 심의 및 결의를 동시에 하는 구조입니다. 따라서 회사의 전략 수립에 대해 사외이사가 이사회를 통해 공식적으로 관여하기 어려운 구조입니다.

'회사의 전략에 대한 검토, 외부인의 관점에서 대안 제시 및 승인'이 가치창출을 위한 이사회의 중요한 역할이라는 점을 고려할 때,[3] 회사의 주요 전략에 대한 검토와 논의가 전체 이사회에서 이루어지지 않는 점은 아쉬운 대목입니다.

경영위원회의 구성, 역할, 결의 사항

구성: 전원 사내이사(4명)

역할: 이사회가 위임한 사항에 관하여 심의, 결의

이사회가 경영위원회에 위임한 사항

1) 회사의 연간 또는 중장기 경영방침 및 전략
2) 주요 경영전략
3) 사업계획·사업구조 조정 추진
4) 해외 지점·법인 설치, 이전 및 철수
5) 해외업체와의 전략적 제휴 등 협력 추진

… 이하 생략 …

둘째, 적극적 이사회는 회사 경영진이 고려해야 하는 이슈를 제기하고 회사의 대안에 대해 토의, 아이디어 제시와 같은 역할을 합니다. 그러나 현재의 이사회는 회사가 보고한 안건에 대한 심의, 의결 중심으로만 운영되고 있으며, 이사회에서 안건을 제시하거나 이에 대해 경영진과 함께 집중적으로 토의한 사례는 거의 없는 것으로 분석됩니다.

예를 들면, 지난 2년 간 HBM 제품의 엔비디아 승인 실패, 최선단 D램 제품의 개발 지연 등과 같은 중요한 이슈가 발생했으며, 사회 전반에서 이에 대한 비판과 논의가 있었습니다. 이런 상황이라면, 이사회에서 경영진에게 경쟁력 약화의 문제점을 보고하도록 하고, 대안 마련에 경영진과 함께 머리를 맞대고 논의하는 별도의 세션(회의)이 필요한 상황이라고 생각합니다. 그러나 이사회의 보고 및 승인 안건을 분석할 때, 적어도 공식적으로는 이사회 수준에서 이에 대한 적극적인 논의는 이루어지지 않은 것으로 판단됩니다. 이사회가 적극적 역할을 하기 위해서는 '안건 발굴 역할'이 필요하다는 관점에서 보면, 이사회가 소극적 역할에 머무르고 있는 것으로 평가할 수 있습니다.

(2) 전문성과 다양성 부족

이사회의 역할이 제한적인 수준에 머무르고 있는 것은 이사회의 규정이나 운영에 기인한 탓도 있지만, 이사회 구성의 문제도 있습니다. 사외이사진이 적극적으로 회사 경영에 기여하기 위해서는 전문성과 다양성이 충분히 확보되어야 합니다. 그러나 현재의 사외이사진 구성은 전문성과 다양성 측면에서 부족하다고 판단합니다. 이에 대해서 보다 구체적으로 살펴보겠습니다.

최근 기업 환경의 가장 큰 특징은 기술의 비약적 발전이 비즈니스나 전략에 엄청난 영향을 미친다는 것입니다. 기술과 과학의 융합으로 전혀 새로운 사업기회가 창출되기도 하고, 이러한 흐름에 뒤처지는 기업은 한순간에 낙오하기도 합니다. PC 시대의 최강자였던 인텔이 스마트폰 시대, AI 시대라는 기술의 변곡점에 적응하지 못하고 휘

청거리고 있습니다. 반면, 엔비디아와 마이크로소프트를 비롯한 글로벌 선도 기업들은 기술변화에서 새로운 기회를 적극적으로 포착하고 있다는 공통점을 보여줍니다.

기술변화로 인한 위협에 효과적으로 대응하는 한편, 기회를 빠르게 감지하기 위해 이사회의 새로운 역할이 요구되는 상황입니다. 이를 위해서는 이사회에 기술/과학 분야의 전문성과 기업 경영 경험을 축적한 사외이사들이 많아야 하며, 이들이 회사의 장기적 전략 방향 설정이나 기술 전략에 대한 의사결정에 적극적으로 참여해야 합니다.

다음 내용을 통해 삼성의 경쟁자인 몇몇 기업들과 이사회의 구성, 역할의 측면에서 '이사회가 기술의 엄청난 변화에 대응하고 회사의 전략 방향 설정에 조언할 역량을 갖추고 있는가'를 살펴보겠습니다.

〈표 2〉에서 비교 대상이 되는 기업 대부분과 삼성전자는 이사회 구성에서 큰 차이가 있습니다. 비교 기업은 삼성보다 사외이사 수가 많으며, 대부분 기업에서 기술/과학 분야의 전문성을 가진 사외이사가 전체 사외이사 중 절반을 넘습니다. 그리고 사외이사의 3분의 2 이상이 기업의 경영자로 경영 현장에서 오랜 경험을 축적한 사람들입니다. 반면 삼성은 기술/과학 분야의 전문성을 갖춘 사외이사나 경영자 경험을 가진 사외이사 비중이 현저히 낮습니다.

한편 전체 매출에서 해외 부문의 매출이 90%에 육박하는 현실을 고려할 때, 사외이사가 전부 내국인으로만 구성된 것도 바람직하지 않습니다. 아시아권 경쟁기업과 비교해 보면, 일본의 소니는 사외이사 8명 중 절반인 4명이 외국인이며, 대만의 TSMC는 사외이사 7명 중 6명이 외국인입니다. 그리고 충분한 전문성과 다양성을 확보하기에는 사외이사진의 수가 적습니다.

이런 면에서 삼성의 사외이사진 구성은 기술변화에 대응하여 전

표 2 • 주요 기업의 이사회 구성 비교

(단위: 수, 괄호 안은 비중(%))

기업	이사회 규모	사외이사 수	사외이사에서 차지하는 비중		
			기술/과학 전문가	경영진 경험자	외국인
〈아시아 기업〉	–	–	–	–	–
삼성전자	10	6	2(33)	1(16)	0
TSMC	10	7	6(86)	5(71)	6(86)
소니	10	8	5(63)	6(75)	4(50)
〈서구 기업〉	–	–	–	–	–
엔비디아	13	12	9(75)	8(67)	–
애플	8	7	4(57)	7(100)	–
마이크로소프트	12	11	3(25)	9(82)	–
AMD	9	8	7(88)	7(88)	–
퀄콤	13	12	4(33)	9(75)	–
마이크론	10	9	7(28)	9(100)	–

* 2024년 12월 말 기준.

략 방향을 토의하거나 새로운 사업기회에 대한 아이디어나 통찰력을 제공하는 것과 같은 적극적 이사회로 기능하기 어려운 구조로 되어 있습니다. 현재의 이사회는 주로 경영진의 보고에 대해 심의, 승인하는 역할을 수행하고 있으며, 주요 투자나 전략에 관한 결정은 사내이사로 구성된 경영위원회에서 이루어집니다. 회사의 경영전략과 자원배분, 혁신전략이나 기술 로드맵, 신사업과 같은 이슈에 대해 이사회에서 활발한 토의가 이루어지는 사례는 별로 없는 것으로 알려져 있습니다.

(3) 최고 의사결정 기구로서의 위상 미흡

현재의 이사회는 경영에 대한 최고 의사결정 기구로 역할을 하기 어려운 구조입니다. 삼성전자 회장이자 그룹 최고 의사결정권자가 이사회에 참여하고 있지 않습니다. 따라서 이사회에서 주요 의사결정이 이루어지기 어렵습니다. 이사회의 주요 역할인 삼성전자의 전문경영인에 대한 평가, 보상, 선임, 해임에 대한 실질적 논의도 진행되기 어렵습니다.

이런 탓에 회장을 보좌하는 사업지원 TF가 실제 삼성전자의 경영에 상당한 영향을 미치고 있지만, 사업지원 TF의 책임자도 이사회에 참여하고 있지 않습니다. 따라서 현재는 이사회에서 전문경영인에 대한 인사나 회사의 주요 사안에 대한 논의 및 의사결정이 이루어지기 어려운 구조입니다. 회사의 경영에 가장 큰 권한과 책임을 지는 사람이 이사회에 참여하는 구조가 되어야, 이사회가 최고 의사결정 기구의 역할을 효과적으로 수행할 수 있습니다.

요약하면, **현재의 이사회는 적극적 역할보다는 감시와 승인에 초점을 둔 제한적 역할**에 머무르고 있습니다. 기술 전문성을 갖추고 있거나 경영에 대한 풍부한 경험을 보유한 사외이사진이 부족합니다. 이에 따라 회사의 이사회는 기술, 시장의 변화에 대한 통찰력이나 기술과 시장의 융합으로 창출되는 새로운 사업기회에 대해 경영진을 보완하고 아이디어를 제시하는 역할은 수행하기가 어려운 구조라고 봅니다. 그리고 실질적으로 회사 경영에 가장 큰 권한을 행사하는 회장이 이사회에 참여하고 있지 않은 점도 회사의 책임경영체제 구축에 부정적 영향을 미치고 있습니다.

회사의 최고 의사결정 기구로서 이사회가 회사의 경쟁력 강화와 주주가치 증대를 위해 적극적인 역할을 수행하는 방안을 모색해야 합니다.

2 미래 발전을 위한 제안

회사의 책임경영체제를 강화하기 위해서는 이사회가 최고 의사결정 기구로서 역할을 할 수 있는 구조가 되어야 합니다. 기술회사로서 삼성의 이사회는 경영진에 대한 감독이라는 수동적, 위험 회피적 역할을 넘어서 회사의 장기적 전략 방향과 경쟁력 강화에 기여할 수 있는 적극적 역할을 해야 할 시점입니다. 특히 **사업부제 구조에서 전문경영자는 단기 성과에 치중할 수 있으므로, 이사회는 회사의 장기적 경쟁력에 초점을 둠으로써 경영진을 보완하는 균형추 역할**을 해야 합니다. 이를 위해 〈그림 1〉에 요약한 것처럼, 다음의 네 가지 사항을 제안합니다.

회장의 이사회 참여와 이사회 역할 강화

그룹 경영에 실질적 권한을 가진 삼성전자 회장이 등기이사로서 이사회에 참여해야 합니다. 이는 최고의사결정 기구로서 이사회가 적극적 역할을 수행할 수 있는 기반이 됩니다. 더불어 회사의 책임경

그림 1 이사회의 방향: 역할, 구성, 운영

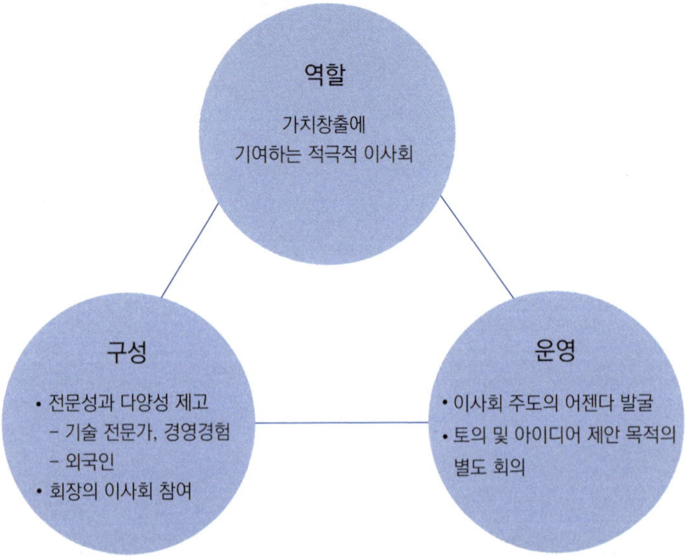

영체제를 강화할 수 있습니다.

회장의 이사회 참여가 이루어지면 그룹 경영을 위해 회장을 보좌하는 그룹본부 스태프(사업지원 TF)는 삼성전자 경영에는 직접 관여하지 않고 그룹 차원의 업무(상세 사항은 3장 참고)만 수행하도록 역할 정리가 이루어질 필요가 있습니다. 이를 통해 이사회에서 미래 경영진(CEO 후보군)에 대한 육성, 평가와 함께 전문경영진에 대한 평가, 보상, 선임 및 해임에 대한 실질적 논의와 의사결정이 이루어질 수 있어야 합니다.

이와 더불어 회사의 전략에 대한 논의, 승인이 전체 이사회 수준에서 이루어질 수 있어야 합니다. 이를 위해서는 회사의 주요 경영전략 및 관련 사안에 대해서는 경영위원회의 심의를 거쳐 전체 이사회에 보고하도록 하고, 최종 결정과 승인은 전체 이사회에서 이루어지도록 경영위원회와 이사회의 역할을 조정할 필요가 있습니다. 그리고 추가적인 논의가 필요한 부분에 대해서는 이사 전원이 참석하는 별도의 전략 세션(전략 토론회의)을 거친 후, 이사회에서 최종 결정되는 구조가 바람직하다고 판단합니다.

사외이사의 규모 확대와 구성 변화

이사회(사외이사)가 전통적 역할 외에 회사의 전략이나 주요 사안에 대해 경영진을 보완하고 적극적 가치창출 역할을 수행하려면 이사회 구성의 변화가 필요합니다.

기술과 과학 분야의 전문성을 가진 사외이사가 많아야 합니다. 반도체 등 관련 산업의 기술전문가는 물론이고, 현 비즈니스와 직접 관련이 없는 분야의 전문가도 필요합니다. 기술의 융합으로 새로운 혁신이 발생하고, 전혀 다른 분야에서의 기술과 과학의 발전이 기회의 씨앗이 되기도 합니다. 엔비디아는 최근 NASA의 우주과학자를 사외이사로 영입하였습니다. 과학과 기술이 서로 융합, 발전하면서 기술의 경계가 끊임없이 변화하는 혁명적인 변화의 시대입니다. 여러 분야의 기술전문가들은 이사회의 전문성과 다양성을 높여주고 세상의 변화에 대한 통찰력을 경영진에게 제공할 수 있습니다.

더불어 혁신이 중요한 **기술기업에서 글로벌 기업의 경영자로 경험을 축적한 사외이사의 비중도 커져야 합니다.** 서구 기업과 한국 기업의 사외이사진 구성에서 가장 큰 차이가 나는 부분입니다. 서구의 사외이사진은 다른 기업의 현직 경영자나 오랜 기간 경영을 경험한 경영자 출신이 압도적으로 많습니다. 그러나 우리나라는 관료, 법조인, 교수가 상대적으로 많습니다. 기업이 당면한 제도적 환경의 차이에 기인하는 부분도 있지만, 이사회가 경영진에 대한 보완적 역할을 하기 위해서는 경영 경험을 가진 사외이사가 더 많아져야 합니다.

경영은 프랙티스practice가 중요한 분야입니다. 주로 삼성에서 성장한 경영자들은 사고방식이나 문제에 대한 대응과 해결방식이 유사한 경우가 많습니다. 경영에서 당면한 문제를 정의하고 이를 해결하기 위해 활용하는 사고방식을 멘탈모델mental model이라고 하는데, 한 기업에서 인정받고 성장한 경영자들은 멘탈모델이 비슷비슷합니다. 불확실한 환경에 대응하고 새로운 혁신이나 비즈니스 기회를 창출하려면 경영진의 멘탈모델이 다양해야 합니다.

다른 기업의 경영 경험을 갖춘 사외이사는 경영진이 생각하지 못한 새로운 통찰이나 경험을 보탤 수 있습니다. 다양한 산업 분야에서 서로 다른 문제에 대응하며 경험을 쌓은 사외이사진은 회사의 경영에 새로운 시각이나 경험을 제공할 수 있는 자산이 됩니다. 특히 매출의 90% 정도가 해외에서 발생하므로 글로벌 기업의 전·현직 경영자는 이사회의 경험 수준과 다양성을 높이는 데 크게 기여할 것입니다.

한편 여러 산업 분야에 걸쳐 신기술emerging technology의 가능성과 위험을 경험한 벤처캐피털리스트도 이사회에 새로운 시야와 경험을 제공할 수 있습니다. 벤처캐피털리스트는 혁신적인 기술과 시장 변화를 빠르게 감지하는 역량을 갖추고 있으며, 스타트업에 대한 네트워크를 바탕으로 신생기업에 대한 인수나 전략적 투자 결정 등에 조언을 제공할 수 있습니다. 이런 이유로 구글의 모회사인 알파벳, 엔비디아와 같은 여러 기술기업에서 벤처캐피털리스트를 사외이사로 영입하고 있습니다.

이상 논의한 것처럼, 이사회 구성의 전문성과 다양성을 높이기 위해서는 자연히 사외이사의 수도 늘어나야 합니다. 물론 사외이사 수의 확대는 이사회 운영의 복잡성을 증가시킬 수 있지만, 현재와 같은 환경과 기술변화의 속도에 대응하기 위해서는 이사회의 전문성과 다양성 확보가 더 중요하다고 판단합니다.

이사회 운영 변화: 토의, 아이디어 제공 역할 확대

다양한 분야에서 전문성과 경험을 축적한 사외이사진이 회사의 경쟁력 강화에 기여하기 위해서는 이사회 운영에도 변화가 필요합니다. 지배구조 개혁의 역사가 길지 않은 한국적 상황이기도 하지만 삼성의 이사회는 국내 대기업과 마찬가지로 경영에 대한 감독 기능에 초점을 두고 경영층이 보고한 안건에 대한 심의, 승인 위주로 이사회가 운영되고 있습니다.

현재의 운영 방식은 소극적 이사회 운영의 특징을 보여줍니다. 이러한 방식만으로는 이사회가 회사 발전에 실질적으로 이바지하기 어렵습니다. 이제는 경영진의 보고를 단순히 심의하고 승인하는 수준을 넘어, 이사회가 스스로 안건을 설정하고 논의하는 구조로의 전환이 필요합니다.

이를 위한 구체적 방안으로 다음의 세 가지 사항을 제안합니다. 첫째, **이사회의 어젠다 설정 기능**이 필요합니다. 사외이사만이 참여하는 회의를 통해 경영진의 보고나 이사회 토의가 필요한 어젠다(의제, 안건)를 발굴하고 이에 대해 이사회에서 토론과 검토가 이루어지도록 하는 것입니다. 예를 들어 회사가 당면한 위기에 대해 경영진에게 위기의 원인과 대응방안에 대해 보고토록 하고, 이에 대해 이사회에서 논의하고, 필요한 경우 대책도 수립할 수 있습니다. 기술개발이 정체되고 있다면 경영진에게 대책 마련을 촉구하고, 경영진이 수립한 대안에 대해 이사회에서 활발한 토의가 이루어질 수 있어야 합니다.

둘째, **아이디어 제안을 위한 회의**도 필요합니다. 전문성과 다양한 경험을 가진 사외이사진은 회사 경영에 새로운 아이디어의 원천이 될 수 있으며, 이러한 잠재력을 활용할 필요가 있습니다. 중장기 전략 방향, 기술의 급속한 변화에 대한 대응방안, 새로운 사업기회의 창출, 혁신을 위한 조직문화의 변화, 구성원의 소속감 제고 등과 같이 회사나 이사회가 중요하다고 생각하는 사안에 대해서는 토의를 통해 아이디어를 제시하는 회의가 활성화될 필요가 있습니다.

이를 위해서는 회사나 이사회 모두 변화가 필요합니다. 경영진은 이사회를 경영에 대한 새로운 아이디어나 통찰을 얻을 기회의 장으로 생각해야 합니다. 사외이사나 이사회는 경영진의 주요 의사결정을 심의, 감독하는 역할에 머무르지 않고, 토의와 아이디어 제시를 통해 회사의 경쟁력 강화에 기여할 수 있는 방향으로 이사회를 운영할 필요가 있습니다.

셋째, 구체적 방안으로 '**전략 회의**' 운영을 제안합니다. 연 2회 정도 별도의 전략 회의를 통해 기업의 장기 경영전략, 자원배분 정책, 연구개발 및 기술전략 등 회사의 장기적 방향에 대해 토의하고 아이디어를 제안하는 데 초점을 둔 회의를 의미합니다. 이를 통해 이사회는 경영진의 의사결정 과정에 새로운 관점과 통찰을 제공하고, 기존 전략에 건설적인 도전을 제기함으로써 경영진의 시야를 확장하는 역할을 수행할 수 있습니다.

기술위원회의 도입과 운영

과학기술 분야에서 변화의 속도와 폭이 상상을 초월합니다. 이는 기업경영에 엄청난 위협으로 작용하는 한편, 새로운 비즈니스 기회를 만들어내기도 합니다. 특히 기술기업에는 기술변화에 대한 효과적 대응 여부가 회사의 존망을 결정하는 요인으로 작용합니다. 이러한 배경에서 서구에서는 근래 이사회 내에 기술위원회(과학과 기술위원회, 혁신과 기술위원회 등 명칭은 기업마다 차이가 있습니다)를 도입, 활용하고 있는 기업들이 확산하고 있습니다. 어떤 학자들은 이를 일컬어 기술위원회가 '이사회의 새로운 게임체인저'로 등장하였다고 분석합니다.[4]

이사회 내 위원회는 이사회가 다루는 특정 사안에 대해 사전에 깊은 토의와 심의를 통해 전체 이사회의 활동과 의사결정을 지원하는 역할을 합니다. 그동안 대부분 기업에서 위원회는 감사위원회, 경영진 선임 및 보상위원회, 지배구조위원회 등으로 구성되었으며, 오랜 기간 큰 변화 없이 운영됐습니다. 그러다가 2000년대 이후 기술위원회를 신설하는 기업들이 조금씩 생겼으며 근래 들어 증가하고 있습니다.

경영진의 의사결정에 대한 감독이라는 소극적, 위험 회피적 견제 기능에서, 회사의 경쟁력 강화라는 이사회의 역할 변화를 가장 잘 대변하는 흐름 중의 하나가 기술위원회입니다. 전문가들도 이사회가 가치창출이라는 적극적 역할을 할 수 있도록 해주는 주요 수단으로 '기술위원회'의 존재를 꼽고 있습니다.[5]

미국 이사협회의 2021년 조사에 따르면, 포춘 500대 기업 중 56곳이 이사회 내에 과학, 기술, 혁신 관련 위원회를 운영하고 있었으며, 이들 기업은 그렇지 않은 기업보다 1년 및 5년 성과가 더 높게 나타났습니다. 협회는 이러한 결과를 바탕으로, 기술위원회가 기업의 성장엔진으로 작용할 수 있는 잠재력을 지닌다고 분석했습니다.[6]

2022년 McKinsey 조사에서도 포춘 500대 기업의 약 12%가 기술위원회를 설치하고 있었으며, 이들 기업은 기술위원회가 없는 기업보다 높은 이익을 달성했습니다.[7] 이러한 흐름 속에서 기술위원회는 미국을 중심으로 빠르게 확산하고 있습니다. 실제로 2024년 현재, 포춘 100대 기업의 36%, 포춘 500대 기업의 20%가 이사회 내에 기술위원회를 운영하고 있습니다.[8]

반도체 설계 기업(팹리스)인 AMD는 2024년 이사회 내 혁신기술위원회(innovation & technology committee)를 신설했습니다. 혁신기술위원회는 사외이사 3명 모두가 공학을 전공한 기술전문가로서, 회사의 기술계획과 전략을 검토, 평가하고 전체 이사회에 대안을 추천하는 임무를 수행합니다. 특징적인 것은 혁신기술위원회의 역할과 책임을 굉장히 구체적으로 정의하고 있는데('AMD사의 혁신기술위원회의 의무와 책임' 참고), 기술위원회에서 회사의 기술과 관련된 다양한 이슈를 얼마나 깊이 있게 다루는가 하는 것을 잘 알 수 있습니다.

글로벌 에너지 기업인 AES의 이사회는 다른 소위원회가 3~4명의 사외이사로 구성된 데 비해, 혁신기술위원회는 모든 이사회 구성원이 위원으로 참여하고 있습니다. 이는 이사회의 활동에서 혁신과 기술을 얼마나 중요하게 생각하고 있는지를 잘 나타내는 사례입니다.

AMD사의 혁신기술위원회의 의무와 책임

1. 회사의 주요 기술계획, 전략, 지식재산권을 검토, 평가하고 이사회에 추천함
   - 연구개발 활동, 제품개발 및 투자와 관련된 기술적 위험과 시장 위험 평가 등
2. 회사가 생산을 위탁한 파운드리 기업, 주요 공급자, 패키징 및 테스트 위탁 업체[OSAT]의 패키징 전략, 기술, 솔루션에 대한 모니터링
3. 회사의 기술개발 성과를 경영전략과 연계하여 검토, 모니터링
4. 산업 전반의 동향에 대한 모니터링, 회사의 전략에 영향을 미치는 현재 및 미래의 기술 동향에 대한 모니터링과 평가
5. 신기술이나 혁신적 제품이 등장하는 상황에 대응하기 위한 회사의 정책과 프로세스를 평가

6. 위원회 또는 이사회가 필요하다고 자체적으로 판단하는 활동 수행
7. 매 위원회 회의에서 논의한 주요 사항에 대해 이사회에 보고

기술위원회는 과학과 기술의 급속한 변화 위협에 대응하고, 변화 속에 나타나는 기회를 활용하는 데 있어서 이사회가 적극적 역할을 할 수 있도록 하는 기구입니다. 기술위원회는 다음과 같은 이점이 있습니다.[9]

첫째, 하버드 경영대학원의 타룬 칸나 교수는 실제로 자신이 사외이사이자 기술위원회 위원으로 참여한 기업의 예를 들어서, **기술위원회가 기업의 근시안적 관점을 바꿀 수 있다**고 주장합니다. 예전 이사회는 기술변화가 가져오는 위험에만 초점을 두어 디지털화나 보안 같은 이슈에만 관심을 기울이는 경향이 있었지만, 기술위원회를 통해 다양한 분야의 기술발전을 활용하기 위한 아이디어를 제공하는 등 기술변화에 대해 이사회가 적극적 역할을 할 수 있습니다. 예를 들어 AES사의 혁신기술위원회는 기술적 아이디어를 바탕으로 회사의 기술 책임자들과 협력하여 전력망에 들어가는 배터리 저장시스템을 개발, 사업화하고 이를 분사시켜 나스닥에 상장시키는 성과를 거두었습니다.

둘째, **기업 내 산재한 여러 자원의 융합과 부문 간 협업을 독려함으로써 혁신을 촉진**할 수 있습니다. 삼성과 같은 사업부제 조직에서는 사업부 간 협력이나 협업이 이루어지기 어렵습니다. 사업부 간 경쟁과 단기 성과에 경영의 중점이 두어지기 때문입니다. 이런 상황에서 이사회는 사업부 간 협업을 통해 혁신을 창출하도록 경영진에게 요청하거나 협업 기회를 식별할 수도 있습니다. 더불어 조직의 울타리를 넘어 학교, 연구소, 다른 기업 등 외부 조직과의 협업을 통

해 새로운 혁신이나 사업기회를 발굴하도록 할 수도 있습니다. 존슨앤존슨(Johnson & Johnson)의 과학기술위원회(science and technology committee)는 혁신이 여러 학문 분야의 접점에서 이루어진다는 믿음을 갖고 있습니다. 이에 따라, 위원회는 연구개발 부문이 학제 간 협업을 활발히 추진하도록 장려하고 감독하는 역할을 적극적으로 수행하는 데, 그 결과 회사의 혁신 역량을 높이고 신제품 개발 기회를 확대하는 데 이바지하고 있습니다.

셋째, **회사가 단기 성과에 매몰되지 않고 보다 적극적으로 미래를 준비하도록 독려하는 역할**을 할 수 있습니다. 기업의 감사실이 감사위원회에 보고하고 위원회의 활동을 지원하듯이 기술위원회를 지원하는 별도의 조직단위를 구성할 수 있습니다. 이 조직에서 여러 사업부에 걸친 기술의 결합을 통해 새로운 혁신과 사업기회를 발견하고 회사의 미래를 준비하는 역할을 수행토록 하는 것입니다. AES 사의 이사회 산하 혁신기술위원회는 회사가 미래의 새로운 사업을 추진하기 위한 'AES 넥스트'라는 내부 조직을 만들어 미래를 준비하도록 하고, 혁신기술위원회가 이 조직의 활동을 감독, 자문하는 임무를 수행하고 있습니다.

기술위원회의 효과적 운영을 위해서는 어젠다 설정이 중요합니다. 이사회의 다른 위원회들이 주로 소극적이고 위험 회피적인 안건을 다루는 반면, 기술위원회가 효과를 발휘하려면 기회의 창조에 초점을 맞추는 논의 주제를 설정해야 합니다.

AES에서는 기술위원회가 고위 경영진 및 기술전문가와의 면담을 통해 (전혀 새로운 분야에서의 과학적, 기술적 동향을 포함하여) 기술위원회에서 논의할 안건을 설정합니다. 안건은 기술발전에 따라 부상하는 새로운 이슈, 이에 따른 기회와 위험, 새로운 비즈니스 창출이라는 세

범주로 나뉩니다. 그리고 위원회 시간의 3분의 1 이상은 반드시 세 번째 이슈인 새로운 비즈니스 기회 창출에 써야 한다고 명시하고 있습니다. 존슨앤존슨에서도 과학기술위원회는 다른 위원회와 달리 회사의 전략과 사업기회를 지원하고 비즈니스 기회를 인식하는 적극적 역할을 하는 것으로 알려져 있습니다.

이사회 구성과 역할 변화에 대한 제안을 요약하겠습니다. 회사의 책임경영체제 구축을 위해 이사회의 경영진에 대한 평가 및 선임 기능을 강화해야 합니다. 그리고 기술기업으로서 경영에 대한 감독이라는 소극적 기능을 넘어 회사의 장기 경쟁력 강화에 적극적으로 기여하는 역할을 해야 합니다.

이를 위해서는 첫째, 회사 및 그룹의 최고 의사결정권자가 이사회에 참여해야 합니다.

둘째, 기술과 과학 분야의 전문성을 가진 사외이사가 더욱 많아져야 하며, 기술기업에서 경영의 경험을 축적한 전 현직 경영자도 늘어나야 합니다. 더불어 글로벌 기업에 걸맞게 외국 국적의 사외이사도 영입할 필요가 있습니다. 이를 통해 전체 사외이사 수도 확대되어야 합니다.

셋째, 이사회 운영의 변화가 필요합니다. 경영진이 보고하는 안건에 대한 심의, 승인이라는 소극적 운영이 아니라, 회사의 전략이나 투자 방향, 자원배분과 같은 주요 사안에 대해 깊이 있게 토론하고 아이디어를 제시하는 이사회 운영이 필요합니다. 필요한 경우에는 이사회가 직접 어젠다를 설정하고, 경영진이 마련한 대안에 대해 토의와 비판도 활발하게 이루어지는 이사회로 자리매김할 필요가 있습니다.

넷째, 이사회의 역할 변화를 가져올 구체적 대안으로서 기술위원회의 도입, 운영을 제안합니다.

이 장을 마치며

"이사회가 변해야 기업의 미래가 보인다."

현재 삼성전자의 이사회는 전략과 기술변화, 신사업 방향 등 핵심 사안에 충분히 관여하지 못하고 있습니다. 최고 의사결정권자가 이사회에 참여하지 않으며, 중요한 경영 의사결정은 사내이사 중심의 경영위원회에서 이루어지고, 이사회는 결과를 승인하는 수준에 머무르고 있습니다.

이처럼 의사결정의 중심에서 이사회가 배제된 구조는 기술기업으로서의 전문성과 전략적 유연성을 약화할 수 있습니다. 기술변화는 갈수록 빨라지고, 경쟁의 강도는 높아지고 있습니다. 유사한 배경과 관점을 지닌 경영진만으로는 전략적 통찰력에 한계가 있습니다. 전문성과 다양성을 보유한 사외이사들이 회사의 전략과 주요 의사결정에 대해 함께 고민하고 지혜를 보태야 합니다.

삼성전자의 이사회가 변화해야 할 방향은 명확합니다.

첫째, 그룹의 **최고 의사결정권자**인 **회장이 이사회에 참여**해야 합니다. 이는 이사회가 회사의 전략적 의사결정에 실질적으로 관여하고, 전문경영진의 평가, 보상, 선임, 해임 등을 논의할 수 있는 기반이 됩니다.

둘째, **이사회의 구성**이 달라져야 합니다. 기술과 과학, 글로벌 시장에 대한 이해를 갖춘 전문가, 경영 현장을 경험한 인물, 다양한 배경을 가진 사외이사들이 필요합니다. 글로벌 기술기업과 비교했을 때, 삼성전자는 전문성과 다양성 측면에서 보완이 필요합니다.

셋째, **이사회의 운영 방식**도 전략 중심으로 전환되어야 합니다. 단순히 경영진의 보고를 승인하는 수준을 넘어, 전략 세션이나 사외이사 주도의 어젠다(안건) 설정 등 능동적 토론이 이뤄지는 구조로 바뀌어야 합니다.

넷째, **기술위원회의 도입**이 필요합니다. 글로벌 기업들은 기술위원회를 통해 기술변화에 선제적으로 대응하고, R&D 방향을 검토하며, 혁신 기회를 모색하고 있습니다. 삼성전자도 기술 기반 전략을 논의할 수 있는 이사회 내 공식 기구를 갖추어야 합니다.

무엇보다 중요한 것은, 이사회가 **회사의 미래를 함께 설계하는 주체**로 자리매김해야 한다는 점입니다. 단기 실적과 위험을 관리하는 감시자를 넘어서, 회사의 장기 방향을 고민하는 파트너로서 기능할 때, 이사회는 경영진을 보완하고 기업의 장기 경쟁력에 기여할 수 있습니다.

삼성이 위기에 처한 지금이 변화의 타이밍입니다.

이사회가 바뀌면, 기업의 전략도 바뀔 수 있습니다.

이사회가 경영진의 전략 파트너가 된다면, 삼성전자의 미래는 달라질 수 있습니다.

CHAPTER

3

그룹본부

기능과 역할 설계

그룹본부는 삼성전자의 경영과 의사결정 과정에 대한 직접적인 개입을 지양하고, 회사의 장기적 경쟁력을 지원하는 전략적 파트너로 역할을 전환해야 합니다. 개별 사업의 경영은 현장에 맡기되, 그룹 차원의 전략 과제나 신사업 발굴 등 가치 창출 가능성이 분명한 영역에 집중해야 합니다. 이를 위해 분산된 본사 조직은 통합하고, 사업부 간 관계 조정은 자율성과 수평적 협의에 기반한 구조로 바꾸는 것이 바람직합니다. 통제와 간섭이 아닌, 선택적 개입과 전략적 조율이 그룹본부의 핵심 역할이 되어야 합니다.

본사의 존재 이유: 그룹본부의 역할을 다시 묻다

"당신의 회사에서 그룹본부(본사)는 어떤 방식으로 가치를 창조합니까?"

여러 사업을 수행하는 다각화된 기업에서는 이를 조정하고 지원할 수 있는 본사 기능이 필요합니다. 기업 전체의 전략방향 설정, 자원 배분, 계열사 간 시너지 확보 등 본사의 역할은 다양합니다. 하지만 이론적으로나 경험적으로 보면, 본사의 역할이 커질수록 오히려 가치를 창출하기 어려워집니다. 사업부의 자율성이 약화되거나, 현장과 동떨어진 의사결정이 이루어지기 때문입니다.

삼성전자의 경우, 그룹 본사의 기능을 담당하는 '사업지원 TF'가 삼성전자의 경영에 상당 수준 관여하고 있습니다. 전략 수립, 투자, 기술개발 등 주요 의사결정이나 사업부 간의 관계 조정에도 본사가 개입하는 구조입니다. 그룹의 대표기업으로서 삼성전자의 자원과 역량이 충분한 상황에서, 그룹본부의 개입은 역기능을 초래하기 쉽습니다. 특히 빠른 의사결정과 혁신이 중요한 기술기업의 경우, 본부가 경영에 대한 개입과 통제를 통해 가치를 창조하기 어렵습니다.

이 장에서는 삼성전자의 본사 기능이 어떻게 운영되고 있으며, 이것이 조직의 자율성과 경쟁력에 어떤 영향을 미치는지 살펴봅니다. 또한 그룹본부가 어떤 방식으로 가치창출에 공헌할 수 있는지, 해야 할 역할과 해서는 안 될 역할은 무엇인지에 대해 정리해 보겠습니다. 다각화된 기업(그룹)에서 본사는 필요한 조직입니다. 다만, 어떤 방식으로 기능하느냐에 따라 그 효과는 크게 달라질 수 있습니다. 이제는 그룹본부 조직의 존재 자체보다는 역할과 운영 방식을 점검해야 할 시점입니다.

1 현황과 과제

여러 사업부를 가진 다각화된 기업이나 우리나라 대기업처럼 다수의 계열사를 보유한 기업(그룹)에서는 기업(그룹) 본부(headquarters 혹은 corporate center)의 존재가 필요합니다. 여기서는 삼성그룹 전자 계열사의 컨트롤타워 역할을 하는 사업지원 TF를 중심으로 살펴보겠습니다.

그룹본부의 필요성과 가치 창조의 조건

다각화된 기업에서는 여러 사업부(기업)의 관계를 조정하거나 효율적인 자원 배분 및 사업구조 조정을 위해 본사가 필요합니다. 학문적으로 기업 본사는 기업(그룹)의 최고경영자와 이를 지원하는 스태프를 함께 일컫는 말입니다. 이 책에서는 그룹 최고경영자를 지원하는 본사 관리자(경영진)와 스태프에 초점을 둡니다.

우리나라 대기업에서도 다양한 명칭으로 본부 조직을 운영하고 있습니다. 삼성도 비서실, 구조조정본부, 전략기획실, 미래전략실 등을 거쳐 현재는 사업지원 TF가 삼성전자를 비롯한 전자계열사의 본사 역할을 하고 있습니다. 이외에도 본사 역할을 하는 조직으로서 금융경쟁력 제고 TF(금융계열사 대상)와 EPC 경쟁력 강화 TF(건설·중공업 부문)가 있으며, 신사업 발굴을 담당하는 미래사업기획단 등 본사 조직이 분산되어 있습니다. 여기서는 삼성전자의 경영에 직접 영향을 미치는 사업지원 TF를 중심으로 논의합니다.

그룹본부(본사)는 멀티비즈니스 기업의 경영과 성과에 상당한 영향을 미칩니다. 이런 배경 속에서, 전략을 연구하는 학자들은 다각화된 기업에서 본사의 역할과 기능, 운영 방식과 그 효과 및 부작용에 주목해 왔습니다. 특징적인 것은 '과연 그룹 본사가 가치를 창출하느냐, 그렇지 않으면 오히려 계열사나 기업 전반에 부정적인 영향을 미치는가?'에 대한 연구들이 많다는 것입니다. 그만큼 본사는 다각화된 기업의 경영을 위해 필요하지만, 실제 긍정적 효과를 끌어내기 쉽지 않다는 것을 의미합니다.[1]

연구결과를 보면 본사가 가치를 창조하는 때도 있지만, 전체 그룹과 개별 사업부(계열사)의 성과에 부정적 영향(가치파괴)을 미치는 사례도 꽤 많습니다. '**기업 본사는 필요하지만, 전체 기업에 부정적 영향을 미치기 쉽다**'라고 현재까지의 연구결과를 요약할 수 있습니다.

왜 그럴까요? 본사 스태프는 주로 재무, 인사, 기획 등으로 구성된 조직이며, 최고경영자의 의사결정을 지원하는 역할을 합니다. 자연히 막강한 권한을 가지기 마련입니다. 본사는 의도가 아무리 좋아도 사업부나 계열사 간 관계에 개입하는 과정에서 자율성을 침해할 우려가 있습니다. 그리고 사업부에 대한 평가와 재무통제를 수행하는 과정에서 계열사의 혁신과 장기적 경쟁력에 부정적 영향을 미치기 쉽습니다.

그룹 본사 연구에 세계적 권위를 가지고 있는 영국의 Ashridge Strategic Management Centre에서는 오랜 연구결과를 바탕으로, 본사는 다음과 같은 세 가지 조건('그룹 본사가 가치를 창출할 수 있는 조건' 참고)을 모두 충족하는 경우에만 가치를 창출할 수 있다고 합니다.[2]

그룹 본사가 가치를 창출할 수 있는 조건

(1) 본사가 계열사의 성과를 개선할 기회를 식별하고, 기회를 활용하기 위해 본사가 해야 할 역할을 명확하게 알고 있을 때

(2) 해당 역할을 실행하는 데 필요한 스킬, 자원, 역량을 보유하고 있을 때

(3) 해당 비즈니스의 특성을 잘 이해하고 있고, 본사의 개입이 계열사 경영에 부정적 영향을 미치지 않도록 권한을 신중하게 사용할 때

* 위의 세 조건을 모두 충족해야 함. 그렇지 않으면 본사의 관여는 그 의도에도 불구하고 역효과를 낳을 가능성이 큼.

본사의 네 가지 가치창출 방법

본사가 긍정적 역할을 하기 위해서는 먼저 '가치를 만들어낼 기회'가 있어야 합니다. 본사가 가치를 창조하는 방법은 〈그림 1〉과 같이 네 가지로 나눌 수 있습니다. 첫째, **각 계열사(사업부)에 대한 직접적 관여**stand-alone influence입니다. 이를테면 ① 계열사의 전략 방향에 대한 검토, 승인, ② 주요 투자의사결정에 대한 검토, 관여, 승인, ③ 예산 통제 및 성과평가 등을 들 수 있습니다. 이 방법은 해당 사업부의 역량이 취약할 때는 효과적일 수 있지만, 과도한 개입으로 계열사의 자율성과 경쟁력에 부정적 영향을 미칠 가능성이 크기 때문에 주의가 필요합니다.

그림 1 본사의 가치창출 유형

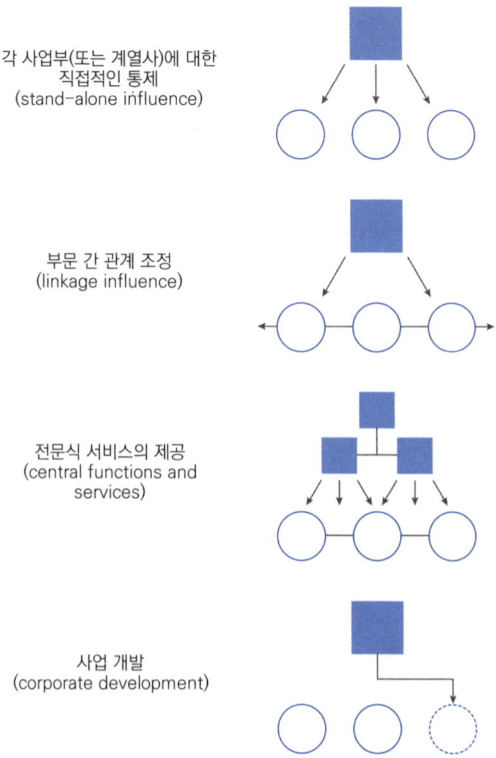

자료: Michael Goold, Andrew Campbell, and Marcus Alexander, Corporate-level strategy: Creating value in the multibusiness company, John Wiley & Sons, 1994, 79쪽 수정.

둘째, 계열사 사이의 전략이나 내부거래의 조정, 자원이나 능력의 공유를 통한 시너지 창조에 초점을 두는 **계열사 간 관계 조정** linkage influence입니다. 시너지의 가능성을 식별하고, 계열사 간 관계 조율을 통해 시너지를 끌어낸다는 점에서 계열사가 독립적으로 수행하기는 어려운 활동이지요. 그러나 연구결과를 보면 시너지 창출 기회를 식별하는 것은 어렵지 않지만, 의사소통과 조직의 복잡성과 같은 문제로 시너지 창조가 쉽지 않다는 문제가 있습니다.[3] 사업부

나 계열사 간 시너지 창출에 관해 오랫동안 연구한 학자들은 다음과 같이 주장합니다.[4]

> "우리 연구에 의하면 본사 관리자들은 시너지 창출 기회가 확실치 않은데도 시너지를 추구하는 경향이 있습니다. 그 결과 사업부 간 관계에 대한 본사 개입은 부정적 결과를 초래하는 경우가 많습니다. 더욱이 실제 시너지의 기회가 존재하더라도 본사가 가운데 개입하여 조정하는 것보다는 계열사끼리 자율적으로 조정하는 것이 더 효과적입니다. 수많은 멀티비즈니스 기업을 관찰한 결과에 의하면, 본사의 가치창출은 주로 경쟁력이 취약한 계열사를 효과적으로 지원할 때 이루어지며, 계열사 간 관계 조정이 긍정적 결과를 낳는 경우는 드뭅니다. 그러므로 시너지 창출이란 개념은 경영자, 컨설턴트, 학자에 의해 과장된 것으로 생각합니다."

셋째, **전문 기능과 공통 서비스의 제공**central functions and services입니다. 재무, 인사, 기획, 법무, 홍보 등과 같은 스태프 기능은 본사 경영자가 계열사에 영향력을 행사하고 관리하는 것을 지원할 뿐만 아니라, 계열사 활동에 지침을 제공하는 역할도 수행합니다. 계열사가 따라야 할 정책 수립, 계열사 경영자에 대한 조언 제공, 재무관리나 전략계획의 노하우, 베스트 프랙티스best practices 이전 등을 포함합니다. 따라서 계열사의 의사결정이나 정책에 큰 영향을 미칩니다.

한편 전체 조직에 적용되는 정책, 제도, 시스템, 프로세스를 만들고 표준화하는 역할도 전문 스태프 기능technostructure입니다.[5] 이 기능이 커지면 계열사가 따라야 할 규칙, 절차, 제도가 만들어지고 프로세스가 표준화되므로 조직이 관료화되는 부작용이 따릅니다(부록 7장: '조직의 관료화에 스태프 부서가 미치는 영향' 참고). 한편 중앙 서비스는 홍보, 대외관계, 급여 지급, 연금, 보안, 사내 식당 등과 같은 공통 서비스를 제공하는 것을 말하며, 규모의 경제성을 누리는 데 목적이 있습니다.

넷째는 **사업개발**corporate development입니다. 본사는 M&A(인수·합병)를 통해 새로운 사업에 진출하거나 기존 사업에 대한 철수 의사결정을 내려서 그룹 사업 포트폴리오를 구축하고 이를 통해 가치를 창출할 수 있습니다. 다각화된 기업에서 본사의 사업개발 기능은 기업전략의 핵심적 요소입니다. 사업개발은 그 자체가 본사의 주요 역할이며 본사가 주도권을 가지고 수행해야 하는 일이라는 점에서 앞서 제시한 세 가지 가치창출 유형과는 구별됩니다.

본사 스태프의 가치창출 역할과 문제점

이처럼 본사가 실질적인 가치를 창출하려면 가치를 창조할 수 있는 조건을 충족해야 합니다. 그리고 어떤 방법으로 가치를 창조할 수 있을지에 대한 이해가 필요합니다. 그렇다면 삼성전자의 그룹본부인 사업지원 TF의 역할은 그룹본부가 가치를 창조하기 위한 조건을 얼마나 충족하고 있을까요?

사업지원 TF는 미래전략실 해체 이후, 삼성전자 주요 사업부문과 전자계열사 간 의견 조율을 위한 기구로 2017년 출범했습니다. 그러나 그룹 회장의 경영 공백기 동안 사업지원 TF의 역할과 권한은 커질 수밖에 없었고, 현재까지 사업지원 TF는 그룹 컨트롤타워로서 삼성전자의 경영 전반에 큰 영향을 미치고 있습니다. 여기서는 앞서 제시한 '본사의 가치창출 역할'을 중심으로 그룹본부의 역할과 활동을 진단하겠습니다.

본사의 가치창출이라는 측면에서 보면, 사업지원 TF는 계열사 통제, 계열사 간 관계 조정, 전문 스태프, 사업개발과 같은 네 가지 기능을 대부분 수행하고 있습니다.

특히 경영전략의 수립, 투자와 같은 주요 의사결정, 사업부의 성과평가 및 분석에 큰 영향을 미치고 있습니다. 앞서 제시한 가치창출 유형으로 보면 **그룹본부의 '개별적 관여'가 상당한 수준**으로 이루어지고 있습니다. 그런데 개별적 관여는 계열사의 경쟁력이나 역량이 미흡할 때 가치창출의 기회가 존재하는데, 삼성전자는 그룹의 대표기업으로 충분한 자원과 역량을 확보하고 있습니다. 이런 경우 본사의 직접적 개입은 오히려 부정적 결과를 초래하기 쉽습니다. 실제 임직원 인터뷰에서도 사업지원 TF의 개입으로 인한 주요 의사결정의 지연, 혁신에 대한 투자 중단, 단기 성과 위주의 의사결정, 보고 준비와 조율을 위한 현업 부서의 노력과 에너지 소모 등과 같은 문제점이 나타났습니다.

기술기업은 혁신이 경쟁력의 원천이 되기 때문에 본사 스태프의 개입으로 경쟁력을 강화할 수 있는 여지가 제한적입니다. 즉 본사가 가치창출을 하려면 '가치창출 기회'가 존재해야 하는데, 삼성전자의 경영에 대한 통제나 개입을 통해 본사가 가치를 창출할 기회는 제한적일 수밖에 없습니다.

다각화 할인[diversification discount] 이라는 개념이 있습니다. 다각화된 기업의 시장가치가 개별 사업부의 가치를 합한 것보다 낮은 현상을 의미합니다. 사업부 간 시너지를 생각하면 각 사업이 독립적으로 수행되는 것보다 함께 수행되는 것이 더 큰 가치를 만들어 내야 하는데 말이죠.

다각화 할인의 원인으로는 기대했던 시너지 창출은 쉽지 않은 대신, 본사의 과도한 관여가 사업부의 자율성 저하, 복잡한 관리구조로 인한 의사결정의 지연과 조직의 관료화, 자원 배분의 비효율성 등을 초래하기 때문입니다. 이처럼 **본사는 자칫하면 역기능을 초래하기 쉬우므로 역할, 구조, 권한과 같은 조직설계에 세심한 주의가 필요**합니다.[6]

본사는 구조적으로 강력한 권한을 갖고 있으며 사업 현장에서 한 발 떨어져 있는 스태프 조직이라는 특징을 고려하여, 이상에서 제시한 문제점을 정리해 보겠습니다.

첫째, 전략 수립, 투자의사결정 등에 대한 개입은 삼성전자 경영의 자율성을 저해하고, 책임경영을 어렵게 합니다. 그동안 인수·합병, 투자, 신사업 등 전략적 의사결정이 제대로 이루어지지 못하고 기회를 놓친 사례들이 있는데, 이에 대한 책임이 삼성전자 경영진에게 있는지 아닌지도 불분명합니다. 전문경영자가 막대한 보수를 받으면 그에 따른 책임이 부여되는 것은 당연한데, 현재는 책임경영이 이루어지기 어려운 구조입니다.

둘째, 재무 스태프의 계열사 평가는 단기 성과에 치우치기 쉬워서 혁신이나 장기경쟁력 강화에 부정적 영향을 미칠 수 있습니다. 일반적으로 계열사나 사업부에 대한 재무 스태프의 개입이 커지면 경영이 장기적 경쟁력보다는 단기 성과를 중시하는 방향으로 이루어지게 됩니다. 계열사에 대한 재무통제는 환경이 안정적이고 사업이 성숙기일 때 효과적인데, 삼성전자는 이에 해당하지 않습니다.

셋째, 본사 스태프 조직의 권한이 강해지면 조직은 관료화됩니다. 보고가 많아지고 현장과 떨어져 있는 그룹본부를 설득하거나 이해시키기 위해 보고 준비와 보고에 많은 시간이 소요됩니다. 이 과정에서 의사결정이 지연되거나 왜곡되고, 현장과 유리된 의사결정이 이루어질 가능성이 큽니다.

이런 구조하에서는 본사가 좋은 의도를 가지고 열심히 일한다고 하더라도, 본사가 권한을 행사할수록 위와 같은 문제가 발생할 가능성이 큽니다. '책임은 지지 않고 권한만 행사한다', '재무 부문이 개발자, 엔지니어 위에 군림한다' 등과 같은 현장의 불만이 생기는 이유입니다.

2 미래 발전을 위한 제안

여기서는 그룹 본사인 사업지원 TF의 역할을 삼성전자와의 관계 속에서 제시하겠습니다. 우선 본사의 역할을 명확하게 정립하는 것이 필요합니다. 거의 모든 기업 본사corporate center에 관한 연구가 본사 조직의 설계에서 가장 중요한 첫 번째 단추가 '명확한 역할 설정'이라고 제안하고 있습니다.[7] '그룹 중장기전략 수립 및 실행 지원'은 모든 계열사의 전략 수립이나 실행 과정에 (필요하면) 관여할 수 있다는 의미입니다. 실제로도 주요 사업의 중장기전략, 투자, 자원 배분, 기술개발 로드맵, 기술개발 타당성 검증 등과 같은 의사결정과정에 본사가 긴밀하게 관여하고 있는 것으로 알려져 있습니다.

가치창출의 조건: 계열사 경영에 직접 개입 배제

앞서 제시한 본사의 '가치창출 유형' 중에서 본사는 삼성전자의 경영에 대한 개별적 관여(직접적 통제)는 배제해야 합니다(이를 위해서는 최고 의사결정권자가 삼성전자의 이사회에 직접 참여해야 합니다. 이 부분에 대해서는

2장에서 구체적으로 다루고 있습니다). 5장의 환경감지 역량에서 논의하겠지만, 회사는 신기술의 위협에 대응하고 신사업 기회를 발견하려면 빠른 환경감지가 중요한 상황에 직면해 있습니다. 이런 상황에서 그룹본부의 관여와 통제가 이루어지면 삼성전자 경영의 자율성은 약화하며 민첩한 환경감지가 어려워집니다.

본사는 고유 기능인 사업개발과 일부 계열사 간 관계 조정에 초점을 두어야 합니다. 계열사 간 관계 조정도 느슨한 형태로 이루어져야 하며, 삼성전자와 사업적 중복이나 거래 관계에 있는 다른 계열사와의 관계는 삼성전자와 해당 계열사가 자율적으로 조정하는 것이 바람직합니다. 본사의 관여를 완화하고 계열사의 자율성을 강화하는 한편, 조정의 효과를 높이기 위해서입니다. 기업 본사 연구에 따르면, 계열사 사이의 잠재적 시너지 기회가 존재하더라도 본사가 관계에 개입, 조정하는 경우보다, 계열사 간 자율적 조정이 더 효과적이라고 밝혀지고 있습니다.[8]

알파벳의 사례를 참고할 만합니다. 알파벳은 구글의 모회사로 구글을 포함하여 다양한 사업부문(자회사)을 관리하는 지주회사입니다. 알파벳이 지주회사이며 구글과 다른 자회사other bets와의 사업적 관련성이 낮다는 점이 삼성전자와는 다르긴 하지만, 본사 역할이라는 면에서 살펴볼 필요가 있습니다.

알파벳은 구글은 물론이고 Waymo(자율주행), Calico(생명공학), X(혁신적 기술개발) 등 자회사의 경영에는 일절 관여하지 않고 자율성과 독립성을 보장합니다. 모회사가 자회사의 경영에 관여하면, 자회사의 독립성은 낮아지고 조직이 관료화된다는 점을 경계하기 때문입니다. 다만 자금 확보가 필요한 신사업 부문에 대한 자금조달과 모회사 본연의 기능이라고 할 수 있는 신사업 개발은 알파벳에서 주도하고 있습니다.

알파벳의 역할은 다음과 같이 정리할 수 있으며, 삼성의 본사도 이 정도 역할을 수행하는 게 바람직합니다.

- 자회사 경영의 자율성과 독립성 보장
- 수익성이 확보되지 않은 자회사에 대한 자금조달 및 자원 배분
- 전사 차원에서 재무 및 리스크 관리
- 미래지향적 혁신 추진 및 신사업 발굴

성과 관리: 느슨한 전략통제형 스타일

본사의 역할을 명확히 하기 위해서는 계열사에 대한 성과 관리를 어떤 지표를 통해 어느 정도로 해야 할 것인가에 대한 의사결정이 필요합니다. 다각화된 기업의 관리에 대한 이론에 따르면, 본사의 그룹 경영 스타일은 전략계획형, 재무통제형, 전략통제형으로 나눌 수 있습니다(〈그림 2〉).

전략계획형strategic planning style은 본사가 계열사(사업부) 전략 수립에는 깊이 관여하지만, 기술혁신, 시장점유율과 같은 전략적 목표 달성을 중요시합니다. 따라서 계열사에 대한 통제는 느슨하게 하면서 전략 방향과 사업부 활동이 일관성 있게 이루어지는가를 모니터링하는 데 초점을 둡니다.

재무통제형financial control style은 계열사 전략 수립이나 계열사 사이의 조정에는 전혀 관여하지 않습니다. 대신 계열사와 협의를 통해 정량적 재무목표를 설정하고 재무목표의 달성 여부에 의해 계열사를 관리, 통제하는 방식입니다. 재무통제형은 성과에 의해서만 계열사를 통제하므로, 본사 스태프의 규모가 제일 적습니다.

전략통제형strategic control style은 전략계획형과 재무통제형을 절충한

그림 2 본사의 계열사 경영스타일

형태입니다. 계열사의 자율성을 중시하고 전략 수립이 장기적인 관점에서 이루어지도록 장려합니다. 사업부 간 조정은 본사가 개입하기도 합니다. 재무적 목표보다는 전략적 목표 달성을 우선하지만, 상황에 따라 단기적인 성과 기준도 활용하여 성장과 단기 성과의 조화를 추구합니다.[9]

세 유형은 우열이 있는 것이 아니라 경영환경, 기업전략과 사업구조, 각 계열사의 경쟁력에 따라 효과적인 본사 스타일이 달라집니다. 이를 요약하면 〈표 1〉과 같습니다. 삼성전자의 사업은 환경의 불확실성이 높고 기술과 혁신이 중요하며 산업의 성장이 빠르므로 단기 재무성과 달성을 중시하는 재무통제형은 적합하지 않습니다. 한편 삼성전자의 역량이 충분히 강하기 때문에 본사가 전략 수립에 과도하게 관여하는 전략계획형도 바람직하지 않습니다. 세 유형 중에서는 전략통제형 스타일이 비교적 적당합니다.

표 1 • 계열사 관리 스타일에 따른 본사 특성 및 적합한 상황

계열사 관리스타일	본사 스태프의 특성	적합한 상황			
		전략 방향	사업포트 폴리오 구성	투자 특성	환경
전략계획형	· 규모가 큼 · 다양한 기능	· 적극적 성장 · 기술혁신	· 사업부 수 적음 · 사업 분야 제한적 · 사업부 간 높은 관련성	· 대규모 높은 위험 · 투자액회수에 장기간 소요	· 높은 불확실성 · 산업의 성장 속도 빠름
전략통제형	중간 수준	· 성장/수익의 조화 · 성공적 분야 집중	중간 수준	중간 수준	비교적 경쟁이 치열한 경우
재무통제형	· 규모가 작음 · 소수의 기능	· 수익성 극대화 · 이윤, 현금 창출	· 사업부 수 많음 · 사업 분야 다양함 · 사업부 간 관련성 낮음	· 소규모 낮은 위험 · 투자 회수 기간이 빠름	· 안정적 환경 · 성숙기나 쇠퇴기 산업

자료: 허문구, 김종진, 경영전략론, KNOU Press, 2014, 252쪽 수정, 요약.

현실에서는 위의 〈그림 2〉에 두 가지 유형을 추가할 수 있습니다. 통제과잉형은 전략 수립과 실행에 관여하는 정도도 높고, 단기 성과에 의해 계열사를 통제하는 유형입니다. 상황을 떠나 본사가 가장 경계해야 할 스타일입니다. 전형적인 가치파괴형 본사 스타일입니다.

삼성전자에 국한해서 얘기하자면 저 관여형(A 유형) 혹은 느슨한 전략통제형(A′ 유형)이 바람직하다고 생각합니다. **저관여 형은 전략 수립에도 관여하지 않으면서 전략적 목표 달성 여부에 의해 유연하게 장기적인 관점에서 통제**를 수행하는 형태입니다. 느슨한 전략통

표 2 • 그룹본부의 계열사 관리 스타일 비교 및 제안

관리 스타일	전략에 대한 개입	단기 성과 통제	계열사의 자율성	평가
전략계획형	○	×	△	계열사 역량이 강한 경우 부적합
재무통제형	×	○	○	기술과 혁신이 중요한 경우 부적합
전략통제형	△	△	△	절충형
통제과잉형	○	○	×	가치파괴형 본사
저 관여형 (A형)	×	×	◎	추천
느슨한 전략통제형 (A′형)	×	△	◎	추천

제형은 좀 더 현실적인데 전략 수립에는 관여하지 않지만, 전략적 목표와 더불어 어느 정도의 단기 재무목표도 함께 관리하는 스타일입니다. 장기적 경쟁력과 단기 성과의 조화를 추구하는 형태라고 할 수 있습니다. 이를 정리하면 〈표 2〉와 같습니다.

본사의 역할과 조직설계

(1) 사업개발에 초점

신사업 개발corporate development은 본사의 가장 고유한 가치창출 역할입니다. 따라서 본사는 다른 역할은 줄이더라도 사업개발 역할에 중점을 두어야 합니다.

표 3 • 주요 비교 기업의 M&A 현황

기업명	2019	2020	2021	2022	2023	2024	계
애플	7	11	1	2	3	3	27
엔비디아	2	4	2	2	1	6	17
퀄컴	1	-	7	3	-	1	12

인공지능과 컴퓨팅 기술의 발전 등 급속한 기술변화 속에서 미래를 선점하기 위한 치열한 기술경쟁이 전개되고 있습니다. 이러한 흐름 속에서 M&A는 신기술 확보, 기존 기술과의 융합을 통한 제품 및 기술경쟁력 강화, 신규 사업 진출, 부족한 역량의 확보 등과 같이 기술, 인력, 비즈니스의 경쟁력을 단숨에 강화할 수 있는 핵심 요소로 작용합니다. 이러한 목적으로 많은 기술기업이 기술경쟁력 강화와 신사업 추진을 위해 인수·합병을 적극적으로 활용하고 있습니다(〈표 3〉 참고).

그런데 삼성의 경우 2016년 하만 인수 이후에는 M&A나 신사업 진출이 눈에 띄지 않습니다. 삼성전자는 2019년 보유 현금자산이 100조를 넘어선 이래 2022년에는 130조에 달할 정도로 막대한 현금을 보유하고 있는데, 글로벌 기술경쟁의 주요 수단인 M&A가 그동안 전혀 이루어지지 못했다는 점은 안타까운 대목입니다.

엔비디아가 데이터센터용 AI 시스템 시장을 장악한 배경에는 멜라녹스Mellanox 인수가 결정적 역할을 했습니다. 멜라녹스는 고성능 컴퓨팅HPC과 데이터센터용 네트워크 솔루션에 강점을 지닌 이스라엘의 반도체 기업으로, 2019년 인수 계약이 체결되고 2020년에 인수가 완료되었습니다. 엔비디아의 컴퓨팅 기술과 멜라녹스의 고성능 네트워킹 기술을 결합함으로써, 엔비디아는 AI 데이터센터 및 고성능 컴퓨팅 시장을 선도하게 되었습니다. 인수 당시 엔비디아의 시가 총액은 930억 달러, 멜라녹스의 인수 가격은 70억 달러였는데, 엔비디아의 시가 총액은 4조 달러(2025년 6월 말 기준)까지 커져서, 멜라녹스 인수의 시너지 효과가 무려 40배에 이른다는 비유를 할 정도로 성공적인 M&A로 꼽힙니다.

통신용 반도체 팹리스인 브로드컴Broadcom도 1991년 설립 이후 인수·합병을 통해 비약적으로 성장했습니다. 브로드컴은 인공지능 열풍을 타고 근래 급속히 성장하여, 시가 총액 1조 달러를 돌파하였습니다. 2025년 6월 말 기준, 브로드컴의 시가 총액은 1,700조로 삼성전자(350조)의 5배에 달합니다.

근래에는 CA테크놀로지(2018년, 189억 달러), 시만텍(2019년, 107억 달러), VM웨어(2022년, 610억 달러) 등 소프트웨어 업체를 지속해서 인수하고 있습니다. 이를 통해 소프트웨어 분야로 사업영역을 확장하고, 소프트웨어 역량을 활용하여 기존 하드웨어 기술을 강화하며, 나아가 데이터센터 등의 고객에게 반도체와 소프트웨어 통합 솔루션을 제공하는 기업으로 거듭나고 있습니다. 인수·합병을 통해 부족한 소프트웨어 역량을 단숨에 끌어올리고 기존 비즈니스의 경쟁력을 강화한 사례입니다.

삼성전자는 메모리 중심으로 성장해왔기 때문에 제조역량, 공정역량, 하드웨어 역량은 비교적 강하지만, 설계 역량, 소프트웨어 역량은 부족합니다. 삼성전자가 기존 사업의 경쟁력을 강화하고 신사업을 추진하기 위해서는 부족한 역량을 빠른 시일 내에 확보할 방안을 찾아야 하며, 인수·합병은 이를 위한 효과적 대안이 될 수 있습니다. 이런 부분이 삼성전자의 경영진과 그룹 본사가 함께 머리를 맞대고 협력해야 하는 부분입니다. 요약하면, **본사가 가장 효과적으로 가치를 창출할 수 있는 영역은 M&A를 포함한 사업개발**이며, 이 역할에 초점을 맞출 필요가 있습니다.

(2) 전문 스태프 기능 축소

중앙스태프 기능central functions 중에서, 재무, 인사, 전략과 같은 기능은 슬림화(축소)해서 그룹 차원의 역할만 수행하도록 하고, 홍보, 대외관계, 법무 등과 같이 그룹 차원의 활동이 효과적인 영역에 집중하는 것이 바람직합니다.

그룹 본사의 규모가 커질수록 모니터링, 진단, 평가, 보고 등이 많아져서, 계열사의 자율성은 낮아지고 의사결정이 지연되는 등 조직의 관료화가 촉진됩니다. 비즈니스 현장과 떨어진 그룹 본사 조직은 계열사로부터의 '보고'에 의존할 수밖에 없으며, 조직의 관료화, 의사결정의 지연과 왜곡, 그룹 본사와 계열사의 갈등이 발생하는 원인이 됩니다. 따라서 계열사와 조직 현장에 직접 영향을 미치는 전문 스태프 기능을 축소할 필요가 있습니다.

개별 비즈니스에 개입하기보다는 자율화된 사업단위들을 결속할 수 있는 공통의 문화와 가치를 개발, 공유하고 브랜드, 홍보, 대외관계와 같은 그룹 차원의 자원 관리와 활동에 역량을 집중해야 합니다. 이상의 논의를 바탕으로 그룹 본사의 역할을 제시하면 다음과 같습니다.

〈 그룹본부의 주요 역할 설계To-be 〉

- 신사업 발굴 및 개발(인수합병 등)
- 그룹 사업포트폴리오 조정
- 그룹 차원의 재무관리, 리스크 관리
- 중앙스태프 기능의 축소
  - 기업문화, 홍보, 브랜드. 대외관계 등 공통 기능에 집중
  - 재무, 인사, 기획은 역할 슬림화, 그룹 차원의 업무만 수행

그룹본부 조직의 통합

이상에서 제시한 여러 대안을 효과적으로 실행하기 위해서는 현재 **분산된 그룹본부 조직을 하나로 통합**할 필요가 있습니다. 전자계열사의 그룹본부 역할을 하는 사업지원 TF, 금융계열사의 그룹본부인 금융경쟁력 제고 TF, 건설·중공업 부문의 EPC 경쟁력 강화 TF와 기존 비즈니스와 관련이 없는 신사업 개발을 담당하는 미래사업기획단 등 그룹 조직을 통합하여, 그룹본부 조직을 일원화해야 합니다. 이를 통해 그룹본부는 계열사 경영에 대한 관여와 통제는 대폭 축소하고, 그룹 차원의 조정·통합 업무와 신사업 개발 업무에 집중할 수 있습니다.

이상의 제안을 요약하면, 그룹본부는 삼성전자처럼 역량 수준이 높은 계열사 경영에 개입하지 않는 것이 바람직합니다. 성과 관리 측면에서는 저 관여형, 혹은 느슨한 형태의 전략통제형이 바람직합니다. 이를 바탕으로 새로운 사업개발 등 그룹 차원의 업무에 집중할 필요가 있으며, 계열사 경영의 자율성을 높이고 조직의 관료화를 완화하기 위해 전문 스태프 기능의 축소가 필요합니다. 그리고 이러한 대안을 효과적으로 실행하기 위해서는 현재 분산된 그룹본부 조직을 하나로 통합, 일원화할 필요가 있습니다.

이 장을 마치며

"그룹본부는 계열사(삼성전자) 경영에 대한 관여, 통제가 아니라 그룹 차원의 업무 수행에 집중하고, 이를 통해 가치를 창출해야 한다."

기업이 다각화되고 조직이 복잡해질수록 본사의 역할은 중요해집니다. 하지만 본사의 개입이 과도해지면 사업부의 자율성과 민첩성이 약화하고, 의사결정의 속도와 실행력까지 떨어질 수 있습니다. 특히 기술혁신이 경쟁력의 핵심인 삼성전자 같은 기업에서는 본사의 역할과 범위가 전략적으로 조정될 필요가 있습니다.

삼성전자의 본사 기능을 수행하는 사업지원 TF는 전략 수립, 투자 결정, 기술개발 검토 등 다양한 영역에서 영향력을 행사하고 있습니다. 그러나 현재의 운영 방식은 '지원'보다는 '통제'의 성격이 강해, 오히려 현장의 창의성과 실행력을 저해하는 요인으로 작용하고 있습니다. 본사가 직접 개입하는 구조는 신속한 의사결정을 어렵게 하고, 단기 성과 위주의 판단을 강화해 장기적 혁신을 위축시킬 수 있습니다.

기업 본사가 가치를 창출하려면 몇 가지 전제가 필요합니다. 개입이 필요한 상황을 구체적으로 식별하고, 그에 맞는 역량을 갖추며, 계열사의 특성과 자율성을 고려한 '선택적 개입'이 이루어져야 합니다. 이를 위해서는 개별 사업부에 대한 직접 통제보다는, 전략적 조율자이자 장기적 성장의 촉진자로서 본사의 기능이 재설계되어야 합니다.

전략의 수립과 주요 의사결정에 대해서는 삼성전자의 경영진이 전적으로 권한과 책임을 지고 책임경영을 할 수 있도록 그룹본부의 역할 설정과 지원이 필요합니다. 삼성전자와 타 계열사 간 혹은 삼성전자 내 사업부 간 조정도 본사가 관여하기보다는 자율적, 수평적 협력을 통해 이루어질 수 있도록 해야 합니다.

본부는 계열사 경영에는 개입하지 않고, 성과 관리도 느슨한 형태의 전략통제형 스타일이 적합합니다. 그리고 전문 스태프 기능을 축소하고 본사의 고유 역할인 사업개발 기능에 초점을 두어야 합니다. 이를 위해 분산된 그룹본부 조직을 통합할 필요가 있습니다.

전략 수립은 사업부가 주도하고 본사는 조력하는 구조로 전환하고, 계열사 간 시너지는 본사 주도보다 자율적 협력을 통해 촉진하며, **그룹본부는 미래지향적 투자, 신사업 개발, 그룹 차원의 자원 배분 등 본연의 기능에 집중**해야 합니다.

REDESIGN SAMSUNG

PART 2

혁신과 조직

CHAPTER

4

혁신

활용과 탐험

기술 리더십을 회복하기 위해서는 현재의 성과에 안주하는 활용 중심의 혁신에서 벗어나, 미래를 개척하는 탐험적 활동의 비중을 높여야 합니다. 이를 위해 탐험과 활용이 공존할 수 있는 양면적 조직 환경을 구축하거나, 탐험 기능을 별도로 분리해 실험과 자율성을 보장하는 구조로 전환해야 합니다. 현재의 성과와 장기 경쟁력을 함께 추구할 수 있는 혁신 체계를 마련하는 것이 핵심 과제입니다.

활용의 그늘, 소외된 탐험: 삼성의 혁신이 가야할 길

"당신의 조직은 성공에 안주하지 않고, 미래의 가능성을 끊임없이 탐험하고 있습니까?"

기업은 '현재'를 개선하면서 동시에 '미래'를 준비해야 합니다. 이를 경영학에서는 '활용'exploitation과 '탐험'exploration이라는 개념으로 설명합니다. 활용은 현재의 제품, 역량, 시장을 더 정교하게 다듬고 효율을 높이는 활동입니다. 반면 탐험은 아직 존재하지 않는 미래의 가능성을 찾아 나서는 활동입니다. 이 두 가지는 서로 충돌하는 개념이지만, 어느 하나만으로는 기업이 생존할 수 없습니다. 활용이 단기적 성과의 원천이라면, 탐험은 장기적 경쟁력의 씨앗입니다.

하지만 현실에서는 이 균형이 자주 무너집니다. 특히 1등 기업일수록 탐험을 꺼리게 됩니다. 1등이 가져다주는 달콤함에 안주해서, 굳이 새로운 길을 가려고 하지 않기 때문입니다. 성공을 가져다준 전략에만 집착하고, 아직 검증되지 않은 미래의 가능성에는 눈을 감습니다. 실제로 수많은 1등 기업이 기술 패러다임이 바뀌는 시점에 몰락하는 이유도 여기에 있습니다.

삼성전자도 범용 메모리 반도체라는 익숙한 강점에 집중한 나머지, HBM(고대역폭메모리)의 가능성은 잠시 외면했습니다. 불확실한 미래보다는 확실한 현재의 성과에 더 집중한 결과입니다. 눈앞의 성과를 위한 원가절감, 불확실성 회피, 실패에 대한 두려움이 탐험을 가로막았습니다. 활용의 관성은 더 강해졌고, 탐험의 동력은 약해졌습니다. 그 결과, 지금 삼성전자는 메모리 반도체에서도 초격차 기업에서 '위기에 처한 1등 기업'이라는 낯선 상황에 놓였습니다.

이 장에서는 활용과 탐험이라는 개념을 토대로, 왜 삼성전자의 혁신이 정체되었는지를 분석하고자 합니다. 기술개발이 중요하다고 하면서도 탐험활동이 위축된 구조적 이유를 살펴봅니다. 그리고 어떻게 하면 활용과 탐험의 균형을 회복하고, 혁신을 통해 기술 리더십을 되찾을 수 있을지 모색하고자 합니다.

성공은 한때의 결과일 뿐입니다. 미래의 성공은 지금 우리가 어디로 향하느냐에 달려 있습니다. 그동안 너무 오랫동안 한 방향으로만 노를 저어온 건 아닐까요?

1 현황과 과제

이 장에서는 활용과 탐험이라는 개념을 활용하여 삼성전자의 혁신 활동을 진단합니다. 활용은 제품을 개선하거나 효율성을 높이는 활동이라면, 탐험은 새로운 기술이나 역량을 개발하는 활동입니다. 활용이 당장 성과에 이바지하는 반면, 탐험은 장기적 경쟁력을 위한 활동입니다.

기업에서 단기 성과와 장기적 성장이 조화를 이루기 위해서는 활용과 탐험의 균형이 필요합니다. 이런 관점에서 보면, 최근의 위기는 활용에 치중하고 탐험을 경시해서 발생한 문제입니다. 탐험활동이 위축된 이유를 구체적으로 살펴봅니다.

기업의 두 가지 환경적응 활동: 활용 vs 탐험

기업은 환경에 적응해야 합니다. 기업의 환경적응 방법은 활용[exploitation]과 탐험[exploration] 두 가지로 나뉩니다. **활용은 현재의 강점을 강화하거나 효율성을 개선하는 활동**을 뜻합니다. 반면 **탐험은 새로운**

그림 1 탐험 vs 활용

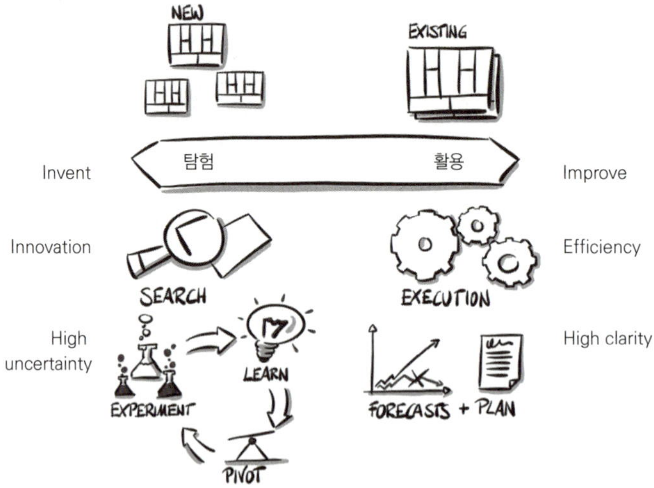

자료: Alexander Osterwalder, 2010, 수정.

능력을 개발하거나 혁신을 창조하는 것과 같은 활동을 의미합니다.

두 개념은 다음과 같이 기업 활동의 다양한 영역에 적용될 수 있습니다. 제품개선 vs 신제품 개발, 현 시장에서 확장 vs 신시장 개척, 공정 개선 vs 신공정 개발, 효율성 vs 혁신, 비용절감 vs 기술혁신.

활용은 개선, 정교화, 생산, 효율성, 실행 등과 관련된 활동으로 현 비즈니스의 효율성 향상에 이바지합니다. 탐험은 새로운 기회나 가능성 탐색, 위험 감수, 실험, 유연성, 발견, 혁신과 같은 특징을 가지며, 경쟁력을 혁신하고 미래를 개척하기 위한 활동입니다. 두 개념의 특징을 제시하면 〈그림 1〉, 〈표 1〉과 같습니다.

기업이 환경에 적응하고 생존하려면 두 활동이 모두 필요합니다. 조직의 환경적응 과정을 연구한 마치James March 교수는, 환경적응을 위해서는 이미 알고 있는 확실성을 활용하는 것exploitation of old certainties과 불확실하지만 새로운 가능성을 찾아 탐험하는 것exploration of new

표 1 • 활용 vs 탐험

활용exploitation	탐험exploration
효율성 제고	혁신 촉진
점진적 혁신	급진적 혁신
기존 강점의 활용	새로운 역량 개발
정합성alignment	적응성adaptability
안정	변화
단기 성과 제고	장기적 경쟁력 강화
안정적 환경에서 효과적	환경이 빠르게 변화할 때 적응력 제고
현 사업 효율 향상	신사업 경쟁력 강화

자료: 허문구, 추격과 추월을 넘어 혁신과 개척으로, 이홍 외, K-매니지먼트: 기로에선 한국형 기업경영, 클라우드나인, 2015, 176쪽 수정.

possibilities이 모두 필요하다고 통찰했습니다.[1]

당장의 성과를 위해서는 현재 보유한 지식과 역량을 효율적으로 활용하는 것, 즉 활용이 중요합니다. 그러나 조직 활동이 활용에만 치우치게 되면 변화에 대한 적응력이 떨어져 장기적 경쟁력에 문제가 생깁니다.

반면 결과가 불확실한 탐험은 비효율을 초래하여 눈앞의 성과에 부정적 영향을 미치지만, 미래 경쟁력 향상에는 이바지할 수 있습니다. 탐험에는 필연적으로 다양한 실험과 실패, 시행착오와 위험이 따릅니다. 미래를 내다보는 기술개발이나 투자는 현재 성과에 부정적 영향을 미치지만, 환경이 바뀌면 빛을 발합니다. 따라서 **기업이 지속성장하기 위해서는 활용과 탐험 활동의 적절한 균형이 필요**합니다.

활용과 탐험은 조직의 다양한 활동을 분석하는 렌즈가 되지만 이 장에서는 주로 혁신(기술혁신)에 초점을 둡니다. 삼성의 경쟁력에는 혁신이 가장 중요한 요소이기 때문입니다. 혁신의 측면에서 보면 활용

그림 2 활용적 혁신과 탐험적 혁신의 균형이 조직의 생존에 미치는 영향

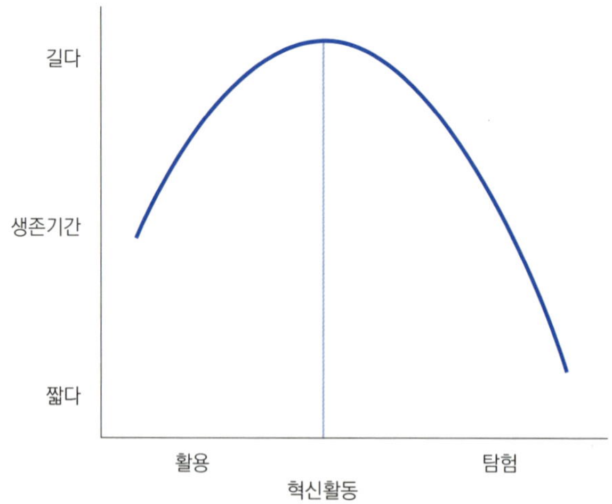

자료: Guktae Kim & Moongoo Huh, Exploration and organizational longevity: The moderating role of strategy and environment, Asia pacific journal of management, 32, 2015, 389-414.

은 현 제품이나 공정을 개선하는 점진적 혁신incremental innovation에 해당하며, 탐험은 혁신적 제품이나 공정을 개발하는 급진적 혁신radical innovation을 의미합니다.

활용과 탐험의 균형을 유지하는 기업을 양손잡이 조직ambidextrous organization이라 하며, 장수기업의 특징입니다. 제가 수행한 우리나라 IT 기업의 혁신에 관한 연구에서도, 활용과 탐험 간의 균형을 유지한 기업이 그렇지 못한 기업보다 장기적으로 더 높은 생존율을 보이는 것으로 드러났습니다(〈그림 2〉).[2]

기술 패러다임 변화와 1등 기업의 운명

기업의 역사를 돌아보면 수많은 선도기업이 등장했지만, 대부분은 그 지위를 오래 유지하지 못했고, 일부는 결국 쇠퇴하거나 파산에 이르렀습니다. 1등의 자리를 오래 유지하지 못하는 이유는 무엇일까요? 1등이 되면 자신도 모르게 현재에 안주하게 되고 새로운 길, 낯선 길을 가지 않으려 합니다. 반면 추격하는 기업은 위험이 따르더라도 과감한 혁신을 통해 선두기업을 따라잡기 위해 노력하며, 이런 노력이 기술 패러다임이 바뀌는 시점에 빛을 발하게 됩니다. 추격하는 기업이 1등에 안주하는 기업을 추월하는 기회가 오는 것이죠.

활용과 탐험의 렌즈로 보면, 선두기업은 현재의 경쟁력에 안주하여 활용 활동에 치우치고, 이것이 기술의 변곡점에서 해당 기업의 발목을 잡게 됩니다. 그래서 1등 기업이 선두를 유지하려면 탐험 활동이 중요합니다.

기업과 산업의 역사를 살펴보면 **환경이 불연속적으로 변할 때(기술 패러다임이 바뀔 때), 1등 기업의 운명이 결정**되곤 합니다. 〈그림 3〉에서 보듯이 산업 환경은 점진적 변화와 불연속적 변화가 순환적으로 나타납니다. 물론 산업에 따라 변화 주기가 빠르고 빈번할 수도 있고, 변화가 느리고 간헐적으로 발생할 수도 있습니다.

그러나 변화 속도나 주기에 상관없이 1등 기업의 운명은 불연속적 변화 시기에 결정됩니다. 환경이 불연속적으로 변할 때 추격하는 기업이나 전혀 새로운 기업이 등장하여 선도기업을 따라잡습니다. 이 시기에 따라잡힌 1등 기업은 대체로 경쟁력을 회복하지 못하고 쇠퇴하게 됩니다. 이것이 역사의 교훈입니다.

반도체 산업이 진공관에서 트랜지스터로 기술 패러다임이 바뀔 때, 당시 미국 전자업계에서 진보와 혁신의 아이콘이었던 RCA[Radio]

그림 3 환경 변화 패턴과 1등 기업의 운명

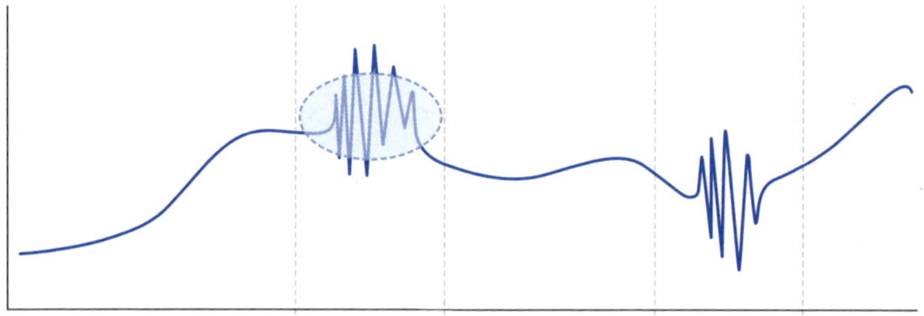

(예) 반도체산업: 진공관 → 트랜지스터
필름산업: 필름카메라 → 디지털카메라
시계산업: 기계식 → 전자식
휴대폰산업: 피처폰→ 스마트폰

Corporation of America는 선두의 자리에서 물러나 쇠퇴의 길로 접어들었으며 후에 GE에 인수되었습니다. 1960년대 시계산업의 경우 기계식에서 저렴한 전자식으로 기술이 바뀌는 시기에 스위스 시계산업 전반이 위기를 맞이했으며 당시 1등 기업이었던 SSIH 사는 몰락, 파산했습니다. 필름카메라에서 디지털카메라로 바뀌는 시기의 코닥, 휴대폰에서 스마트폰으로 환경이 불연속적으로 변하는 시기의 노키아 등이 이런 운명을 맞이했습니다.

HBM에서 뒤처진 이유: 활용활동에 치중

활용과 탐험 이론을 바탕으로 반도체 부문의 경쟁력 저하 원인을 분석해 보겠습니다. 2019년 메모리 반도체 사업부의 고대역폭메모리HBM 개발팀을 해체(축소)하기로 결정했습니다. 향후 시장전망과 시장규모도 불확실한데, 많은 자원을 투입하여 개발하는 것은 성과에 나쁜 영향을 미치며 자원 배분의 효율성도 떨어진다는 것이 이유였습니다. 이미 세계 최고의 경쟁력을 가지고 있는 D램과 낸드플래시에 자원을 집중하는 것이 자원 배분의 효율성도 높이고 성과(이익)에도 훨씬 좋다는 것이 결정의 배경입니다.

2010년대 중반 들어 딥러닝이 급속히 발전하면서 인공지능 시대의 도래가 어느 정도 예견되었지만, 당장 성과를 위해 불확실한 미래 가능성(환경의 신호)은 외면했던 것입니다. 이때는 2017~2018년의 반도체 초호황기를 지나서 영업이익이 줄어들기 시작한 시기였습니다. 영업이익이 감소하자, 인풋 비용을 줄이려는 조치의 목적으로 성과가 불확실한 HBM 개발은 우선순위에서 밀려났습니다. 결과적으로 눈앞의 비용을 줄이려고 미래 경쟁력을 희생한 것입니다. '불황기에 접어들면 경영의 하수는 인풋 비용을 줄인다'는 교훈[3]을 새기지 못한 것이 아쉽습니다.

HBM 개발팀 축소는 활용 중심 사고를 보여주는 결정이었습니다. 활용은 현재의 성과에는 도움이 되지만, 미래 경쟁력을 담보하지는 못합니다. 장기적 경쟁력을 높이려면 현재의 성과를 다소 희생하더라도 탐험 활동이 이루어져야 합니다. 삼성전자 CEO를 지낸 권오현 회장이 언급했듯이, 기업경영에서는 현재의 성과뿐 아니라 미래 경쟁력을 확보하기 위한 노력도 동시에 이루어져야 합니다.[4] 즉 활용과 탐험의 균형을 적절히 조율하는 것이 중요합니다. 이런 점에서 경영은 과학이 아니라 예술이라는 말에 깊이 공감합니다.

〈그림 4〉에서 보듯, 고대역폭메모리는 D램을 수직으로 층층이 쌓아 TSV(실리콘 관통 전극)로 연결한 구조의 메모리인데, 대용량의 데이터를 초고속으로 전송할 수 있습니다. 보통의 메모리 반도체는 PC, 노트북, 스마트폰 등에 단품으로 들어갑니다. 일종의 규격품commodity 입니다. 그러나 AI 시대가 도래하면서 엄청난 양의 연산과 추론을 빠

그림 4 고대역폭메모리HBM

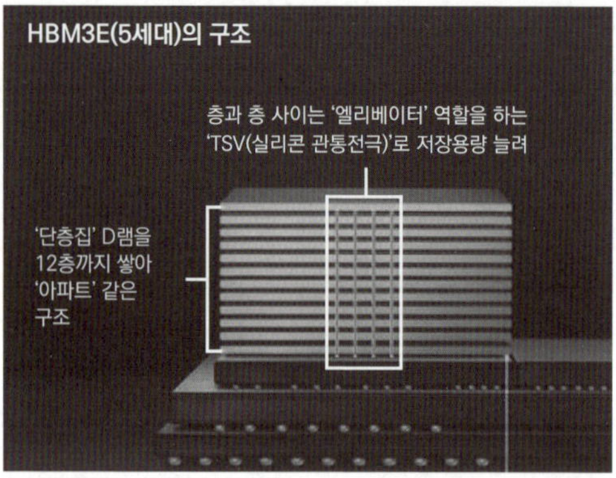

자료: 조선일보, 2024. 3. 16.

르게 지원할 수 있는 메모리 반도체가 필요하게 되었고 이를 지원하는 것이 HBM입니다. 전통적인 범용 반도체(레거시 제품)는 부가가치가 낮고 중국 기업의 추격이 거센 반면, HBM은 기술적 진입장벽이 높아 수익성이 매우 큽니다. 게다가 AI의 급속한 발전으로 수요가 폭증하고 있습니다.

2025년 2월 현재, SK 하이닉스는 엔비디아의 첨단 AI 칩에 탑재되는 HBM3E 12단 제품을 양산해 공급하고 있는 데 비해, 삼성은 아직 엔비디아의 테스트를 통과하지 못하고 있습니다. 후발주자인 SK 하이닉스가 영업이익에서 삼성전자를 추월한 결정적 이유입니다. 삼성전자가 초격차 경쟁력을 가졌다고 자부하던 메모리 반도체에서 1등의 지위가 흔들리다 보니 주식시장에서도 주가는 하락하고 있습니다(〈그림 5〉 참고). 주가는 기업의 미래 경쟁력을 반영하므로, 주식시장은 삼성전자의 미래를 어둡게 보고 있다는 뜻입니다.

정리하면, 삼성전자는 메모리 반도체 사업에서 1등 기업으로 안주하여 탐험활동을 경시하고 당장 수익에 기여하는 활용활동에 치우

그림 5 삼성전자와 SK 하이닉스의 주가 추이

치다 현재의 위기를 맞이한 것이라 하겠습니다. 이는 삼성전자의 탓도 크지만 많은 1등 기업이 겪게 되는 경로path이기도 합니다. 이러한 현상을 두고 학자들은 1등 기업이 직면하는 '환경적응의 자기 파괴적 속성'이라 부릅니다. 환경에 효과적으로 적응했기 때문에 1등이 되었지만, 환경이 바뀌면 그 성공방식이 새로운 변화에 적응하는 데 오히려 장애가 된다는 뜻입니다.

탐험 활동이 위축된 이유

기술 패러다임이 바뀌는 시기가 되면 탐험활동을 경시했던 1등 기업이 위기를 맞게 된다는 것을 사례와 함께 설명하였습니다. 삼성도 예외가 아닙니다. 삼성에서 탐험활동이 위축된 이유를 단기 성과 중심의 성과 관리, 실패를 용인하지 않는 분위기, 원가절감과 효율성에 대한 지나친 중시와 같은 세 가지로 나누어 살펴보겠습니다.

(1) 엄격한 성과 관리

단기 성과 지표를 통한 엄격한 성과 관리가 탐험 활동을 제약합니다. 부서마다 KPI(key performance indicators: 핵심성과지표)가 있고, 모든 임원은 1년짜리 MBO(management by objectives: 목표관리제)에 제시한 '목표'에 의해 평가를 받습니다. 사업부제 조직이므로 사업부마다 성과를 평가하는 것은 불가피하지만, 문제는 이런 성과 지표가 대부분 단기 지표라는 점입니다. 단기 성과 지표에 의해 조직을 평가하게 되면, 결과가 불확실하고 오랜 기간이 소요되는 탐험 활동(탐험적 혁신, 새로운 지식창조와 혁신적인 제품개발 등)은 위축되고 탐험적 특성을 가진 프로젝트는 중단되기 쉽습니다.

흔히 '측정할 수 없으면 관리할 수 없다'라면서 효과적 경영을 위해서는 성과에 대한 측정이 중요하다고 합니다만, 저는 반대 의견입니다. 측정에 방점이 두어지면 당장 손쉽게 측정할 수 있는 구체적, 계량적 지표에만 초점을 두게 되고, 혁신적 기술개발과 같은 측정하기 어려운 요소는 외면하기 쉽습니다. 조직이 계량화 가능한 활용 활동에만 치우치게 되는 것이죠.

성과 관리가 엄격하게 이루어질수록 대상 부서나 개인은 리스크를 줄이려 합니다. 도전적이고 혁신적인 선택은 멀리하고 안전하고 달성 가능한 활동에 치중하게 됩니다. 혁신이 뒤로 밀리는 것이지요.

이는 경영학 분야의 축적된 연구에 의해서도 뒷받침됩니다. '엄밀한 성과지표가 창조성 발휘를 죽인다'Rigorous measurement kills creativity는 것은 성과 관리 연구에서는 상식으로 통합니다. 최근 연구에 따르면,

성과목표가 명확할수록 관리자를 활용 지향적으로 만들고(탐험활동을 경시하도록 만들고), 이는 외부 환경 쇼크에 조직의 적응을 어렵게 하는 것으로 나타났습니다.[5]

> "임원 MBO에서 가장 중요한 것은 숫자로 나타나는 성과입니다. 제조 현장에서도 중요한 개선사항보다는 숫자로 성과를 증명할 수 있고, 당장 비용절감 효과가 드러나는 과제를 우선합니다. 이런 분위기에서 혁신은 나오기 어렵습니다."(반도체 부문 공정 엔지니어)

> "임원들의 의사결정이 단기실적에만 초점을 두고 있어서 회사의 미래 경쟁력에는 도움이 안 됩니다. 혁신제품, 시장개척, 신규 사업과 같은 일에는 너무 소극적입니다." (반도체 부문 설계 엔지니어)

(2) 실패를 용인하지 않는 분위기

확실한 결과, 당장 성공에 대한 압박이 조직 전반에 퍼져있습니다. 삼성은 메모리 반도체에서 선도기업을 추격하는 과정에서 실패를 두려워하는 문화가 형성되었습니다. 결과가 불확실한 실험은 자원과 시간 낭비이며, 실패는 추격 속도를 떨어뜨리기 때문입니다. 더불어 원가절감이 지나치게 강조되면서 실패를 터부시하는 문화가 강화되었습니다. 개발이나 혁신은 실패를 통한 학습의 결과입니다. 실패하지 말라는 것은 혁신하지 말라는 얘기입니다.

새로운 기술이나 신제품 개발 같은 탐험활동의 결과는 당연히 불확실할 수밖에 없습니다. 누구도 성공을 장담할 수 없지요. 하지만 이 과정에서 실패하더라도 실패를 통해 학습이 이루어지고, 미래 성공의 씨앗이 됩니다.

그런데 구성원들이 새로운 아이디어를 바탕으로 혁신적 프로젝트를 제안할 때, 상사가 '그게 되겠어?' '안 되면 어떡할 거야?' '성공한다고 장담할 수 있어?'라고 대응한다면 프로젝트는 진행될 수 없겠지요. '개발'이 혁신적일수록 결과는 불확실하고 실패의 가능성이 큰데, 확실한 성공을 요구한다면 조직에서 탐험의 불씨는 꺼지게 됩니다.

> "예전에는 개발을 장려하고 모험을 장려하는 분위기였는데, 요즘은 개발하겠다고 하면 개발이 안 될 이유를 찾는 분위기다. 개발이 안 될 이유는 백 가지도 넘게 찾을 수 있다. 그걸 다 찾으면 개발을 할 수 없다. 개발이 시작되기도 전에 감 놔라 배 놔라 하는 분위기다. 이거는 어떻게 할 거냐, 저거는 어떻게 할 거냐 하는 분위기라서 개발을 할 수가 없다." (디일렉 THEELEC, 20년 근무 삼성반도체맨이 말하는 삼성반도체 위기)

삼성의 기술 리더십은 결국 혁신에 의해 좌우됩니다. 혁신은 도전의 결과입니다. 단순화하면 '도전-실패-학습-재도전-혁신' 이런 과정을 거쳐 혁신이 탄생합니다. 실패하지 않으려면 도전하지 말아야 합니다. 도전이 없으면 혁신도 없습니다. 이런 분위기에서 기술경쟁력 강화는 공허한 구호에 불과합니다.

(3) 원가절감과 효율성에 대한 강조

효율성과 원가절감에 대한 지나친 강조도 탐험활동을 위축시킵니다. 제조업에서 비용절감은 꼭 필요하지만, 우선순위를 가려야 합니다. 기업 내 루틴한 활동, 프로세스(활용 부문)에는 효율성과 비용절감이 중요합니다. 하지만 선행 개발이나 탐험적 프로젝트는 효율성보다 창조성이 중요합니다.

삼성은 오래전부터 제조현장에 가치공학(value engineering: VE) 부서를 통해 원가절감 노력을 기울였으며, 많은 성과를 거두었습니다. 그러나 차별화된 제품이 경쟁우위의 원천이 되는 비즈니스에서는 혁신이나 품질을 희생시켜 나오는 원가절감은 오히려 경쟁력에 부정적 영향을 미칩니다.

메모리 반도체에서 설계로 풀어야 할 문제를 공정개선으로 해결하려는 것도, 효율성을 우선시한 결과입니다. 다시 말해, 제품의 근본적인 구조를 바꾸기보다 생산공정을 조정해 문제를 해결하려는 접근입니다. 스마트폰, 소비자가전에서도 품질보다 원가절감을 우선해서 소비자의 신뢰나 브랜드에 좋지 않은 영향을 미친 사례가 있었습니다. 삼성의 강점인 원가절감 노력이 지나쳐서 발생한 문제입니다.

효율성은 기업 운영에 중요한 요소지만, 항상 순기능만 있는 것은 아닙니다. 특히 효율성과 창조성은 종종 상충 관계trade-off가 있으므로, 창조성이 요구되는 상황에서는 효율성을 일정 부분 희생할 수 있어야 합니다.

대표적인 예로 '식스 시그마Six Sigma 활동'이 있습니다. 이는 불필요한 낭비와 변동을 줄여 업무 프로세스를 표준화하고 단순화함으로써 효율성을 극대화하는 품질 경영 기법입니다. 그러나 모든 업무에 식스 시그마 적 접근을 적용할 경우, 창조성과 유연성이 중요한 영역에서는 오히려 부정적 효과를 초래할 수 있습니다. 프로세스를 표준화하고 단순화하면 효율성은 높아지지만, 동시에 새로운 아이디어나 혁신적 시도가 발휘될 여지는 줄어들기 때문입니다.

세계에서 가장 혁신적인 회사로 인정받았던 3M이 GE 출신의 맥너니McNerney를 최고경영자로 영입한 적이 있습니다. 그는 당시 세계 최고 기업이었던 GE에서 잭 웰치의 후계자 자리를 놓고 후임 CEO가 된 제프리 이멜트와 끝까지 경쟁할 정도로 경영능력을 인정받았던 경영자입니다. 그는 부임 후 연구개발 과정의 낭비를 제거한다고 R&D 부문에 식스 시그마를 전격 도입했습니다. 창조성보다는 효율성을 우선한 것이지요. 그 결과 부임 후 첫 2년간의 성과는 향상되었지만(비용절감의 결과), 신제품 개발 등 장기경쟁력 지표가 크게 하락했습니다. 위기를 느낀 이사회에서 CEO를 다시 혁신에 정통한 내부 인사로 교체했습니다.

효율성 향상이나 원가절감 활동은 삼성의 제조경쟁력을 떠받치는 기둥입니다. 그러나 가치공학, 식스 시그마, 프로세스 표준화 등과 같은 활동이 모든 부서, 프로세스, 활동에 똑같이 적용되는 것은 경계해야 합니다. 창조성과 혁신이 효율성이나 비용절감보다 훨씬 중요한 부서나 일을 구분해야 합니다. 조직 전반에 걸쳐 효율성 제고와 원가절감의 압력이 커질수록 탐험 활동은 위축됩니다. 이는 당장은 드러나지 않지만, 기술개발에 부정적 영향을 미쳐 경쟁력 저하를 초래하고, 결국은 성과가 저하되는 악순환을 겪게 됩니다.

> "회사의 핵심 목표가 모든 분야에서 수단과 방법을 가리지 않고 비용절감하는 것이라는 생각이 듭니다. 성장을 위해서는 연구개발에 집중해야 하는데, 기술발전이 더디니 눈앞의 성과를 위해 비용절감에만 전력투구합니다. 미래에 대한 준비가 부족해서, 앞으로 더 발전하기는 어려울 것 같아요." (연구소 엔지니어)

2 미래 발전을 위한 제안

현재의 성과와 미래 경쟁력, 두 마리 토끼를 잡기 위해서는 활용과 탐험의 적절한 균형을 유지하는 양손잡이 조직이 되어야 합니다. 여기서는 조직 내 탐험을 촉진하는 방안을 크게 두 가지로 나누어 제시하겠습니다. 방안 1은 활용 부문과 탐험 부문을 분리, 운영하는 방법structural ambidexterity, 방안 2는 각 조직단위와 구성원 모두가 활용과 탐험활동을 동시에 수행하는 방법입니다. 방안 1은 조직분리, 방안 2는 구성원들이 일상 업무를 수행하는 과정에서 활용과 탐험을 병행할 수 있는 조직 환경(조직 컨텍스트)을 구축한다는 의미에서 컨텍스트 양면성contextual ambidexterity이라 합니다.

탐험 활동을 촉진하는 방안: 조직 분리

(1) 경영자의 역할: 활용 부문으로부터 탐험 부문을 보호

노키아는 스마트폰 시대의 도래를 몰랐던 것이 아닙니다. 실제로

그림 6 노키아의 초기 스마트폰

Nokia 9000(1996)

Nokia 9500(2004)

세계 최초의 스마트폰인 '노키아 9000'을 개발한 것도 노키아였습니다(〈그림 6〉 참고). 그러나 당시 피처폰 사업이 막대한 수익을 내고 있었기 때문에, 수익성이 불확실한 스마트폰 사업은 뒤로 미뤄졌습니다. 결정적으로, 새 CEO 칼라스부오가 자원 효율화를 명분으로 스마트폰 사업부를 피처폰 사업부와 통합하면서, 스마트폰 개발은 더욱 지연되고 말았습니다.

당장은 사업성이 불확실한 신생 사업부문을 주력 사업부와 통합하면 신생 비즈니스는 위축될 수밖에 없습니다. 주력 사업은 당장 성과를 내지만, 신규 사업은 비용만 투입될 뿐 당장은 수익을 내기 어렵기 때문입니다. 그 결과 사업부 경영자는 주력 사업에만 관심을 기울이게 됩니다.

경영자는 미래의 경쟁력을 위한 탐험 활동이 위축되지 않도록 활용 부문으로부터 탐험 부문을 보호하는 역할을 해야 합니다. 그러기 위해서는 보통 조직단위를 분리하는 방법이 효과적입니다. 활용과 탐험 부문이 하나의 조직으로 통합되어 있으면 탐험은 위축될 수밖에 없으며, 경영자나 조직의 관심도 활용을 우선시 하기 마련입니다.

그림 7 구조 분리 방법

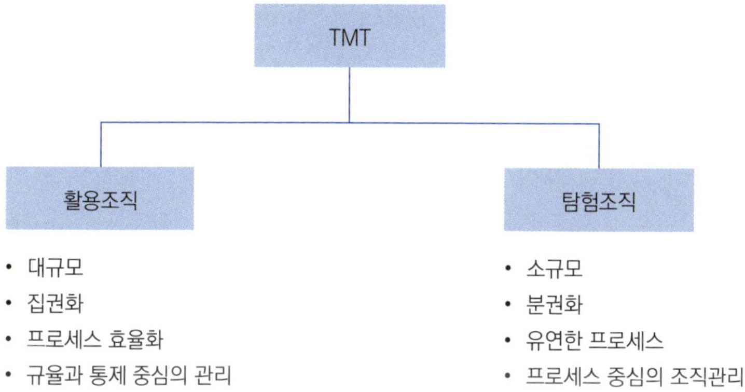

〈그림 7〉에서 보듯, **탐험을 보호하려면 활용과 탐험 부서를 별도 조직단위로 분리**하고, 활용 부문을 관리하기 위해서 흔히 사용하는 방법인 계량적 성과평가, 단기 보고 등을 지양해야 합니다. 이를 구조 분리structural separation라 합니다.

(2) 활용과 탐험 부서의 관리 방법 및 리더 차별화

활용과 탐험은 성격이 전혀 다르므로, 조직단위를 나누고 경영이나 관리 방법도 차별화해야 합니다. 활용은 현재의 기술이나 역량을 효과적으로 활용하거나 자원을 효율적으로 사용함으로써 당장 성과를 창출하는 활동이므로 자원 배분의 효율성이 중요합니다. 반면 탐험은 새로운 아이디어나 지식을 탐색, 창조하는 활동이므로 실패의 위험이 따르며 결과가 불확실하므로 활용과는 관리 방법이 달라야 합니다.

자녀 교육에 빗대 보면 눈앞에 닥친 시험의 성적을 잘 받는 게 목표라면 학원에 보내 반복적으로 문제 풀이를 시키는 것이 효과적이지만, 자녀의 소질을 발굴하고 창조성을 키우려면 하고 싶은 것을 할 수 있는 자유를 주고 새로운 경험이나 자극을 받을 기회를 제공하는 것이 효과적일 것입니다.

기업도 마찬가지입니다. 현재의 강점을 잘 활용해서 성과를 창출하는 것이 목표일 때와 새로운 기술이나 지식, 아이디어를 개발, 창조하는 데 목적이 있는 경우는 전혀 다른 방법(경영)이 필요합니다. 그래서 단순히 조직단위를 분리하는 데 그치지 않고 해당 조직단위에 대한 관리 방법도 달라져야 합니다.

조직단위 책임자의 리더십 스타일도 달라야 합니다. 주력 사업부문의 책임자는 분석력과 논리적 사고력을 갖춘 좌뇌형 리더가 적합할 수 있지만, 신규 사업이나 신제품/신기술 개발에 목표가 있는 부문의 책임자는 아이디어 창출이나 직원과의 공감, 소통에 강한 우뇌형 리더가 장점이 많습니다. **경영자는 조직에서 탐험활동이 위축되지 않도록 하고, 동시에 조직단위의 특성에 따라 관리 방법이나 리더를 차별화**해야 합니다.

(3) 삼성을 위한 제안

'활용과 탐험의 균형(조화)'이 1등 기업의 조건이라는 관점에서 보면, 경영자의 가장 중요한 역할 중 하나는 탐험활동이 위축되지 않도록 하는 것입니다. 이를 위해서는 (가) 먼저 **탐험활동을 하는 조직단위를 분리**structural separation해야 합니다. 이때 조직분리가 물리적 분리에 머물지 않고, 주력 사업에서 축적한 지식, 기술, 노하우를 활용할 수 있도록 활용과 탐험 부문의 활동을 조정, 통합하는 방법을 고민해야 합니다. 탐험조직이 조직의 자율성과 독립성을 잃지 않으면서, 어떻게 기존 조직에서 축적한 강점을 활용할 수 있을 것인가 하는 것이 초점입니다.

미국의 USA Today는 경영자, 활용 부서 및 탐험 부서 책임자가 함께 참여하는 정기적 회의를 통해, 탐험 부문(신규 사업)이 주력 사업에서 축적한 인력, 네트워크, 노하우를 활용할 수 있는 방법을 모색하고, 활용조직의 책임자가 탐험조직의 요구에 신속하게 대응하도록 독려하는 방법을 택했습니다(부록 4장: '탐험과 활용의 균형 달성 방법' 참고).

(나) 다음으로 **조직단위에 따라 관리 방법을 차별화**해야 합니다. 조직의 목표 달성을 위해 필요하다면 비효율은 감수해야 합니다. 적합하지 않은 제도나 규칙에 얽매여 탐험 부문이 목적을 달성하지 못하는 일이 없어야 합니다.

예를 들면 조직 및 인력에 대한 핵심성과지표KPI나 성과평가 방법이 달라야 합니다. 결과가 불확실하고 실패 가능성이 크고 당장 성과에 공헌하기 어려운 탐험 부문의 활동을 단기적인 성과지표로 관리한다면, '탐험활동'이 이루어지기 어려운 건 당연합니다. 예산관리나 제도, 시스템도 적합하지 않다면 과감히 바꿀 수 있는 용기가 필요합니다. 이런 부분에선 경영자와 함께 재무, 인사, 관리 등과 같은 스태프 부서의 인식 전환과 노력이 중요합니다.

(다) **리더도 조직 특성에 따라 달라져야** 합니다. 하버드 비즈니스 리뷰는 2022년 '일의 미래'라는 주제로 마이크로소프트MS의 CEO 사티아 나델라를 인터뷰했습니다. 기술혁신의 핵심이 무엇이냐는 질문에, 나델라는 '공감'empathy이라고 답했습니다.[6] 고객에 대한 공감은 숨겨진 욕구를 발견하게 하고, 동료에 대한 공감은 협업을 통해 혁신을 끌어낸다는 것이 그의 통찰이었습니다. MS의 변화를 이끈 리더다운 인상적인 답변이었습니다.

보통은 기존 사업부에서 성과를 입증한 리더를 신규 사업이나 탐험 프로젝트의 책임자로 중용하는 경우가 많은데, 성공을 거두는 경우가 흔치 않습니다. 두 가지 특성을 모두 가진 리더가 있다면 이상적이겠지만, 인간이 가진 인지적 특성과 능력의 한계로 인해 두 특성을 동시에 가진 리더는 드뭅니다. 큰 조직일수록 최고경영자나 인사 책임자는 조직 특성에 더 적합한 리더를 발굴, 배치할 수 있는 눈과 지혜가 필요합니다.

탐험 활동을 촉진하는 방안: 양면적 조직 컨텍스트 구축

양면적 컨텍스트란 **조직 내 모든 부서와 직원이 업무 수행 과정에서 효율성(활용)과 창조성(탐험)을 병행**하도록 함으로써, 조직 전반에 걸쳐 활용과 탐험의 균형을 달성하는 방법입니다(〈그림 8〉 참고). 너무 이상적인 방법이라고요? 그렇지 않습니다. 혁신적인 기업을 관찰해 보면 이 방법을 잘 활용하고 있다는 것을 알 수 있습니다.

세계에서 가장 혁신적인 회사로 불렸던 3M의 15% 규칙은 잘 아시죠? 모든 구성원이 업무 시간의 15%는 '자신의 꿈을 실현하는 데 사용한다'라는 원칙입니다. 85%는 맡은 업무를 수행하며, 나머지

그림 8 양면적 조직 컨텍스트 구축 방법

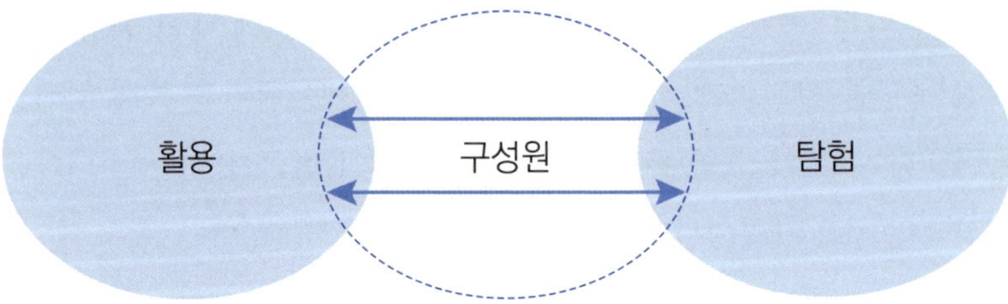

15% 시간은 자신이 하고 싶은 일을 하도록 합니다. 15% 규칙을 통해서 포스트-잇, 스카치테이프 등 많은 신제품이 탄생했습니다. 이 15%가 바로 탐험에 해당합니다.

구글은 혁신을 위한 자원 배분에 '70:20:10 원칙'을 적용합니다. 자원의 70%는 핵심 사업의 제품/서비스 개선에, 20%는 제품 범주의 확장이나 신시장을 개척하는 혁신에, 10%는 전혀 새로운 분야의 혁신에 투자합니다. 여기서 70은 '활용', 20과 10은 '탐험'에 해당하며, 특히 10은 성공 가능성은 작지만 큰 전환을 노리는 파괴적 혁신을 뜻합니다. 흥미롭게도 하버드 비즈니스 리뷰에 따르면, 단기 수익은 70에 집중할 때 가장 높았지만, 장기 성과는 오히려 10:20:70과 같은 탐험 중심 배분에서 더 크게 나타났습니다(〈그림 9〉 참고).[7] 이는 기술혁신 투자도 포트폴리오 관점에서 활용과 탐험 간 균형이 중요함을 잘 보여줍니다.

그림 9 성공적인 기업의 혁신에 대한 자원 배분과 투자 성과

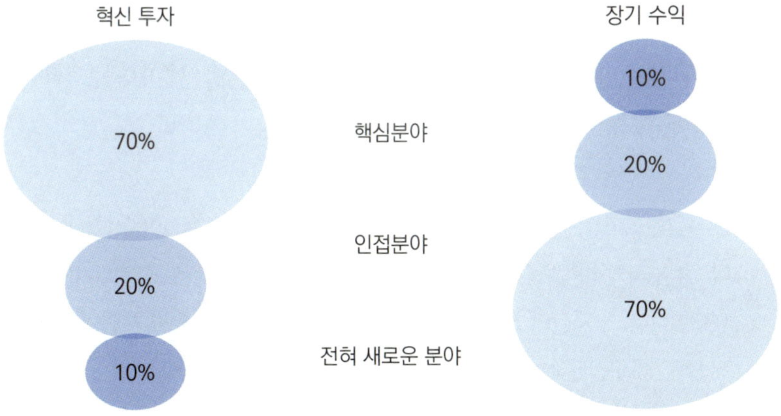

자료: Diana Porumboiu, 2021, What is the 70-20-10 rule of innovation and how to use it, HYPE Boards, https://www.viima.com/blog/70-20-10-rule-of-innovation.

(1) 단기 성과지표 및 개별 부서에 국한된 성과평가의 폐지

삼성에서 조직 전반에 걸쳐 활용과 탐험을 병행하는 방안을 제시하겠습니다. 첫째, 부서나 임직원에게 적용되는 평가 중 부서 간 협력을 반영하거나 장기 성과 지표를 제외하고, **단기 성과 지표와 개별 부서에 국한된 성과지표 및 평가 폐지**를 제안합니다. 임원 MBO, 핵심성과지표 등은 주로 단기 성과나 효율성을 반영할 수밖에 없습니다. 그러므로 조직과 개인의 활동은 주로 달성 가능한 활용에 초점이 두어지며 탐험은 위축될 수밖에 없습니다.

최근 연구에 따르면 조직단위별로 핵심성과지표KPI를 세분화해서 평가하면 관리자와 직원이 성과에 대해 편협하고 경쟁적이며 단기적인 관점을 갖게 됩니다. 그 결과 부서 간 협업이 어려워져 전체 조직의 성과는 오히려 떨어지고 지나친 경쟁으로 관리자와 직원들의 스트레스는 커지게 된다고 합니다.[8]

앞서 설명한 3M도 버클리Berkeley가 최고경영자가 된 후, 연구개발 부문에 식스 시그마 목표를 폐지하고 15% 규칙을 부활시켰습니다. 그 결과 단기적 이익은 잠시 하락하였지만, 혁신 때문에 회사의 경쟁력과 장기 성과는 회복되었습니다. 단기 성과 지표와 평가가 조직의 창조성과 혁신에 부정적 영향을 미친다는 것을 잘 보여주는 사례입니다. 이에 대해 전직 관리자는 다음과 같이 얘기합니다.

> "임원 MBO는 개별 성과를 강조하기 때문에 부서 간 협업이 어렵습니다. 각 부서의 KPI가 다르다 보니 협력이 안 됩니다. 임원들도 경쟁의식이 팽배합니다. 부서장의 허락 없이는 다른 부서하고 정보 공유도 꺼립니다. 내 일만 챙기면 된다는 분위기가 형성될 수밖에 없습니다."

단위 조직과 개인에 대한 개별 성과지표와 평가를 없애라고 하면 불안해하는 관리자도 있을 것입니다. 각 조직이나 프로젝트가 달성해야 할 미션, 목표, 역할이 분명하고 구성원들이 목표를 공유하면 됩니다. 관리자가 리더로서 솔선수범하며 개인에게 자율성을 부여하고, 목표 달성을 위해 협력할 수 있는 여건과 분위기만 조성하면 됩니다. 이런 방식이 계량적 성과지표를 통해 치밀하게 관리하려 하는 것보다 훨씬 나은 방법입니다.

애플, 엔비디아, 마이크로소프트와 같은 빅테크 기업의 연구개발부서는 계량적, 단기적 성과지표를 왜 사용하지 않을까요? 혁신에 대한 계량적 평가가 오히려 창의적 혁신을 방해한다는 것을 알고 있기 때문이지요. '가장 효과적 관리는 관리하지 않는 것이다'라는 말처럼 불필요한 관리를 최소화하고, 구성원이 목표를 공유하도록 하고 서로 자율성을 가지고 협력할 수 있는 조직 컨텍스트(혹은 조직문화)를 만드는 것이 중요합니다.

(2) 도전을 장려하는 리더, 실패를 학습의 기회로 삼는 문화와 제도 정착

더불어 새로운 시도를 장려하고 실패를 용인하는 리더, 이를 뒷받침하는 제도와 문화가 필요합니다. 삼성에서는 근래 조직 전반에 '실패하면 안 된다' '실패는 무능하거나 일을 제대로 못 해서 발생하는 것이다'라는 분위기가 팽배합니다. 이런 상황이니까 실패가 발생하면 이를 감추거나 다른 부서에 책임을 떠넘기려 하고, 잘못된 것은 보고하지 않고 때로는 불리한 데이터는 숨기기도 합니다.

문제가 드러나야 개선이 이루어질 텐데, 당장 문책이 두려워 문제

그림 10 추격기업과 선도기업의 활동 배분

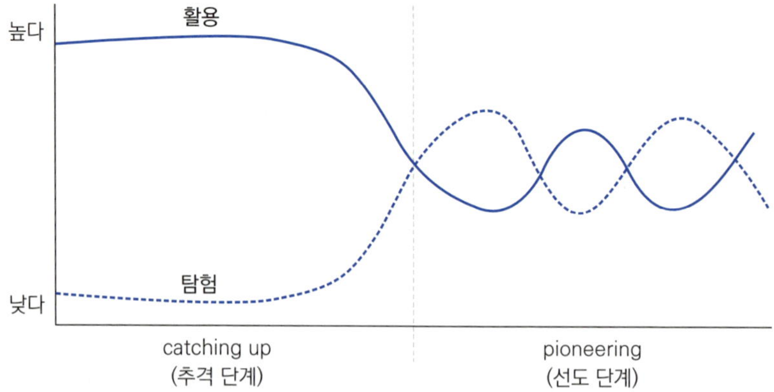

를 감추기 급급한 것입니다. 이런 상황에서는 실패 가능성이 큰 탐험적 혁신은 추진되기 어렵습니다. 새로운 아이디어가 있어도 누구도 제안하지 않고, 임직원은 결과가 확실한 활용적 혁신에만 매달립니다.

삼성의 이런 문화는 경영자나 관리자 탓이 크지만, 메모리 반도체의 유산이기도 합니다. 메모리 반도체는 기술변화는 빠르지만, 혁신이 선형적이고 예측할 수 있습니다. 패스트 팔로워fast follower 전략을 통해 선도기업을 따라갈 때, 실패가 발생하면 추격 속도가 느려집니다. 따라서 선도기업을 빨리 따라잡기 위해서는 정해진 길을 실패하지 않고 최대한 빨리 가는 것이 중요했기 때문입니다.

추격자일 때는 추격의 속도를 높이기 위해 활용에 좀 더 치중할 수 있지만, 선도기업이 되면 1등의 지위를 유지하기 위해 〈그림 10〉과 같이 탐험활동에 더 많은 자원을 배분해야 합니다. 그런데 삼성은 근래 도전을 멈추고, 조직 전반에 활용 중심의 성향이 더욱 강화되었습니다. 기술 리더십을 회복하려면 변해야 합니다.

이제는 실패에 대한 긍정적인 관점이 필요합니다. 탐험적 혁신 과정에는 불가피하게 실패가 따릅니다. 엔비디아에서 가장 중시하는 가치 중의 하나가 지적 정직함intellectual integrity입니다. 프로젝트가 실패할 경우 이를 숨기려 하지 말고 빨리 실패를 인정하고 동료들의 피드백을 받아 새롭게 시작하라는 것이지요. 젠슨 황이 한 강연에서 다음과 같이 말했습니다.

> "성공하고 싶다면, 실패를 기꺼이 수용할 수 있어야 합니다. 중요한 것은 빠르게 실패하고 막다른 길이라는 것을 알게 되면, 즉시 방향을 바꿀 수 있어야 합니다. 이것이 지적 정직함intellectual integrity입니다. (…) 조직이 실패를 수용하지 않으면 절대 실험하지 않을 것입니다. 실험하지 않으면 혁신하지 못합니다. 혁신하지 못하면 성공할 수 없습니다." (젠슨 황, 스탠포드 기술벤처 프로그램 강연, 2009)

기술 리더십을 회복하기 위해서는 탐험적 혁신 활동이 활발히 이루어져야 하며, 구성원 모두가 아이디어의 원천이 될 수 있습니다. 조직 전반에 걸쳐 실패에 대한 인식 전환이 이루어져야 합니다. 출발점은 경영진과 주요 관리자가 과감한 시도를 장려하고, 이로부터 발생한 실패에 대해서는 책임을 묻지 않고 실패를 학습의 기회로 삼겠다는 선언과 실행이 있어야 합니다. 지원부서의 역할도 필요합니다. 개발 과정에서 발생한 실패에 대해 원가절감을 내세워 분석, 평가하면 탐험의 불씨를 꺼뜨리게 됩니다.

실패를 학습의 기회로 삼는 문화의 확산을 위해 '실패 공유 프리젠테이션'을 제안합니다. 엔비디아가 야심 차게 개발한 지포스 FX 5800이 시장에서 참담한 실패를 경험한 후, 젠슨 황은 전 직원이 참석한 '실패 프리젠테이션'을 열었습니다. 발표자는 제품개발 매니저였으며, 실패를 탓하거나 책임을 묻는 것이 아니라 실패로부터 배우는 것이 목적이었습니다. 그러니 발표자부터 전 구성원이 스스럼없이 자신의 의견을 제시하고 활발한 토론이 이루어질 수 있었습니다. 이를 바탕으로 차기작(지포스 FX 5900)은 대성공을 거두었습니다.

젠슨 황은 '누구도 홀로 실패하지 않으며, 실패는 반드시 공유되어야 한다'라는 확신이 있어서 창립 초기부터 실패 프리젠테이션을 아주 중요한 의례로 생각하고 있다고 합니다.[9] 탐험적 혁신 과정에서 실패는 발생할 수밖에 없으며, 빠르게 실패를 인정하고 실패로부터 배우는 것이 혁신의 지름길이라는 인식과 실천이 절실합니다.

이상의 제안을 요약하면, 첫째, 1등의 위치를 지속하기 위해서는 위험이 따르고 결과가 불확실한 탐험 활동이 충분히 이루어져야 합니다. 경영자는 장기 경쟁력 강화를 위해 당장 성과를 희생할 수 있어야 합니다. 둘째, 조직분리: 탐험이 활발하게 이루어지려면 탐험 부서가 조직의 주력 부문(활용 부서)과 분리되어야 하며, 관리 방법 및 리더도 차별화해야 합니다. 셋째, 양면적 조직 컨텍스트 구축: 궁극적으로는 업무 수행 과정에서 효율성과 창조성을 동시에 추구할 수 있는 조직 컨텍스트를 만들어야 합니다. 이를 위해서는 단기적, 계량적 성과지표와 평가를 폐지하고, 실패에 대한 인식 전환과 제도적 뒷받침이 따라야 합니다.

이 장을 마치며

"지속가능한 혁신은 '활용'과 '탐험'의 균형 위에서 가능하다."

이 장에서는 활용과 탐험이라는 두 축을 중심으로 삼성의 혁신 역량을 진단했습니다. 진단 결과, 활용에 최적화된 시스템과 문화가 탐험활동을 억제하는 결과를 초래하는 것으로 나타났습니다.

당장의 수익을 중시하는 성과주의적 통제, 실패를 용인하지 않는 조직문화, 원가절감과 효율성을 지나치게 강조하는 관리 시스템은 위험을 감수하고 새로운 혁신을 시도하는 탐험 활동을 제약하고 있습니다. 그동안 탐험활동이 지속해서 위축된 것은, 기술 패러다임이 전환되는 시기에 삼성의 기술 리더십을 약화시키는 핵심 요인으로 작용했습니다.

이러한 상황을 극복하려면 탐험을 제도화하고 보호하는 조직적 장치가 필요합니다. 이 장에서는 크게 두 가지 방향을 제시했습니다. 하나는 탐험 부문을 별도 조직으로 분리해, 활용 중심 조직으로부터 독립적으로 운영하는 구조 분리structural ambidexterity 방식입니다. 또 하나는 기존 조직 내부에서 탐험 활동이 자율적으로 이뤄질 수 있는 문화와 시스템을 조성하는 컨텍스트 양면성contextual ambidexterity 방식입니다.

탐험조직은 실패 위험이 크고, 성과가 가시화되기까지 오랜 시간이 걸립니다. 따라서 경영자는 탐험 부문에 대해 자율성과 실패의 자유를 보장하고, 기존 성과 관리 체계에서 벗어난 별도의 평가 기준을 적용해야 합니다. 동시에 기존 조직이 가진 자원과 기술, 노하우가 탐험조직에 연계될 수 있도록 연결과 조율의 메커니즘을 마련해야 합니다.

기술기업의 미래는, 눈앞의 성과에 안주하지 않고 불확실한 가능성과 실패를 감내하며 새로운 혁신을 만들어낼 수 있는가에 달려 있습니다. 삼성전자가 직면한 현재의 위기는, 과거의 성공 공식을 고수해온 관성과 타성이 빚어낸 결과입니다. 이제는 새로운 시장과 기술, 미래 경쟁력을 개척하기 위한 탐험에 다시 나서야 합니다. 이는 선택이 아니라 생존을 위한 필수 조건입니다.

기술 리더십을 회복하고 다시 도약하려면, 현재의 강점 개선을 넘어 아직 시도하지 않은 기술과 시장, 미지의 가능성에 과감히 도전하고 투자해야 합니다. **활용을 넘어 탐험이 살아 숨쉴 수 있는 환경을 회복할 때, 삼성전자의 혁신은 다시 시작될 것입니다.**

CHAPTER

5

역량

환경감지 역량과 재구성 역량

시장과 기술 패러다임의 변화가 일상인 상황에서, 빠른 추격자 전략은 더 이상 유효하지 않습니다. 시장을 선도하고 기술 변화에 능동적으로 대응하려면, 외부 환경의 흐름을 민감하게 감지하는 '환경감지 역량'과 내부 자원과 역량을 유연하게 재결합할 수 있는 '재구성 역량'이 필수적입니다. 이를 위해 경영진 구성의 다양성을 확대하고, 새로운 시도와 실험을 장려하는 조직적 장치를 마련해야 합니다. 외부 파트너와의 협업, 실패를 통한 학습, 생태계 중심의 기회 탐색을 통해 환경 변화에 선제적으로 대응할 수 있는 능력을 갖춰야 합니다.

기술 이전에 역량이 먼저다

"기업의 진짜 실력은 무엇으로 결정될까요?"

탁월한 제품, 첨단 생산공정, 혁신적 디자인, 창의적 마케팅… 우리는 종종 성공한 기업들의 겉모습에 감탄합니다. 그러나 그 이면에는 언제나 보이지 않는 무형의 '실력'이 존재합니다. 그 실력이란 단지 한때의 우연한 성과가 아니라, 지속적인 성공을 가능하게 하는 기업 내부의 능력, 즉 '역량'capabilities입니다.

역량은 기업의 실력을 결정짓는 핵심 요소입니다. 자원이 똑같아도 어떤 기업은 위기에 무너지고, 어떤 기업은 위기를 기회로 삼아 도약합니다. 역량이 경쟁력의 본질이자 차이를 만드는 이유입니다. 특히 기술변화가 가속화되고 시장의 불확실성이 커지는 오늘날에는 차별적인 내부 역량이 경쟁력의 원천입니다.

그렇다면 어떤 역량이 중요한가? 예전에는 '무엇을 잘하느냐'가 중요했습니다. 특정 기술, 강한 브랜드, 효율적인 생산 방식 같은 고정된 강점이 경쟁우위의 원천이었습니다. 하지만 오늘날의 기업환경은 훨씬 역동적입니다. 기술은 빠르게 바뀌고, 산업의 경계는 허물어지며, 어제의 강점이 오늘의 발목을 잡는 일이 다반사입니다. 이처럼 급속히 변화하는 환경에서 기업에 필요한 것은 '변화에 적응하고, 자원을 재조합하며, 새로운 역량을 창출하는 능력'입니다. 바로 동적 역량입니다.

이 장에서는 기업의 지속 가능한 경쟁력을 설명하는 핵심 개념으로서 '동적 역량'을 소개하고, 이를 통해 삼성전자의 현재 위기를 진단합니다. 과거 삼성은 빠른 추격자 전략으로 놀라운 성장을 이뤘지만, 지금은 기술경쟁력 약화라는 낯선 현실에 직면해 있습니다. 이 장은 다음과 같은 질문에 답하려고 합니다. 삼성의 성공을 이끈 역량은 무엇이었는가? 현재의 위기는 어떤 역량의 부족에서 비롯되었는가? 그리고 앞으로 필요한 역량은 무엇인가?

'역량'이라는 다소 추상적인 개념을, 삼성전자의 현실과 연결해 쉽게 풀어보고자 합니다. 이 장이 독자 여러분에게 기업의 실체와 본질을 새롭게 바라보는 통찰을 제공하길 바랍니다.

1 현황과 과제

최근 경영전략에서 주목받는 패러다임이 동적 역량dynamic capabilities 이론입니다. 동적 역량은 환경 변화에 따라 기업 역량을 조정하고 바꾸는 것을 강조합니다. 따라서 기술변화가 빠른 산업에서 기업 성공의 원천을 효과적으로 알려줍니다. 여기서는 동적 역량 이론을 바탕으로, 삼성이 눈부신 성공을 거둔 이유, 당면한 위기의 본질, 위기의 근본 원인을 알아보겠습니다.[1]

동적 역량의 개념과 구성 요소

(1) 기업 성공의 원천, 동적 역량

기업의 성공은 무엇에 의해 결정될까요? 경영전략 분야에서는 최근 동적 역량을 성공의 핵심 요인으로 주목하고 있습니다. 동적 역량이란 변화하는 환경에 대응하여 자원과 능력을 효과적으로 활용하거나, 필요에 따라 재구성(변혁)할 수 있는 기업의 능력을 뜻합니다. 기술과 시장이 급변하는 환경에서는 보유한 역량과 자원을 바탕으로 끊임없이 새로운 역량을 창출하는 동적 역량이 경쟁우위의 핵심 원천이 됩니다.

익숙한 개념인 핵심 역량core capabilities과 비교해 보면 그 차이를 알 수 있습니다. 핵심 역량은 '특정 환경에서' 성공의 원천이 되는 자원과 역량을 뜻합니다. 그러나 환경이 바뀌면, 핵심 역량이 오히려 기업의 발목을 잡는 '핵심 경직성core rigidities'으로 작용할 수 있습니다.[2] 진공관 시대 리더였던 RCA 사는 트랜지스터로 기술 패러다임이 바뀔 때 적응에 실패하고 쇠퇴했습니다. 코닥, 노키아도 핵심 역량이 핵심 경직성으로 변한 대표적 사례입니다.

〈표 1〉에서 보듯 핵심 역량 이론은 마케팅능력, 기술능력, 인적자원과 같은 차별적 자원과 능력을 성공의 원천으로 봅니다. 반면 동적 역량 이론은 개별 자원이나 능력을 조율, 결합하거나 재구성, 변혁할 수 있는 역량을 성공의 원천으로 파악합니다. 핵심 역량 이론은 환경이 바뀌면 성공 요인이 달라진다는 점을 반영하지 못하는 한계가 있습니다. 반면 동적 역량 이론은 변화하는 환경에서 기업 성공의 원인

표 1 • 핵심 역량 이론과 동적 역량 이론 비교

경영전략 이론	핵심 역량 이론	동적 역량 이론
성공의 원천	차별적 자원이나 능력	보유 자원과 능력을 조율, 통합, 재구성(변혁)할 수 있는 기업능력
구성 요소	마케팅능력, 기술능력, 인적자원 등	환경감지, 기회활용, 재구성 역량
요구되는 기업활동	가치있고 모방하기 어려운 자원이나 능력의 개발, 구축	환경에 대응하여 지속적으로 자원과 능력을 조율, 결합, 재구성(변혁)
초점	기업 내부	환경과 기업 내부의 지속적 연계
특징	정태적	동태적

을 효과적으로 설명해 주기 때문에, 최근 전략 이론의 주요 패러다임으로 부상하고 있습니다. 그렇다면 기업의 동적 역량을 어떻게 평가할 수 있을까요?

(2) 동적 역량의 구성 요소

동적 역량은 〈그림 1〉과 같이, 크게 세 가지 역량으로 나누어 살펴볼 수 있습니다. 환경감지 역량, 기회활용 역량, 재구성/변혁 역량입니다.[3]

첫 번째, **환경감지 역량**sensing capability은 환경의 기회와 위협을 규명, 분석, 평가하는 능력을 말합니다. 이는 고객과 시장에 대한 면밀한 관찰과 조사, 기술변화에서 발생하는 위협에 대한 빠른 인식, 비즈니스 기회 탐색과 같은 활동과 더불어, 기회 활용과 위협에 대처하기 위해 비즈니스 생태계를 형성하고 구축하는 역량을 포함합니다.

일론 머스크가 온라인 결제PayPal, 민간 우주개발SpaceX, 전기차Tesla, 태양광SolarCity 등 다양한 비즈니스를 키운 것은 세상의 변화 속에서

그림 1 동적 역량의 세 요소

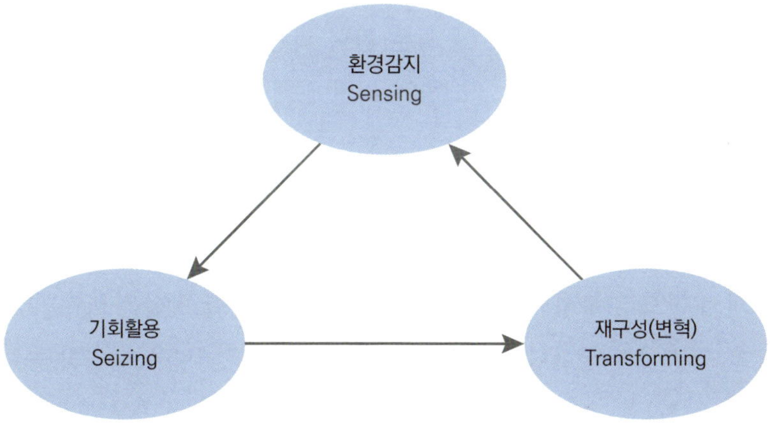

비즈니스 기회를 감지하는 능력이 뛰어나기 때문입니다. 아마존이 세계 최대의 전자상거래 기업으로 발전한 밑바탕에도 인터넷의 발전에 따라 온라인 서점의 가능성을 포착한 제프 베조스의 기회감지 역량이 자리하고 있습니다.

환경감지는 일선 조직에서도 이루어집니다. 일선 직원들이 업무 수행 과정에서 매일 환경을 대면하기 때문입니다. 일선 조직에 자율성을 부여하고 직원의 의견이 경영층에 신속하게 전달될 수 있는 상향적 프로세스가 활성화되면 환경감지가 촉진될 수 있습니다.

두 번째, **기회활용 역량**seizing capability은 환경에서 발견한 기회를 활용하기 위해 자원을 동원하고 이를 통해 기회를 활용하는 조직의 역량입니다. 기술과 제품 아키텍처의 선택, 비즈니스모델 설계, 자원 동원 및 투자가 특징입니다.

기회활용은 주로 언제 어느 분야에 얼마나 자원을 배분하고 투자할 것인가 하는 결정을 수반합니다. 기업은 신기술이나 시장의 기회를 인지하면 신제품, 서비스, 비즈니스모델 개발 때문에 기회를 활용하고 가치를 창조합니다. 하지만 기회를 빨리 감지하더라도 신제품 개발에 실패하거나 투자 시기를 놓쳐 가치 창출에 실패할 수 있습니다. 이는 기회활용 단계의 문제입니다.

세 번째, **재구성**reconfiguring 혹은 **변혁 역량**transforming capability입니다. 기술과 시장 변화로부터 발생하는 위협에 대응하여 기업이 보유한(혹은 활용 가능한) 자원과 능력을 지속적으로 갱신하고 재구성하거나 변화시킬 수 있는 능력을 의미합니다. '재구성'이란 자원과 능력의 구성 방식을 바꾼다는 말입니다. 기업의 특정 역량은 여러 자원, 기술, 인력의 조합으로 구성되는데, 그 구성 방식이나 결합 방식을 바꾸면 새로운 역량이 탄생합니다. 이런 맥락에서 재구성 역량은 기업의 능력을 근본적으로 바꾸는 힘, 곧 변혁 역량과 같은 의미를 지닙니다.

부록 5장(동적 역량 이론의 적용: 엔비디아)에서 상세히 분석하고 있듯이, 엔비디아가 게임용 GPU(graphic processing unit: 그래픽처리장치) 기술을 바탕으로 데이터센터와 AI, 자율주행, 로보틱스, 클라우드와 소프트웨어 등 새로운 제품과 사업 분야를 개척하고 있는 것은 재구성 역량이 탁월하기 때문입니다. 애플이 스마트폰 산업을 개척할 수 있었던 것도 PC, 아이팟 시장에서 구축한 하드웨어와 소프트웨어 역량 및 애플 생태계를 재구성(변혁)하는 역량을 가졌기 때문입니다.

삼성의 성공 원인

동적 역량 이론은 특히 시장이나 기술의 발전이 빠른 불확실한 환경에서 중요합니다. 첨단기술을 기반으로 제품과 서비스를 제공하는 기술기업에 있어서, 동적 역량은 경쟁우위를 결정짓는 핵심 요인입니다. 삼성의 주력 사업인 반도체 산업이 이러한 특성이 있습니다.

(1) 삼성의 성장: 빠른 추격자 전략의 결실

삼성의 동적 역량을 평가하기에 앞서, 삼성의 성공 전략을 먼저 살펴볼 필요가 있습니다. 메모리 반도체와 스마트폰 사업의 성장은 '빠른 추격자 전략'의 결실입니다. 1983년 미국 마이크론과 일본 샤프로부터 반도체 설계 및 제조 기술을 전수받아 사업을 시작한 초기 10여 년 동안 삼성은 기술격차 축소에 전력을 기울였습니다. 보통 2~3년이 소요되는 기흥의 초대규모 집적회로[VLSI] 공장도 6개월 만에 완성했습니다. 공사 기간을 단축함으로써 제품을 빨리 출시할 수 있고, 선발자와의 격차를 줄일 수 있었기 때문입니다.

빠른 추격자 전략은 기술개발에도 적용되었습니다. 미국 현지법인과 국내에서 동일 제품을 함께 개발하는 동시개발 전략이 그것입니다. 개발자와 관리자들은 회사에 야전침대를 두고 밤낮없이 D램 개발에 매진했습니다. 주말에는 일본 기술자를 초청하여 기술지도와 제조현장의 노하우를 전수받았습니다. 기술도입, 연구개발, 투자의사결정, 공장건설, 생산, 공정관리 등 모든 활동이 선진기업을 빠르게 추격하는 데 초점을 두고 이루어졌습니다.

스마트폰 사업에서도 빠른 추격자 전략이 주효했습니다. 1980년대 초 국내 휴대폰 시장은 모토로라가 80% 이상을 장악하며 부동의 1위였습니다. 삼성은 모토로라가 오랫동안 축적한 제품기술을 리버스 엔지니어링reverse engineering을 통해 빠르게 모방, 흡수하여 모토로라를 따라잡는 데 성공했습니다.[4] 스마트폰도 애플이 아이폰으로 시장을 개척한 후, 갤럭시 시리즈로 추격에 성공했습니다. 노키아, 모토로라, 소니-에릭슨과 같은 휴대폰(피처폰) 기업이 아이폰 추격에 실패하고 시장에서 철수한 것을 고려하면, **빠른 추격자 전략은 삼성의 성장에 크게 공헌**했습니다.

(2) 성공의 원동력: 탁월한 기회활용 역량

전략이 성공하려면 조직 역량이 뒷받침되어야 합니다. 삼성전자를 메모리 반도체 1등으로 만든 역량은 무엇일까요? 바로 기회활용 역량입니다. **빠른 추격자 전략이 성공할 수 있었던 것은 삼성의 기회활용 역량이 뛰어났기 때문**입니다.

기회활용 역량은 환경의 기회에 대응하여 자원을 동원, 투자하고,

이를 바탕으로 가치를 창출하는 역량입니다. 주로 언제 어느 분야에 얼마만큼의 자원을 투자할 것인가 하는 의사결정을 수반하며, 제품 아키텍처와 비즈니스모델 선택도 이 단계의 특징입니다.

일반적으로 시장이 형성되는 초기에는 기술적 특성이나 규격이 서로 다른 여러 제품이 출시됩니다. 선발주자 간 경쟁과 고객의 선택을 거쳐 시장에서 표준으로 받아들여지는 지배적 디자인dominant design이 등장하게 됩니다. 지배적 디자인, 곧 표준기술이나 제품이 등장하면 시장의 불확실성은 해소됩니다.

삼성은 지배적 디자인의 등장으로 불확실성이 해소되고 나면, 시장에 진입합니다. 그리고 신속하고 과감한 투자로 역량과 자원을 총동원해서 시장에서 창출되는 가치를 확보하는 전략을 선택해 왔습니다. 이른바 삼성의 '스피드 경영'은 앞선 기업을 빠르게 추격하여 시장의 과실을 나누어 가지려는 기회활용 역량을 단적으로 나타내는 사례입니다.

삼성이 반도체, TV 등 주요 분야에서 일본 기업을 추월할 수 있었던 배경에는 뛰어난 기회활용 역량이 있었습니다. 기술 면에서는 후발주자였지만, 기회를 포착하자마자 과감한 자원 투입과 신속한 투자의사 결정을 통해 선두를 따라잡고 결국 앞서나갈 수 있었습니다. 스마트폰도 마찬가지입니다. 아이폰 출시로 시장이 형성되자 삼성은 아이폰을 모델로 삼아 자원과 역량을 총동원하여 갤럭시 시리즈를 통해 애플의 경쟁자로 부상했습니다.

반면 노키아는 세계 최초의 스마트폰 시제품(Nokia 9000)을 개발하는 등 삼성보다 훨씬 앞서 기회를 인식하고 있었지만, 투자 기회를 놓쳐 결국 시장에서 실패하였습니다. 기회활용 역량의 차이가 삼성과 노키아의 성패를 가른 것입니다. 이 과정에서 수직계열화된 사업

그림 2 삼성의 빠른 추격자 전략의 성공 원인: 기회활용 역량과 이에 최적화된 경영방식

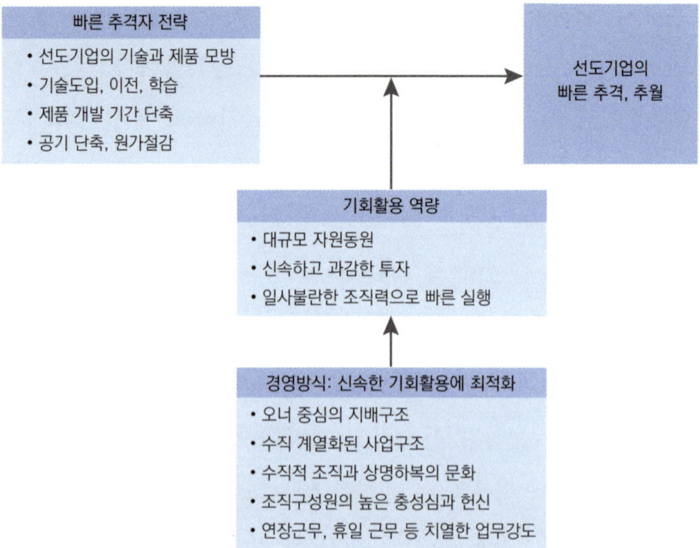

자료: 허문구, 한국기업의 경쟁력 강화 방안: 동적 역량 관점, Korea Business Review, 2018, 162쪽, 수정.

구조도 내부 조정에 의한 빠른 의사결정과 실행을 촉진함으로써, 신속한 기회활용에 크게 공헌했습니다.

이처럼 기회활용이 강한 이유는 무엇이었을까요? 〈그림 2〉에서 보듯, 비결은 **선도기업을 빠르게 추격하는 데 최적화된 경영방식**에 있습니다. 과감한 투자를 신속하게 결정할 수 있는 오너 중심의 지배구조, 수직계열화된 사업구조, 일사불란한 조직력과 빠른 실행을 가능케 하는 수직적 명령체계와 상명하복의 문화, 구성원의 조직충성심과 헌신, 치열한 업무수행 방식이 대표적입니다.

요약하면, 삼성은 선도기업의 제품, 기술, 비즈니스모델, 경영방식 등을 모방하여 뛰어난 효율성과 실행력을 바탕으로 앞선 기업을 빠르게 추격하며 성장했습니다. 이는 기회활용 역량이 뛰어났기 때문

입니다. 오너 중심의 과감한 투자와 장기적 의사결정, 수직적 조직구조와 문화, 실행 중심의 스피드 경영, 구성원의 헌신과 치열한 업무강도는 삼성이 성장 과정에서 앞선 기업을 빠르게 추격하고 기회를 재빨리 포착하는 데 최적화된 경영 관행입니다.

삼성전자의 당면한 위기

(1) 위기의 본질: 기술경쟁력 약화

최근 삼성은 위기라는 평가를 받고 있습니다. 한때 세계 최고의 초격차 경쟁력을 자부하던 메모리 반도체 사업마저 흔들리고 있습니다. 인공지능 시대의 핵심 제품인 고대역폭메모리High Bandwidth Memory, HBM 분야에서는 후발주자로 밀려났고, 가장 앞선 공정기술이 요구되는 '최선단 메모리' 개발에서도 경쟁사에 뒤처지고 있습니다. 한편, 기존 범용 제품인 '레거시 메모리'는 기술 장벽이 낮아지면서 중국 기업들의 거센 추격을 받고 있는 상황입니다.

파운드리와 시스템LSI 사업은 적자가 확대되고 있으며, 더욱 우려되는 점은 선도기업과 경쟁력 격차가 커지고 있다는 것입니다. 2024년 말 기준 파운드리 시장에서 TSMC가 65%의 점유율을 차지한 반면, 삼성은 10% 미만으로 떨어졌습니다. 주요 고객사 확보에도 어려움을 겪고 있습니다.

시스템LSI 사업부도 마찬가지입니다. 모바일 APapplication processor 분야에서는 퀄컴과 미디어텍에 뒤처져 시장점유율이 5% 수준에 불과하며, 최신 갤럭시 제품에도 엑시노스 칩이 탑재되지 못하는 상황입니다. 이미지 센서 시장에서도 50% 이상을 점유하고 있는 소니와

격차가 큽니다.

스마트폰 시장에서는 선전하고 있지만, 프리미엄폰 시장에서는 여전히 애플에 크게 뒤처져 있습니다. 애플이 71%의 점유율을 차지하고 있는 반면, 삼성은 17%에 그쳤습니다. 보급폰 시장 상황도 녹록지 않습니다. 샤오미, OPPO 등 중국 기업들이 가격 경쟁력을 무기로 삼성을 추격하고 있습니다.

냉정하게 평가하면, 2025년 2월 현재 삼성전자는 어느 사업부에서도 최고의 경쟁력을 보유하지 못한 상황입니다. 1993년 세계 1위에 오른 이후 30년 가까이 초격차 경쟁력을 자부하던 메모리 반도체 사업마저 인공지능 시대를 맞아 1등의 지위가 흔들리고 있습니다. 반도체의 다른 사업부는 경쟁력을 회복하지 못하고 있습니다. 늘 성장하고 성공하기만 하던 우리나라 대표기업 삼성전자의 경쟁력 저하는 낯선 상황입니다.

가장 근본적인 원인은 '혁신역량 저하로 인한 기술경쟁력의 열세'에 있습니다. 이 문제에 관해서는 책 전반에서 다루겠지만, 이 장에서는 '동적 역량'에 초점을 두고 문제를 진단해 보겠습니다.

(2) 위기의 근본 원인: 취약한 환경감지 역량과 재구성 역량

앞서 삼성의 성장을 이끈 주요 동력으로 기회활용 역량을 제시했습니다. 현재 삼성이 직면한 위기의 원인은 환경감지 역량과 재구성/변혁 역량이 부족하다는 것입니다. 물론 과거와 비교하면 기회활용 역량도 약해졌지만, 더욱 근본적인 문제는 시장의 변화를 민첩하게 감지하는 역량과 기술변화에 대응해 자원과 능력을 유연하게 재구성하는 역량이 취약하다는 점입니다. 삼성의 부족한 역량과 이로 인한

그림 3 위기의 근본 원인

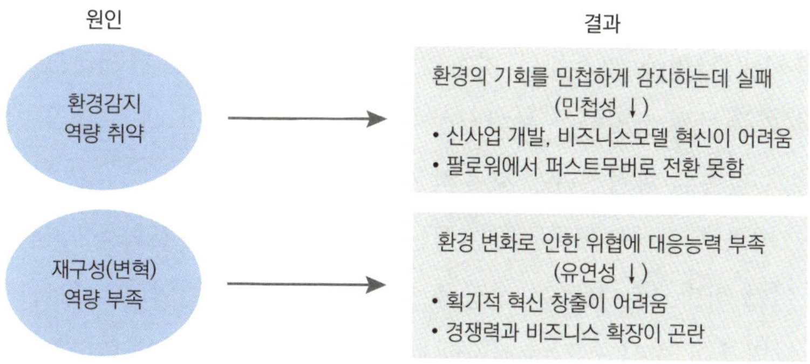

결과를 요약하면 〈그림 3〉과 같습니다. 아래에서 더 자세히 설명하겠습니다.

• 취약한 환경감지 역량

삼성은 메모리 반도체를 비롯해 시스템LSI, 파운드리, 스마트폰 등 대부분 사업에서 후발주자로 출발해 선두를 추격하는 방식으로 성장해 왔습니다. 반면 애플, 아마존, 구글, 오픈AI, 엔비디아, TSMC 등은 혁신적 제품과 비즈니스모델로 시장을 선도한 기업들입니다. 삼성전자가 메모리 반도체 1위에 오른 지 30년이 지났지만, 그 이후에도 시장을 선도한 사례는 좀처럼 찾아보기 어렵습니다. 이는 새로운 기회를 민감하게 포착하고 선제적으로 대응하는 환경감지 역량이 부족하다는 점을 보여줍니다.

새로운 분야에서 **시장의 리더가 되려면 환경의 기회를 민첩하게 감지**해야 합니다. 그러나 삼성전자는 기회감지 역량이 취약합니다. 왜 그럴까요? 성장 과정에서 항상 선도기업을 따라가는 추격자의 위치에 있었기 때문입니다. 추격 단계에서는 선도기업의 발전 경로를 그대로 따라 하는 것이 효율적입니다. 신기술, 신시장을 탐색하는 활동은 선발기업에 의존했던 것이죠. 선도기업이 환경을 탐색하고 새로운 가능성을 타진하는 불확실성이 큰 활동에 몰두할 때, 삼성은 시장에서 검증된 확실성만을 효율적으로 추구했습니다.

그러므로 삼성의 성공 DNA에는 선제적으로 환경 기회를 탐색하고, 이를 바탕으로 새로운 시장을 창출하는 역량이 결여되어 있습니다. 모방에서 혁신으로, 추격자에서 퍼스트무버로 변해야 한다고 하지만, 잘 안 되는 이유는 성장 과정에서 형성된 DNA에 환경감지 역량이 빠져 있기 때문입니다.

앞서 얘기했듯이 삼성의 빠른 추격자 전략을 가능케 한 것은 기회활용 역량인데, 퍼스트무버가 되려면 환경감지 역량이 우선되어야 합니다. 두 역량은 〈표 2〉에서 보듯 조직구조와 경영 특성이 상충하는 면이 있어 전환이 쉽지 않습니다. 게다가 삼성은 성공을 지속하면서 기존의 경영방식을 바꿀 필요성을 인식하지 못했습니다. 이른바 '성공의 덫'에 빠진 것입니다.

표 2 • 빠른 추격자와 퍼스트무버에 적합한 경영방식

전략	빠른 추격자	퍼스트무버
전체조직체계	대규모 조직단위로 구성된 수직적 계층조직	다양한 팀 간 유기적 협업
조직구조특징	집권화, 공식화	분권화, 유연화
조직문화	과업지향(목표 달성, 결과 중시)	학습지향(도전 장려, 실패 용인)
조직운영 철학	통제, 상명하복	창조, 혁신
경영의 초점	효율, 실행, 속도	환경탐색, 기회 발견, 민첩성, 융합
경영자 역할	관리자, 지시와 통제	리더, 후원자, 문화보호자

이 과정에서 성장한 **경영진과 관리자들은 정해진 전략을 실행하는 능력은 우수하지만, 세상의 변화에 대한 통찰력이 부족**합니다. 삼성이 1등이 되는 과정에서 중요했던 것은 정해진 방향을 신속하고 효율적으로 실행하는 능력이었으며, 변화의 흐름을 읽는 전략적 통찰력이 아니었기 때문입니다.

메모리 반도체의 기술 특성도 영향을 미쳤습니다. 메모리 반도체는 기술혁신이 빈번하지만, 기술발전은 연속적이고 선형적입니다. DRAM과 낸드플래시의 발전은 주로 용량, 성능, 속도, 전력 효율을 높이는 방향으로 이루어집니다. 표준화된 규격품이므로 제품 성능이 우선이며, 고객과의 협력은 중요치 않았습니다. 따라서 시장과 기술 환경을 탐색할 필요성이 크지 않았으며, 환경감지 역량의 중요성도 낮았습니다. 환경감지 역량이 구조적으로 취약한 이유입니다.

그러나 HBM에서 보듯이 메모리 반도체도 이제는 규격품에 머물지 않습니다. 기술개발은 물론 고객과의 긴밀한 협력이 중요합니다. 원가절감이나 효율성 향상보다는 불확실성을 감수하면서 기술개발에 전념해야 합니다. 기술변화가 빠르고 산업의 경계가 허물어지는 상황에서는 민첩한 환경적응이 생존을 좌우합니다. 민첩한 환경적응은 빠른 환경 감지sensing와 신속한 대응responding으로 나눌 수 있습니다. 환경 변화에 민첩하게 적응하기 위해서는 감지와 대응 속도가 함께 빨라야 합니다.

그러나 삼성은 추격자 전략과 메모리 반도체 기술 특성 탓에 대응 속도는 빠른 반면, 환경감지 속도는 느립니다(〈그림 4〉). 환경감지가 느려서 출발은 뒤처지는데, '느린 출발'을 실행의 속도로 만회해 왔습니다. 그 결과 수직적 의사결정이 당연시되고, 창조와 혁신의 씨앗인 토론과 실험이 낭비로 인식되는 문화가 형성되었습니다.

그림 4 삼성의 환경적응: 감지 속도와 대응 속도 비교

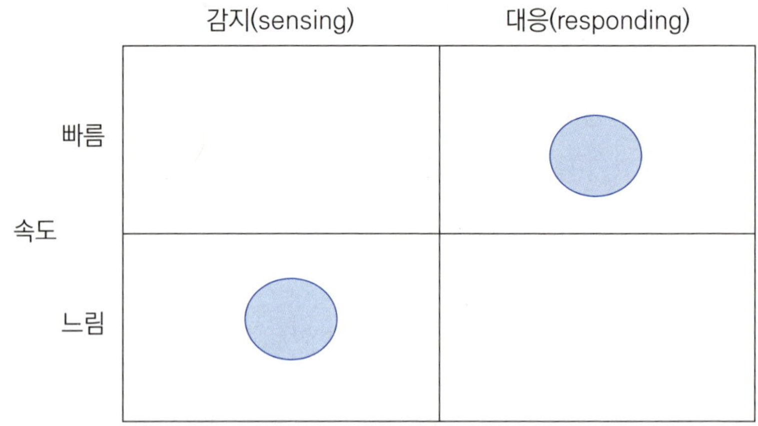

근래에는 경직된 조직문화와 주 48시간 근무와 같은 법적, 제도적 제약까지 더해져 강점이었던 실행의 속도도 떨어졌습니다. 환경 감지 속도도 느린데, 대응 속도마저 둔화하고 있습니다. 기술기업은 민첩한 환경적응이 생존의 기본 조건인데, 삼성의 환경 적응력은 현저히 약화된 모습을 보입니다.

• 부족한 재구성 역량

기술과 시장의 급격한 변화는 위협이지만 잘 대처하면 기회가 됩니다. 현재의 자원과 역량으로만 대응하려는 기업에는 변화가 위협입니다. 하지만 변화 속에서 기회를 인지하고 여러 사업 분야의 **자원과 능력을 창조적으로 결합하면 혁신과 비즈니스 창출의 계기**가 됩니다. 따라서 기업이 보유한 인력, 자원, 기술, 지식을 창조적으로 결합하거나 재구성하는 역량은 빠른 변화에 대처하는 데 효과적입니다.

엔비디아가 GPU(그래픽처리장치)에서 출발하여 AI, 데이터센터, 자율주행, 메타버스, 로보틱스, 바이오 등과 같은 분야로 끊임없이 사업 기회를 확장할 수 있는 것은 재구성 역량 덕분입니다. PC 부품이란 용도에 머물지 않고 GPU의 활용 가능성을 끊임없이 모색하고 확장한 결과입니다.

사업 기회를 끊임없이 모색한 배경에는 시장 위협에 대응, 생존해야 한다는 창업자 젠슨 황의 절박감이 자리하고 있습니다. 그래픽 카드 시장이 성장하자 AMD 같은 경쟁자들이 등장했고, 인텔 같은 선도기업과 PC 제조업체도 신제품을 개발하려 했습니다. 이러한 상황에서 젠슨 황은 GPU 시장의 점유율을 유지하는 것이 어렵다고 판단하고, 신사업을 통해 새로운 성장 기회를 모색하기 시작했습니다.

현재의 기존 사업에 안주하지 않고 늘 새로운 사업 기회를 모색하는 엔비디아의 DNA는 이렇게 형성되었습니다. 하드웨어 제조에 안주하지 않고 AI 소프트웨어, 플랫폼 기업으로 사업영역을 끊임없이 개척합니다. 그 원동력은 보유 기술과 능력을 재결합하여 새로운 제품과 서비스를 창출하는 역량이 탁월하기 때문입니다.

엔비디아는 1993년에 창업했고, 삼성은 같은 해 메모리 반도체 1위에 올랐습니다. 그동안 삼성은 막대한 기술, 인력, 자원, 지적재산을 축적해 왔으며, 양적 기반만 놓고 보면 엔비디아에 뒤지지 않습니다. 하지만 보유 자원과 인력, 기술, 능력을 창조적으로 결합하고 전환하는 재구성 역량이 부족합니다. 그 차이가 오늘날 두 기업의 격차를 만든 것입니다.

삼성이 재구성/변혁 역량이 부족한 이유는 무엇일까요?

(가) **경영진의 전략적 유연성과 민첩성이 부족**합니다. 전략적 유연

성이란 환경 변화에 따라 전략을 탄력적으로 바꿀 수 있는 능력을 말하며, 전략적 민첩성이란 전략에 따라 조직구조, 자원 배분, 시스템과 프로세스 등을 빠르게 바꾸고 민첩하게 실행할 수 있는 능력을 의미합니다. 삼성 경영진은 정해진 전략의 실행에는 능숙하지만 유연한 전략적 발상은 미흡합니다. 경영자로 성장하는 동안 서구 기업의 발전 경로를 추격하거나 오너가 제시한 전략을 실행하는 역할을 했기 때문입니다. 큰 조직을 움직이는 전략실행 능력과 조직관리 능력은 뛰어나지만, 전략적 유연성과 민첩성을 키울 기회는 없었기 때문입니다.

(나) 다음으로 **경직된 조직구조와 운영**을 들 수 있습니다. 조직의 구조(부서)와 계층이 일의 흐름과 구성원의 행동을 제약합니다. 재구성 역량은 조직에 산재한 지식, 기술, 정보를 자유롭게 교류하고 결합해야 형성되는 역량인데, 획일적 조직운영으로는 자원과 역량의 창조적 재결합이 이루어질 수 없습니다. 조직 중심의 사고방식에서는 상황이 바뀌면 매번 조직부터 바꿉니다. 우리 기업에서 조직 개편이 빈번한 이유입니다. 그러나 바뀐 조직은 조직단위에 따라 다시 자원, 역량, 기술, 정보의 분절이 이루어질 수밖에 없습니다. 조직구조와 운영에 대한 고정 관념을 바꾸지 않으면 재구성 역량은 발휘되기 어렵습니다.

(다) **가장 부족한 역량 중 하나가 협업**입니다. 서로 다른 조직(사업부, 실, 팀 등) 간 협업과 외부 조직(공급자, 협력사, 경쟁자, 고객, 기술기업 등)과의 협업을 함께 의미합니다. 앞서 언급한 '경직적 조직관리'도 협업을 어렵게 만들지만, 단기 성과와 부문 간 경쟁을 초래하는 조직관리 방식도 부서 간 협업을 방해합니다. 과도한 경쟁의식으로 부서 간 기술, 자원, 정보, 인력의 자유로운 이동과 결합이 이루어지지 못하고

있습니다. 멀티비즈니스 기업의 혁신을 다룬 연구에서 비야사레로 Villasalero 교수는 다음과 같이 말합니다.[5]

> "멀티비즈니스 기업에서 신제품 개발을 위해서는 각 사업부가 다른 사업부나 기업 외부의 파트너와 협업(지식 교환과 결합)하는 것이 중요합니다."

내부 조직 간 장벽뿐 아니라 외부와의 수평적 협업도 원활하지 못합니다. 반면 엔비디아는 GTC(엔비디아 개발자 컨퍼런스)에서 주요 파트너와의 협업 관계를 공개하는 등 생태계 중심의 개방 전략을 강화하고 있습니다. 삼성이 수평적 협업과 생태계 형성에 취약한 것은 조직문화의 영향도 있지만, 수직적 구조와 폐쇄적 생태계를 지닌 메모리 반도체 산업의 영향도 큽니다.

가격, 물량, 재고를 주도적으로 결정하고, 우리가 주도한다는 1등 의식도 다른 기업과 협업을 방해하는 요소입니다. '1등 기업', '세계 최고', '우리 회사가 주도', '협력사 통제'와 같은 의식은 고객, 공급자, 스타트업, 대학 등과의 상호협력보다는 일방적 주도권을 중시하는 태도로 이어졌습니다. 조직 간 협업은 서로 다른 지식과 기술의 융합이 이루어지는 토대가 되는데, 이런 점이 삼성의 재구성 역량이 취약한 이유입니다.

2 미래 발전을 위한 제안

삼성의 빠른 추격자 전략은 유효기간이 지났습니다. 기술과 시장의 급속한 변화 속에서 삼성은 시장을 선도하는 창조적 리더의 길을 가야 합니다. 이를 위해서는 **환경의 기회를 선취할 수 있는 환경감지 역량**이 필수적입니다.

더불어 환경 변화로 인한 위협에 효과적으로 대응하고 기술혁신을 바탕으로 신사업을 발굴하기 위해서는 **자원과 역량을 창조적으로 결합할 수 있는 재구성 역량**이 요구됩니다. 환경감지 역량과 재구성 역량을 강화하는 방안을 요약하면 〈그림 5〉와 같습니다. 이에 대해 아래에서 구체적으로 논의하겠습니다.

다양한 경험과 역량을 가진 TMT 구성

차별적 능력과 경험을 가진 경영진이 팀(최고경영팀, top management team)으로 회사를 이끌어야 합니다. 삼성의 각 사업은 핵심 성공요인과 기술적 특성에서 차이가 클 뿐만 아니라, 고객 요구와 시장 특성도 이

그림 5 삼성의 진로와 제안

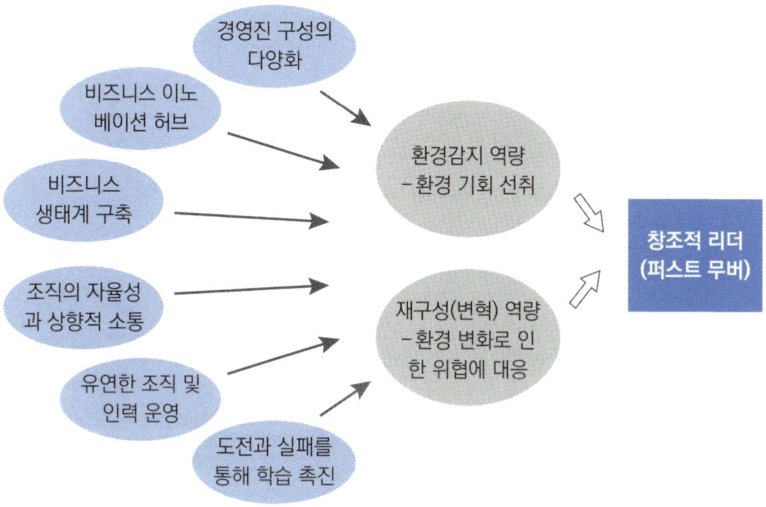

질적입니다. 이런 기업을 한두 명의 경영자가 이끌어 가기는 어렵습니다. 무엇보다 내부에서 성장한 경영자들은 대체로 비슷한 강점과 경험을 공유하고 있습니다. 이제는 삼성이 부족한 역량, 즉 기회감지와 재구성 역량이 필요한 때입니다. 경영진 구성의 변화가 새로운 역량 구축을 위한 첫 단추입니다. 삼성전자와 협업한 경험이 있는 한 전문가는 이렇게 말합니다.

> "삼성전자는 제조역량을 바탕으로 하드웨어 분야에는 강점이 있지만, 소프트웨어나 플랫폼 분야는 취약합니다. 경영진이 소프트웨어나 AI 같은 신기술에 대한 비전이 부족하고, 제조 중심, 하드웨어 중심의 사고방식에서 벗어나지 못하는 것이 큰 약점입니다. 그래서 조직관리도 자율성이나 협업보다는 수직적 통제 중심으로 이루어지는 것입니다."

그림 6 기회감지와 재구성 역량을 위해 필요한 경영진의 특성

기존) 기회구현에 최적화된 삼성의 경영진의 특성

- 기회를 빨리 감지해 신사업을 일군 경험보다는 기존 사업을 성장시키거나 잘 관리한 인재
- 업의 특성이 유사한 메모리 반도체에서 성장한 인재
- 전략적 통찰력보다는 전략실행에 능숙한 인재
- 유연하고 민첩한 자원 동원이나 환경 대응보다는 규모의 경제와 범위의 경제(시너지 창출)에 기반하여 대규모 조직의 관리 능력에 강점을 가진 인재
- 창조와 융합보다는 분석과 효율에 능숙한 좌뇌형 인재

↓

변화) 기회감지와 재구성 역량을 위해 필요한 경영진 특성

- 변화 속에서 기회를 빠르게 감지하는 기업가형 인재
- 조직 내 산재한 기술이나 자원을 결합하여 비즈니스를 창조하는 전략적 통찰력을 가진 인재
- 기존 사업과 다른 사업 분야를 경험하거나 신기술 동향에 능통한 인재

〈그림 6〉에서 제시한 것처럼, 경영진 구성의 변화를 통해 좌뇌형 경영진과 우뇌형 경영진이 팀을 이루어 회사를 이끌어야 합니다. 경영진은 내 사업부나 내 제품만 챙기는 사람이 아니라, 부문 간 자원의 결합이나 협업을 통해 변화에 대응할 수 있는 마인드셋(태도, 사고방식)과 역량을 가져야 합니다.

신사업을 실험, 추진하는 조직과 프로세스 구축: 비즈니스 이노베이션 허브

환경감지 역량과 재구성 역량을 강화하려면 조직 내에서 기업가가 탄생할 수 있는 구조와 토양이 만들어져야 합니다. **신사업을 실험, 추진하는 조직**(가칭 비즈니스 이노베이션 허브)과 프로세스를 구축하고, 허브를

중심으로 신사업을 개발하려는 시도가 지속해서 이루어져야 합니다.

신사업 개발은 탐색 → 육성 및 투자 → 스케일업(scale-up: 사업 확대)의 단계로 나눌 수 있습니다. 탐색 단계는 기업가적 역량을 보유한 조직이나 개인과 파트너십이 중요합니다. 획기적인 아이디어를 보유한 외부의 기업가적 벤처(스타트업)나 사내 기업가를 발굴하고, 대기업의 역량과 자원을 공유하며 이들과 다양한 실험을 진행할 수 있습니다.

마이크로소프트와 OpenAI의 협력은 대기업과 벤처의 협력 사례이며, 아마존웹서비스AWS는 사내 기업가(앤디 제시 현 아마존 CEO)가 아마존 내부의 문제를 해결하는 과정에서 시작돼 아마존의 주력 사업으로 성장했습니다. 허브 조직은 사내외 벤처팀을 조직 내부와 연결하여 협업 기회를 발굴하고, 이를 프로젝트로 연결되도록 조정하는 역할을 합니다.

프로젝트가 괄목할 만한 성과를 거두면 이에 대한 집중적 육성과 다양한 투자 대안을 고려할 수 있습니다. 벤처의 비즈니스모델이 실행 가능하고 시장의 잠재 수요가 확인되면 스케일업 단계로 들어갑니다. 이 단계에서는 자원을 신속하게 동원하고 혁신을 빠르게 확장할 수 있도록 사업실행 조직을 구축하는 일이 중요해집니다.[6]

이러한 과정을 통해 조직 전반의 환경감지 역량과 재구성 역량이 향상될 수 있습니다. 스타트업과 '사내 기업가'(조직 내부에서 신사업을 발굴, 추진하는 구성원, intrapreneur)를 발굴해 이들과 협력하며 새로운 시도와 실험을 하는 과정은, 곧 환경의 기회를 빠르게 감지하고 대응하는 과정이기도 합니다.

또한 조직 내 관련 부문과 협업을 통해 재구성 역량도 개선할 수 있습니다. 신사업 추진을 위해서는 여러 부문의 인력이 필요하고, 인력은 기술, 자원, 정보의 집합체입니다. 따라서 신사업을 위한 협업 프로젝트는 조직 내 여러 부문에 산재한 기술, 지식, 정보가 효과적으로 결합하는 플랫폼이 됩니다. 실패하더라도 협업 경험은 기존 사업의 경쟁력 강화나 향후 신사업 추진에 활용될 수 있습니다.

'사내 기업가' 주도로 신사업 프로젝트팀이 만들어진 경우, 조직의 설계와 운영은 기존 사업부와 달라야 합니다. 첫째, 조직구성의 자율성, 독립성, 유연성이 필요합니다. 아이디어를 내고 주도적으로 실행한 사내 기업가가 책임을 맡아야 하며, 인력도 자율적으로 구성할 수 있어야 합니다. 둘째, 조직운영도 자율성과 독립성을 보장해야 하며, 실험과 실패를 통해 가능성을 모색하고 구성원의 창조성이 발휘될 수 있어야 합니다. 전체 조직에 적용되는 규정, 제도, 시스템으로부터 자유로워야 합니다.

기회 감지와 선점에 적합한 비즈니스 생태계 구축

급격한 기술발전으로 산업의 경계가 무너지고 있습니다. 제품과 서비스의 통합이 가속화되면서 새로운 비즈니스모델이 출현하고 있습니다. 이러한 환경 변화에 개별 기업이 독립적으로 대응하기는 역부족입니다. 따라서 현 사업의 경쟁력 강화와 신사업 발굴을 위해 비즈니스 생태계 구축이 중요해지고 있습니다.

삼성은 조직생태계 구축에 익숙하지 못합니다. 성장 과정에서 선도기업을 따라가는 데만 익숙해서, 스스로 조직생태계를 만들어 환경 변화를 감지하거나 시장을 창출하는 역량이 부족합니다. 반면 구글, 애플, 아마존 같은 빅테크나 TSMC는 개방적인 조직생태계를 구축하여, 참여 기업들과 함께 가치를 창조하고 과실을 나누는 협업과 상생에 능숙합니다. 스마트폰 산업에서 애플의 생태계, 파운드리에서

TSMC의 생태계는 기술만으로는 따라잡기 어렵습니다.

생태계 구축으로 기회를 만들고 선점하는 역량이 뒤떨어지는 것은 삼성의 발전 모델이 수직계열화에 바탕을 두고 있기 때문입니다. 수직계열화는 거래 비용을 줄이고 공급사슬 상의 조정과 통합을 빠르게 할 수 있어 스피드 경영에 강점으로 작용했습니다. 전자, 반도체, 휴대폰 사업에서 삼성이 선두를 빨리 추격하고 추월에 성공했던 것은 수직계열화에 의해 전후방 사업 간에 신속한 조정, 통합으로 시장 기회를 빠르게 활용했기 때문입니다.

그러나 수직계열화는 전후방 사업 간 과도한 상호의존성으로 인해 변화에 유연하게 대응하기 어렵고, 혁신에 불리하며, 관료적 통제가 강화되는 단점이 있습니다. 조직의 유연성, 혁신성, 민첩성에 문제가 생기는 것입니다.

삼성은 이제 퍼스트 무버first mover의 길을 가야 합니다. 기회를 빨리 감지하고 혁신을 통해 경쟁우위를 차지하거나 다른 기업에 앞서 신사업을 창출해야 하므로, 수직계열화 모델은 득보다 실이 훨씬 큽니다. 기술발전 속도가 빠르고 기술의 융합을 통해 신시장을 개척해야 하는 상황에서는 여러 기업과의 협업이 필수적입니다. 내가 주도권을 가져야 하는 수직계열화 관점을 탈피하여, **다양한 기업들이 파트너고 동반자라는 '조직생태계 관점'이 필요**합니다.

비즈니스 생태계에서는 다양한 정보와 지식이 수평적으로 교류되므로 기회 감지가 훨씬 쉽습니다. 파트너와 지식을 교환, 결합함으로써 작은 위험으로 혁신을 창조하고 아이디어를 검증하기 수월합니다. 따라서 비즈니스 생태계 모델은 환경의 기회를 감지하고, 실험과 혁신을 촉진하며, 자원과 역량의 교류와 결합을 통해 새로운 비즈니스를 창조하는 데 유리합니다. 삼성이 취약한 환경감지 역량과 재구성 역량을 강화하기 위해서는 '우리가 주도하고 통제해야 한다'라는 관점에서 벗어나, 다양한 조직 및 개인들과 상생과 협력을 기반으로 한 조직생태계를 구축하고 확대하는 노력이 필요합니다.

일선 조직에 자율성을 부여하고 상향적 의사소통 활성화

조직은 어떻게 환경의 기회를 감지할까요? 일선 직원이 조직 내외부와 상호작용하며 업무를 수행하는 과정에서 환경감지가 이루어집니다. 시장에서 고객 욕구와 기호 변화를 가장 먼저 인지하는 것은 일선 영업 직원이며, 회사 기술 역량의 강점과 한계를 직접 체감하는 사람은 현장 엔지니어입니다. 따라서 조직 일선과 현장에 권한과 기회를 주는 것이 빠른 환경감지를 위한 첫걸음입니다.

더불어 조직에서 상향적 의사소통이 활발해져야 합니다. 일선에서 접하는 정보가 의사결정자에게 즉시 전달될 수 있어야 합니다. 기회 감지는 일선에서 이루어지지만, 기회의 선택은 경영진의 의사결정이 필요하기 때문입니다. 따라서 조직 일선에 대한 분권화와 함께, 일선 직원의 생각과 정보가 경영진의 의사결정에 반영될 수 있는 경로가 마련되어야 합니다. 삼성의 수직적 구조와 실행 속도를 중시하는 경영방식은 하향적 의사소통에는 효과적이지만, 상향적 정보 전달에는 취약합니다.

환경감지의 마지막 단계인 **기회 선택이 잘 이루어지려면 수평적이고 유연한 조직문화가 필요**합니다. 소속부서나 지휘계통과 관계없이 직원이 경영층과 이메일, SNS를 통해 자유롭게 소통할 수 있어야 합니다.

엔비디아의 사례는 이러한 상향적 의사소통의 중요성을 잘 보여줍니다. 엔비디아에서는 누구든 경영자가 알아야 할 중요한 사항이 있으면, 다섯 가지로 추려서 'Top 5 Things'라는 제목으로 젠슨 황에게 이메일을 보내도록 장려합니다. 젠슨 황은 이를 '가장자리에서 발생하는 정보information from the edge'를 놓치지 않기 위해서라고 강조했습니다. 이를 통해 딥러닝의 발전을 감지하고 인공지능의 발전에 미리 대비할 수 있었습니다.[7] 그 결과 생성형 AI 모델 출시로 인한 기회를 경쟁사보다 앞서 포착할 수 있었습니다. 엔비디아의 top 5 things는 신속한 환경감지 수단으로 작용하고 있습니다.

> "(시장이나 기술의) 강한 신호를 감지하기는 쉬워요. (top 5 things 이메일을 통해) 난 그 신호가 아직 약할 때 빨리 알아차리고 싶어요." (젠슨 황, The NVIDIA Way, p.168)

유연한 조직 및 인력 운영

다른 대기업처럼 삼성도 경직된 조직운영 방식을 갖고 있습니다. 업무 수행, 의사결정 권한, 명령체계와 보고라인, 정보 전달과 자원의 공유, 부서나 개인 간 협력이 조직의 편제와 구조에 절대적인 영향을 받습니다. 저는 이를 '구조 중심주의'라 부릅니다. 구조 중심주의에서 조직 목표는 부서별로 세분되어 사일로 현상(부서 이기주의)을 강화하므로, 조직에서 횡적, 종적 협력을 방해하는 주요 원인으로 작용합니다. 조직구조가 일의 흐름을 방해하고 목표의 효과적 달성에 장애가 됩니다.

환경의 불확실성과 빠른 기술변화에 대응하기 위해서는 구조 중심주의의 틀을 깨고 유연한 조직운영이 필요합니다. 대안으로 프로세스(상시 업무)나 프로젝트(임시 업무) 중심의 과업 수행 방법을 제안합니다. 이 방식에서는 서로 다른 부서나 계층의 사람들이 목표 달성을 위해 협력하며 일을 수행합니다. 구조는 존재하되 부서와 같은 조직 구조가 업무의 효과적 수행에 장애가 되지 않도록 하는 것입니다.

너무 이상적이라고요? 그렇지 않습니다. 애플, 구글, 엔비디아는 기능식 조직구조로 되어 있지만, 실제 업무는 프로젝트 단위로 수행됩니다.[8] 이를 통해 조직 경계를 넘는 협력이 가능하고, 민첩한 환경 대응과 혁신에 능숙합니다. 엔비디아에서는 '우리는 조직도가 없다'라고 할 정도로, 구조보다는 프로젝트 중심의 업무처리 방식이 강조됩니다. 조직구조가 정보, 일의 흐름, 의사결정에 영향을 미치는 것이 아니라, 수평적 프로세스나 프로젝트에 따라 자원과 정보가 흐르고 협력과 의사결정이 이루어집니다.

이처럼 **서로 다른 기술을 가진 사람들이 조직의 경계에 구애받지 않고 프로젝트/프로세스 단위로 협업하면 환경의 기회를 빠르게 감지할 수 있으며, 지식, 정보, 기술의 융합이 자연스럽게 이루어집니다.** 이는 조직의 재구성 역량 향상으로 이어집니다. 유연한 조직운영 방안에 대해서는 6장에서 보다 자세히 논의하겠습니다.

실패와 학습을 통한 기회 발견과 혁신 촉진

기회를 빠르게 감지하려면 조직에서 활발한 탐색과 학습이 이루어져야 합니다. 이를 위해 새로운 시도와 실험을 장려하고 실패를 용인하는 제도, 문화가 중요합니다.

삼성은 선두기업을 추격하는 과정에서 실험을 꺼리고 실패를 두려워하는 문화가 형성되었습니다. 결과가 불확실한 실험은 자원과 시간 낭비로 여겨졌고, 실패는 추격 속도를 떨어뜨리기 때문입니다. 서울대학교 공과대학 교수들이 함께 집필한 〈축적의 시간〉에서는, 한국 산업이 선진국을 빨리 따라잡기 위해 시행착오와 실패의 경험을 축적(창조적 축적)하지 못한 것이 현재 한국 산업의 아킬레스건이 되었다고 통찰합니다.[9] 더불어 최근 회사 전반에 걸쳐 단기 성과 통제와 원가절감이 강조되면서 실패를 터부시하는 문화가 강화되었습니다.

그러나 **혁신은 실패를 통한 학습의 결과**입니다. 실패하지 않을 자신이 있냐고 하는 것은 혁신하지 말라는 얘기입니다. 이런 분위기라면 기술경쟁력 강화는 구호에 불과합니다. 이에 대해 인터뷰에 응한 반도체 엔지니어는 다음과 같이 얘기합니다.

> "신기술을 적용하거나 새로운 시도를 해보려고 하면 윗선에서 되는 거 확실하냐, 안 되면 책임질 거냐부터 묻습니다. 결국 늘 하던 대로 안전한 방법, 검증된 방법을 택합니다. 이런 상황인데 혁신이 나올 수 있을까요?" "각 분야 세계 1등과 경쟁하는 데 실패를 용납 안 하는 게 코미디 아닌가요?"

시장이나 기술적 기회의 가능성을 확인하고, 그것이 기회인지 아닌지 판단하는 방법은 실행하는 것입니다. 에디슨의 발명이나 다이슨의 혁신적 제품들은 반복적인 실행과 실패를 통한 학습의 산물이었습니다. 애플의 아이폰도 의욕적으로 출시했던 뉴턴Newton이라는 PDA 제품의 실패로부터 학습한 결과입니다. 모바일 메신저 시장에서 카카오가 시장 선점을 통해 성공할 수 있었던 것도 카카오의 전신인 아이위랩의 실패가 원동력이 되었습니다.

조직의 탐색은 당면 문제를 해결하기 위한 '문제해결형 탐색'과 시간과 자원의 여유가 있을 때 실행되는 '여유 탐색'으로 나눌 수 있습니다. 여유 탐색은 현재의 기술/지식 기반과 관련이 먼 분야에 대한 탐색distant search을 촉진함으로써, 혁신적 기술개발이나 사업 기회의 발견에 기여합니다.[10] 따라서 조직에서 기회 발견과 기회 창조가 효과적으로 이루어지려면 구성원이 실패를 두려워하지 않고 새로운 기회를 탐색할 수 있도록 시간, 자원, 제도의 뒷받침이 필요합니다. 이를 통해 조직은 실패를 학습의 기회로 활용하고, 혁신을 촉진할 수 있습니다.

이 장의 내용을 요약하면, 삼성은 빠른 추격자 전략을 통해 급성장했으며, 이는 기회활용 역량이 탁월했기 때문입니다. 그러나 최근 기술 리더십이 흔들리면서 위기를 맞고 있습니다. 위기의 근본 원인은 환경감지 역량과 재구성(변혁) 역량이 부족하기 때문입니다. 환경감지와 역량과 재구성 역량을 촉진하는 방안으로서, 경영진 구성의 다양화, 비즈니스 이노베이션 허브, 비즈니스 생태계 구축, 일선 조직의 자율성과 상향적 의사소통 활성화, 조직 및 인력 운영의 유연성, 실패를 통한 학습과 같은 여섯 가지 요소를 제시했습니다.

이 장을 마치며

“역량의 진화 없이는 미래도 없다.”

삼성전자는 과거 눈부신 성장을 이뤘습니다. 메모리 반도체 세계 1위, 스마트폰 시장의 강자, 한국을 대표하는 글로벌 기술기업으로서의 위상은 하루아침에 이루어진 것이 아닙니다. 이러한 성과는 '빠른 추격자 전략'과 이를 뒷받침한 기회활용 역량 덕분이었습니다. 선도기업의 기술과 비즈니스모델을 신속히 따라잡고, 시기적절한 대규모 투자를 통해 시장의 과실을 확보하는 방식은 삼성이 처한 상황에 잘 맞았습니다.

그러나 상황이 바뀌었습니다. 기술과 시장은 예측할 수 없는 방향으로 변화하고 있으며, 삼성도 더 이상 추격자가 아닙니다. 따라서 선두기업을 모방, 추격하는 방식은 이제는 유효하지 않습니다.

이 장에서는 동적 역량의 관점에서 삼성의 성공과 위기를 진단했습니다. 삼성의 성장 배경에는 뛰어난 기회활용 역량이 있었지만, 현재 위기의 본질은 환경감지 역량과 재구성 역량의 부족에 있습니다. 기술변화의 흐름을 읽고 선제적으로 대응하는 환경감지 역량, 그리고 보유한 자원과 역량을 창조적으로 결합하고, 변환하는 재구성 역량이야말로 지금 필요한 경쟁력의 본질입니다.

기업의 역량은 변화하는 환경에 따라 진화하고 재구성되어야 합니다. 이제 삼성전자가 마주한 과제는, 과거의 강점을 기반으로 미래를 선도할 수 있는 새로운 역량을 만들어야 합니다. 역량의 진화 없이는 지속가능한 미래도 없습니다. **미래를 위해서는 변화에 적응하고 혁신을 창출하는 '역량의 혁신'이 필요**하다는 것을 이 장의 메시지로 전합니다.

CHAPTER

6

조직

구조, 운영, 통제

민첩한 환경 대응과 혁신적 기술개발을 위해서는 조직의 구조와 운영 방식, 통제 방식 전반에 대한 재설계가 필요합니다. 부서 간 협업을 저해하는 사업부제 구조, 수직적이고 경직된 조직 운영, 단기 성과 중심의 통제는 창의성과 유연성을 가로막습니다. 전문성 기반의 기능조직, 팀 간 수평적 조정, 유연한 조직운영, 문화 중심의 통제를 통해, 조직이 구성원 간 협업과 지식의 연결을 촉진하는 혁신의 플랫폼으로 거듭나야 합니다.

기술 리더십을 회복하려면 조직이 바뀌어야 한다

"기업은 몸집이 커질수록 민첩성을 잃기 쉽고, 위기에 더 취약해집니다."

삼성전자는 그동안 비약적 성장을 통해 현재에 이르렀습니다. 그러나 지금의 삼성전자를 보면, 그 몸집이 오히려 발목을 잡는 걸림돌이 되는 듯 합니다. 의사결정은 느려지고, 부서 간 협업은 원활하지 않으며, 내부 시스템과 통제 방식은 구성원의 자율성과 창의성을 제약하고 있습니다. 이는 수직적 조직구조와 경직된 조직운영에서 비롯된 구조적 문제입니다.

전략이 기업의 두뇌라면, 조직은 전략을 현실로 구현하는 실행 메커니즘입니다. 아무리 훌륭한 전략도, 조직이 이를 제대로 실행하지 못하면 무용지물이 됩니다. 특히 시장과 기술이 빠르게 변화하는 환경에서, 조직의 유연성과 민첩성은 기업의 생존을 좌우하는 핵심 조건입니다.

삼성전자는 전 세계 76개국에서 27만 명이 일하는 초대형 조직으로, 다양한 사업부문이 서로 다른 시장, 기술, 고객을 상대합니다. 이런 환경의 동태성, 다양성, 복잡성에 대처하기 위해서는 조직의 설계와 운영이 무엇보다 중요합니다. 그러나 현실은 그렇지 못합니다. 사업부제 중심의 조직구조, 수직적이고 경직적인 조직운영, 단기 성과 중심의 통제 방식 등과 같은 요소가 민첩하고 유연한 환경 대응에 부정적 영향을 미치고 있습니다.

이 장에서는 삼성전자의 조직구조, 조직운영, 조직통제 방식을 자세히 분석합니다. 그리고 왜 지금의 방식이 한계에 도달했는지, 어떤 대안이 가능한지를 함께 살펴보고자 합니다. 조직이 단순히 효율을 위한 틀을 넘어서, 창의성과 협업을 이끄는 플랫폼이 되기 위해 무엇을 바꿔야 할까요? 거대한 조직이 민첩하게 움직이려면, 어떤 조건이 필요할까요? 이 장에서는 그 해답을 찾아보려 합니다.

1 현황과 과제

조직이 커질수록 조직설계가 기업의 성공과 실패에 큰 영향을 미치게 됩니다. 기술과 시장의 급속한 변화에 효과적으로 대응해야 하는 삼성전자에는 조직의 유연성과 민첩성, 구성원의 창의성이 발휘될 수 있는 조직을 어떻게 만들 것인가 하는 것이 중요한 과제입니다. 이 장에서는 조직을 구조, 운영, 통제의 세 가지 측면에서 분석하고자 합니다.

• 삼성의 주요 조직단위와 사업 분야

삼성은 아주 큰 조직입니다. 76개 국가에 사업장이 있으며, 직원 수는 약 27만 명(국내 13만, 해외 14만 명)에 달합니다. 〈그림 1〉에서 보듯 다양한 사업 분야와 복잡한 조직단위로 구성되어 있습니다.

그림 1 삼성전자의 조직도(2024. 12월 말 기준)

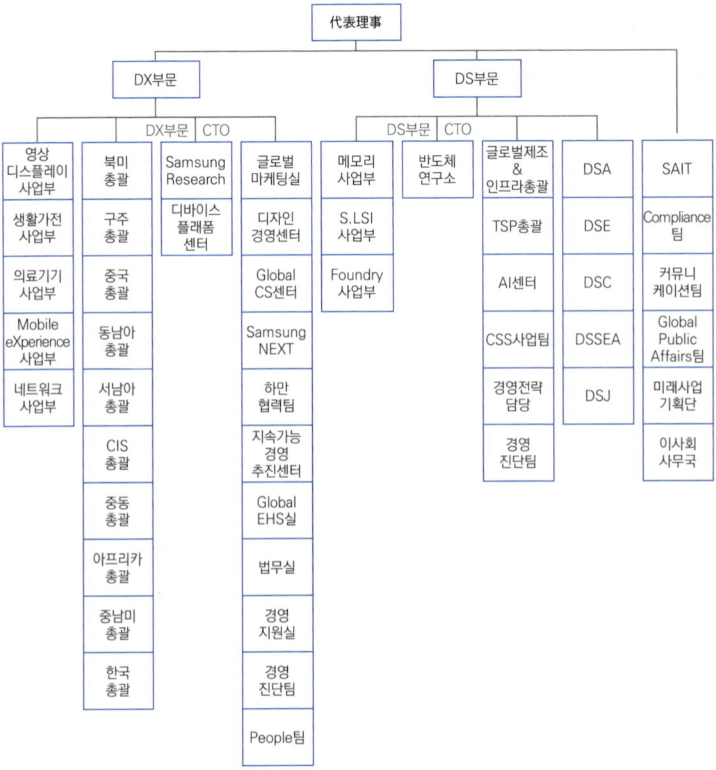

자료: 삼성전자 주주총회소집공고, 2025. 2. 18.

• 기업의 규모와 조직설계의 중요성

기업 규모가 커질수록 '조직'의 중요성이 커집니다. 스타트업처럼 규모가 작을 때는 경영자의 역량과 개인의 자질이 성과에 더 큰 영향을 미치지만, 조직이 커지면 의사소통, 역할 분담, 권한과 책임, 의사결정, 부서 간 협력 같은 문제가 복잡해지고, 그 해결 여부가 성과를 좌우하게 됩니다. 실제로 대기업 쇠퇴의 원인을 분석한 많은 연구에서 조직의 관료화가 공통적으로 지적되는데, 이는 조직 규모가 커질수록 관료화되기 쉽고, 그로 인해 활력이 떨어지고 환경 적응력이 약화하기 때문입니다.

더불어 사업영역이 많아질수록 조직설계가 중요해집니다. 자원 배분의 우선순위를 정하고 자원 공유 때문에 시너지를 창출하기 위해서는 사업 분야 간 조정, 협업과 같은 조직 문제가 중요해지기 때문입니다. 하버드경영대학원의 연구에 따르면, **멀티비즈니스 기업에서는 개별 사업의 특성보다 조직설계가 성공에 더 큰 영향**을 미칩니다.[1]

조직이론에서는 조직규모가 작으면 빠르고 민첩한 의사결정이 가능하고, 환경 변화에 유연하게 대응할 수 있으며, 구성원의 자율성과 조직 활력이 높아질 수 있다고 합니다. 반면 규모가 커질수록 조직이 관료화되어 의사결정이 느려지고, 환경에 민첩하게 대응하기 어려우며, 구성원의 창의성 발휘가 힘들다는 단점이 있습니다. 따라서 대기업의 공통된 고민은, 규모의 이점을 살리면서도 유연성과 창의성이 살아 있는 조직을 어떻게 구현할 것인가입니다.

큰 조직이며 다양한 비즈니스를 영위하는 멀티비즈니스 기업으로서 삼성도 동일한 과제에 직면하고 있습니다. 저의 분석에 의하면, 삼성은 경쟁 기업보다 조직 문제가 두드러지며, 이는 경쟁력 약화의 주요 원인으로 작용하고 있습니다. 아래에서 조직구조, 조직운영 및 조직통제라는 세 측면에서, 이 문제를 자세히 살펴보겠습니다.

조직구조: 혁신을 저해하는 사업부제 조직

• 삼성의 사업부제 조직 진단

〈그림 1〉에서 삼성은 전형적인 사업부제 조직을 채택하고 있습니다. 조직이 커지고 사업 분야와 제품 수가 많아질수록 기능식 조직은

한계가 있습니다. 조직의 복잡성이 커지고, 부문/부서 간 조정이 어렵고 의사결정이 지연된다는 문제가 있습니다.

이러한 문제를 완화하기 위해 고안된 것이 사업부제 조직입니다. 사업부제 조직은 사업 분야 별로 독립적인 조직단위를 구성, 운영하므로 ① 의사결정의 분권화를 바탕으로 환경 변화에 빠르고 유연한 대응이 가능하고, ② 사업부 내 부서 간 협력을 통해 혁신이 촉진되며, ③ 사업부에 대한 성과평가가 쉽다는 장점이 있습니다.

그러나 삼성의 사업부제는 앞의 세 장점 중 ③의 이점만 나타납니다. ①과 관련해서는, 파트-그룹-팀-실-사업부(-부문-그룹본부)로 이어지는 보고 및 의사결정 라인이 수직적, 경직적으로 유지, 운영되고 있어 환경 변화에 민첩한 대응이 어려운 구조입니다.

②에 대해서는, 부서 간 지나친 경쟁으로 정보 공유나 협력이 효과적으로 이루어지지 못합니다. 혁신적인 프로젝트일수록 수평적 조정과 협력이 중요한데,[2] 지금처럼 지시-보고 중심의 수직적 통제가 강한 구조에서는 수평적, 자율적 협력이 어려워 혁신이 가로막힐 수밖에 없습니다.

학술적으로 사업부제 조직에 대해서는 평가가 엇갈립니다. 일각에서는 다양한 비즈니스를 효율적으로 운영할 수 있다는 점에서 이를 20세기의 가장 중요한 조직혁신으로 평가하지만,[3] 반대로 단기 성과에 치우쳐 장기적 혁신을 저해하며, 오늘날과 같은 불확실한 환경에서는 부적합한 '화석화된 조직'이라는 비판도 제기됩니다.[4]

기술혁신에 의한 장기적 경쟁력 확보가 중요한 비즈니스일수록 사업부제는 한계가 있습니다. 사업부 간의 경쟁은 기술과 지식의 융합을 어렵게 만듭니다. 여기에 기술 전문성이 부족한 사업부 총괄책임자general manager가 성과 중심의 단기적 의사결정을 내리면서, 기술

혁신이 정체되고 경쟁력도 떨어집니다. 특히 획기적 혁신breakthrough innovation은 서로 다른 지식과 기술의 창조적 결합을 통해 탄생합니다. 그런데 사업부제는 사업부 간 지나친 경쟁과 견제로 사업부 간 협력이 어렵습니다. 각 사업부에 존재하는 기술, 노하우, 자원, 인력이 사업부 내에서만 활용될 뿐 전체 조직의 성과를 위해 활용되지 못하는 것입니다.

• 마이크로소프트의 정체 원인

이런 문제를 잘 보여주는 사례가 스티브 발머Steve Ballmer 시대의 마이크로소프트MS입니다. 발머는 경영의 귀재라는 평가를 받던 사람입니다. 빌 게이츠가 경영 일선에서 물러나면서 가장 신뢰하는 친구였던 발머에게 MS의 경영을 맡겼습니다. 그러나 발머 시대(2000~2013)는 MS 역사에서 암흑기로 평가받습니다. 발머는 기업가치 5,000억 달러(2000년 초 기준)에 달하는 세계 1위 기업을 물려받았지만, 그가 퇴임할 때 MS의 기업가치는 2,390억 달러(2013년 말 기준)로 14년간 회사의 기업가치는 절반 이하로 추락했습니다(〈그림 2〉). 우수한 직원들이 대거 회사를 떠났으며, 전문가들도 MS를 '혁신능력을 상실한 공룡'에 비유할 정도였습니다. 추락의 근본 원인은 '사업부제 조직'과 경쟁 중심의 사내 문화에 있습니다.

〈그림 3〉에서 보듯, 발머는 사업부제 조직을 도입하고 사업부별 성과평가와 경쟁을 통해 조직의 생산성을 향상하려 했습니다. **성과 중심주의는 부서 간, 개인 간 평가에도 도입되어, 모든 조직과 인력이 상호 경쟁하는 분위기가 형성되었습니다. 이 때문에 각 사업부나 부서의 기술, 인력, 자원의 교류와 결합이 전혀 이루어지지 못했습니다.**

그림 2 MS 주가 추이: 발머 vs 나델라

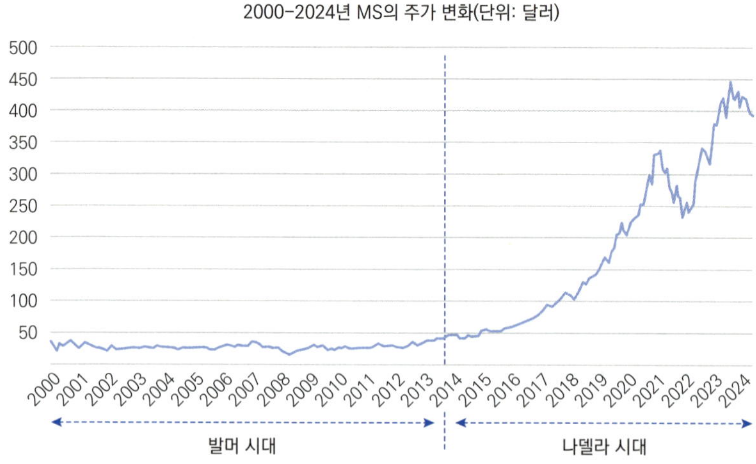

그 결과 PC에서 모바일로 기술 패러다임이 바뀌는 시기에 혁신과 비즈니스 기회 창출에 실패하였으며, 성장과 혁신이 정체되어 암흑기를 맞이한 것입니다(구체적인 내용은 부록 6장: '마이크로소프트의 조직구조, 운영, 통제 및 조직문화 비교: 발머 vs 나델라' 참고).

AI 시대가 본격화하면서 메모리의 주력도 고객 맞춤형 고사양 반도체인 HBM으로 바뀌고 있으며, 파운드리도 초미세 공정과 생태계의 중요성이 커지고 있습니다. 기술의 변곡점에서 삼성이 경쟁 열위에 처한 근본 원인은, 사업부 간·부서 간 경쟁과 단기 성과 중심의 조직운영이 혁신을 정체시켰기 때문입니다. 최근 삼성의 사업부제 구조와 조직운영 방식은 마치 발머 시절 MS를 떠올리게 합니다. 사업부 간, 부서 간 내부 경쟁과 수직적 보고 체계가 혁신을 가로막고, 민첩한 대응을 어렵게 만들었던 바로 그 시기 말입니다.

그림 3 스티브 발머 시절의 MS의 사업부제 조직

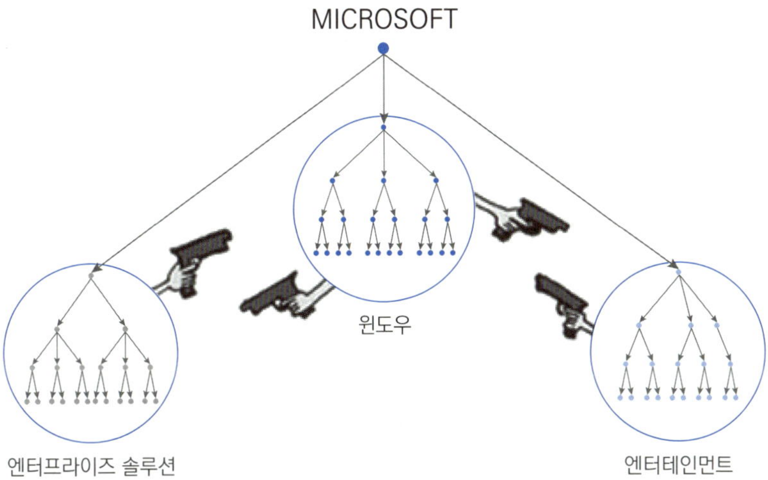

자료: BonkersWorld, 2011, http://www.bonkersworld.net/, 수정.

조직운영: 수직적이고 경직적인 조직운영

• 조직운영의 중요성

조직구조의 문제는 조직운영으로 보완할 수 있습니다. 조직 계층이 많아도 구성원의 자율성을 해치지 않거나 의사결정 권한이 필요한 곳에 위임되면 문제는 완화될 수 있습니다. 부서나 직책이 다른 구성원들이 과업 수행을 위해 협력한다면 조직화의 문제는 극복할 수 있습니다. 그러나 의사소통, 지식과 인력의 흐름이 공식 조직의 틀에 의해 좌우된다면 조직운영의 경직성은 피하기 어렵습니다.

환경이 안정적이고 업무 특성이 루틴한 경우(예를 들면 UPS의 화물 배송 업무), 공식 조직에 기초한 권한과 책임의 배분, 부서와 개인의 명확한 역할 구분은 조직의 효과적 운영을 가능하게 합니다. 그러나 환경 변화가 빠르고, 업무가 비정형적, 지식집약적 특성을 가지며 **기술이 경쟁력**

의 원천이 되는 기업은 유연하고 민첩한 조직운영이 필수적입니다.

일반적으로는 조직 내에서 역할과 책임을 명확히 구분하는 것이 조직관리의 기본으로 여겨집니다. 어떤 문제가 발생하면, 먼저 그것이 어느 부서의 책임인지부터 따지는 방식이 대표적입니다. 하지만 이러한 조직운영 방식은 환경이 안정적이고 업무가 단순·반복적인 경우에 적합한 모델입니다. 20세기 초 경영학이 태동하던 시기의 사고방식이 여전히 오늘날 많은 기업의 조직관리 방식에 영향을 미치고 있는 셈입니다.

삼성을 포함하여 우리나라 대기업은 모든 게 조직 중심입니다. 과업도 조직단위별로 독립적으로 이루어지며, 조직에서 자신의 보스가 누구인지 분명하고 지시-보고-통제가 조직도의 수직적 라인을 철저하게 따라서 이루어집니다. 저는 이를 경직적, 수직적 조직운영이라고 부릅니다. 메모리사업부를 예로 들면, 제조 부서는 어느 정도 수직적 조직운영이 필요하지만, 개발, 마케팅 등 기술개발이 중요하고 업무가 지식집약적 특성을 가지는 부문은 수평적이고 유연한 조직운영이 필요합니다.

환경 변화에 따라 조직구조를 계속 바꾸는 것은 현실적으로 쉽지 않습니다. 따라서 고정된 조직 경계나 계층에 얽매이지 않고, 필요할 때 유연하게 의사소통하고 협업할 수 있는 조직운영 방식이 중요합니다. 상황에 따라서는 구성원이 사업부장과 직접 소통할 수 있어야 합니다. 엔비디아에서는 중요하다고 생각하는 사안(Top 5 Things)이 있으면 누구든지 CEO인 젠슨 황에게 직접 이메일로 소통할 수 있습니다. 바로 유연한 조직운영의 모습입니다.

조직은 본래 목표를 효과적으로 달성하기 위한 수단에 불과합니다. 그런데 현실에서는 조직이 오히려 주인처럼 군림하며, 목표 달성을 가로막는 상황이 벌어지곤 합니다. 전 로마 가톨릭 수도회장이 바티칸의 관료제 개혁을 오랫동안 지켜본 끝에 뉴욕타임즈와의 인터뷰에서 이렇게 말한 바 있습니다. '당신이 구조를 바꾸는 대신, 구조가 당신을 바꿀 것이다.'[5]는 것이 이런 의미입니다. 조직이 수단을 넘어 목적화될 때 나타나는 병리적 현상을 정확히 짚은 말입니다.

• 조직운영의 문제점

삼성에서는 의사소통, 업무 흐름, 협력이 공식 조직의 틀 안에서 이루어집니다. 일의 완수를 위해 부서 간 협업이 필요한데, 조직이 업무 프로세스를 단절시킵니다. 계층과 조직단위에 따라 지시-보고 라인이 결정되며, 의사소통, 자원 공유, 과업의 지시와 보고는 이 라인을 따라서만 움직입니다. 조직운영이 획일적입니다.

수직적 조직운영도 문제입니다. 개발자가 개발보다는 보고 준비하는데 더 많은 시간을 쓴다는 푸념이 있을 정도입니다. 예전에 일보daily report라고 하루 단위로, 어떤 사안은 하루 두 번씩 보고(Nine to Nine, 아침 9시, 저녁 9시)하기도 했다고 합니다. '보고'가 강조되면, 형식에 신경을 쓰게 되고, 결과를 왜곡하거나 좋은 정보만 취합하는 경우가 흔히 발생합니다. 정보가 수직적, 수평적으로 잘 흘러야 좋은 조직입니다. 그런데 지시-보고-통제가 아주 강한 반면, 수평적 의사소통이나 협력은 막혀 있습니다.

수직적 조직운영은 목표가 명확하고 수단이 분명할 때 효과적입니다. 메모리에서 후발주자일 때 선두를 빨리 따라잡으려면 수직적 조직운영이 필요합니다. 목표와 해야 할 일이 분명하므로, 일사불란한 실행이 요구됩니다. 그러나 **혁신을 잘하려면 수평적 조직운영이**

중요해집니다. 혁신은 상사의 지시가 아니라 서로 다른 아이디어와 기술, 역량을 가진 구성원의 협업을 통해 탄생하니까요.

삼성이 경쟁력을 회복하려면 기술 리더십이 중요합니다. 그런데 삼성에서는 계층과 조직단위가 장애가 됩니다. 수직적인 조직 체계는 강하지만, 수평적인 의사소통과 협업은 취약합니다. **지식, 기술, 자원, 아이디어가 개별 조직의 벽을 넘어 서로 융합해야 하는데, 조직이라는 벽에 막혀 흐르지 못하고 있습니다.** 조직운영이 수직적이고 유연하지 못해서입니다.

조직통제: 성과통제와 행동통제를 적극 활용

부서나 구성원의 활동이 조직목표 달성을 위해 효과적으로 이루어지도록 담보하는 과정을 조직통제organizational control라고 합니다. '통제'라고 하면 부정적 뉘앙스를 풍기지만 조직통제는 조직목표 달성을 위한 여러 활동과 과정을 아우르는 개념입니다. 조직의 효과적 관리와 운영을 위한 필수적인 요소입니다.

조직통제 방식은 행동통제, 성과통제, 문화통제로 나눌 수 있습니다.[6] 행동통제는 구성원의 행동을 통제하려는 것으로 규칙, 절차, 상사의 지시와 감독이 대표적인 통제수단입니다. 성과통제는 목표를 구체적으로 설정하고 목표달성 정도에 의해 평가와 보상을 하는 방식입니다. 문화통제는 조직이 지향하는 가치를 구성원들이 공유함으로써, 자율과 신뢰를 바탕으로 간접적으로 통제가 이루어지도록 하는 방식입니다.

• **성과통제의 문제점**

삼성은 성과통제가 두드러집니다. 사업부별로 성과를 평가하고, 사업부 실적과 평가에 개인별 성과평가가 더해져서 초과이익성과급OPI, 목표달성장려금TAI이 결정됩니다. 임원 평가 역시 '목표관리제(MBO; management by objectives)' 방식에 따라 이루어집니다. 각 임원이 스스로 목표를 설정하고, 그 달성 수준에 따라 평가와 보상이 결정되는 구조입니다.

사업부제 조직에서 성과통제 방식은 불필요한 관리를 배제하고 객관적 성과에 의해 사업부장과 구성원을 평가, 보상하므로 조직통제가 객관적이고 간단하다는 이점이 있습니다. 그러나 현재의 조직통제는 다음과 같은 문제점이 있습니다.

(가) **단기 성과 위주로 평가가 이루어집니다.** 연도, 반기, 분기, 심지어는 월별로 성과에 대한 평가, 분석, 피드백이 이루어지므로, 조직활동이 당장의 성과에만 치우치게 됩니다. 사업부제 조직의 전형적인 취약점입니다. 특히 단기 성과 평가가 모든 조직단위를 대상으로 일률적으로 이루어집니다. 영업, 제조와 같은 활동은 단기 성과 평가가 효과적일 수 있지만, 개발, R&D와 같은 활동을 단기적 결과만으로 성과를 평가하기 어렵습니다.

임원도 매년 MBO에 의해 평가받습니다. 특히 임원은 고용이 보장되지 않는 1년 계약직 신분이므로 평가에 대한 압박이 큽니다. 그러므로 결과가 불확실한 도전과제나 1년 이상이 필요한 개발 과제는 추진되지 않습니다. 1년 이내에 결과가 나오는 개발 과제나 원가절감 등 결과가 확실한 과제에만 집중하게 되는 구조입니다.

임원이 성과에 대한 압박이 크기 때문에, 부하 직원에 대한 평가도 단기실적에 초점을 두고 이루어집니다. 게다가 임원들 간에도 경쟁이 치열해서 부서 간 협업이 이루어지기 힘듭니다. 임원 MBO처럼 단기 성과 중심의 조직통제 방식으로 인해 중요한 개발 과제가 뒤로 밀리거나, 문제를 드러내지 않고 성과를 포장하거나, 부서 간 협업 위축과 같은 상호 연계된 문제점이 나타납니다('임원 MBO 평가의 문제점' 참고). 인터뷰에서도 많은 응답자가 혁신이 정체된 주요 원인으로 임원 MBO 같은 단기 성과 평가를 지목합니다.

"조직이 단기실적 맞추기 위해 돌아갑니다. 임원이 자기 MBO 달성해야 하니 부장, 과장도 단기실적으로 쥡니다. 2~3년 걸리는 개발은 아예 시도조차 하지 않습니다. 1년 이내에 결과가 나오는 개발에만 매달립니다."

"개발이 미래지향적이지 않습니다. 제품경쟁력을 개선하기보다는 MBO에 맞추려고 보여주기식 성과에만 초점을 둡니다. 문제점은 드러내지 않고, 좋은 점만 보고하는 문화가 만연합니다. 숨길 수 있을 때까지 감추다 보면, 문제는 나중에 터지게 되고 원점에서 다시 개발하는 일이 발생합니다. 기술개발이 정체될 수밖에 없는 구조입니다."

"모든 업무가 임원 MBO 달성에 초점이 맞춰져 있습니다. 단기실적에만 초점을 두다 보니, 신규 사업, 혁신제품, 시장개척에는 매우 소극적입니다."

임원 MBO 평가의 문제점: 1년 단위의 실적(개별 실적) 달성 평가

- 단기 과제에 집중 → 장기 과제, 혁신과제는 추진이 안 되거나 지연됨
- 근본적인 문제 해결보다는 당장 드러나는 성과(결과)에 초점
- 문제를 투명하게 드러내서 해결하기보다는, 숨기거나 축소하려는 경향이 만연
- 직원 평가도 단기실적에만 집중
- 임원, 직원 모두 성과에 대한 압박과 경쟁의식 심화
- 개별 실적 중심 평가, 임원 간 경쟁으로 부서 간 협업 저해

(나) **부서 간 구성원 간 경쟁의식이 강합니다.** 사업부, 관리자, 직

원에 대한 차별적인 성과통제가 과도해서 단위 조직과 관리자 간에도 경쟁의식이 팽배합니다. 만약 개발이나 혁신이 개별 조직이나 구성원 개인의 노력만으로 가능하다면 큰 문제가 되지 않을 수 있습니다. 그러나 삼성의 기술개발은 대부분 부서 간, 구성원 간의 협업을 통해 이루어지기 때문에, 이러한 경쟁 분위기는 정보와 기술, 아이디어의 흐름을 막고 결과적으로 혁신을 저해하는 요인이 됩니다.

MS의 암흑기를 초래한 주요 원인으로도 발머 시절 도입된 상대평가 제도가 자주 언급됩니다. 실제로 그 시기에 근무했던 한 엔지니어는 부서 간, 동료 간 경쟁이 초래한 문제를 다음과 같이 지적하고 있습니다.

> "스택 랭킹이 MS의 혁신 역량을 불구로 만들었다. 경쟁을 통해 생산성을 높이려고 도입한 제도가 협업 분위기를 망쳐놨다. 직원들은 다른 IT 기업들과 경쟁하지 않았다. 대신 내부 동료들과 경쟁했다."
>
> "내가 MS에서 배운 것은 동료들이 내 등급을 앞지르지 못할 만큼의 정보만 제공하면서도 아무것도 숨기는 것이 없는 것처럼 예의 바르게 보이는 방법이었다."

• 과도한 행동통제

(다) 성과통제에 더해 **행동통제 방식도 폭넓게 활용**되고 있습니다. 행동 통제는 빈번하게 이루어지는 '보고' 문화를 통해 가장 뚜렷하게 나타납니다. 단순히 의사결정을 위한 보고뿐만 아니라, 부서나 개인의 업무 현황, 문제 발생 원인 분석, 지시 사항의 이행 상황, 회의 준비 등을 위한 각종 보고가 끊임없이 요구됩니다. 이 과정에서 직원들의 에너지가 소모되고, 실제 업무보다 보고서 작성에 더 많은 시간이

투입되는 일이 자주 벌어집니다. '개발자가 보고 준비하느라 개발할 시간이 없다'라는 푸념이 나올 정도입니다.

이처럼 행동 통제의 전형적인 방식인 보고 준비와 단계별 보고문화에 대해, 사티아 나델라는 자신의 자서전에서 다음과 같은 문제점을 지적하고 있습니다.

> 회의는 형식적이었다. 직원들은 회의실 안에서 모든 내용을 이해하고 있고, 자신이 가장 똑똑하다는 것을 다른 사람들에게 증명해야 했다. 회의 전에 모든 요소가 완벽하게 정리되고 구체적으로 계획돼야 했다. 직급을 뛰어넘는 회의는 열기 어려웠다. 직급이 높은 사람이 몇 단계 아래 직급에 있는 사람의 에너지나 창의성을 활용하고 싶다면 그의 상사를 불러야 했다. 그렇게 계급이나 서열이 조직을 지배하면서 자발성과 창의성이 고통받았다.[7]

과도한 행동통제는 조직이 커지면서 발생하는 관료화의 문제점입니다. 조직이 관료화되고 행동통제가 많아지면 구성원의 자율성과 창의성은 발휘되기 어렵고 조직 활력과 직원의 사기는 저하됩니다. 그래서 이런 행동통제의 부작용을 완화하기 위해 성과통제를 활용하는 것입니다.

그런데 삼성에서는 성과통제와 행동통제가 동시에 활용되고 있습니다. 통제 과잉 상태라고나 할까요. 직원 대부분이 지식근로자인데, 행동 통제가 많아지면 조직에 대한 긍지나 소속감이 떨어지기 마련입니다. 인터뷰 과정에서 예전에 삼성의 직원들에게서 느꼈던 자긍심이나 조직에 대한 소속감이 현저히 낮아졌다는 것을 알 수 있었습니다. 이런 상황은 직원들이 성과급에 민감하게 반응하고 경쟁사나 해외 기업으로 빈번하게 이직하는 현상과 맞물려 있습니다.

"보고가 너무 많아요. 상사마다 스타일이 달라서 여러 번 수정을 반복합니다. 위에 올라가면 이거 고쳐라, 저거 바꿔라 하니까요. '보고서 만드느라 개발을 못 한다'라는 우스갯말도 있습니다."

"보고문화의 가장 큰 문제는 실무자의 의견이 반영되지 않는다는 점입니다. 보고받는 사람의 생각이나 취향을 반영하여 보고하다 보니, 실무자의 의견이나 창의적인 아이디어는 제시할 기회가 없습니다."

요약하면, 성과통제는 혁신을 저해하고 있습니다. 조직 내 만연한 행동통제는 기술개발을 위축시킬 뿐만 아니라, 구성원의 소속감이나 자긍심을 해칩니다. 유능한 개발자의 이직이 잦습니다. 취업 선호도 설문조사 결과에서도 삼성의 위상은 예전과 같지 않습니다. 우수한 직원이 이직하고 예비 취업자가 선호하는 기업이 아니라는 점만으로도 삼성의 위기는 현실입니다. 이러한 위기에는 조직구조, 조직운영, 조직문화와 같은 요소가 큰 영향을 미치고 있습니다.

2 미래 발전을 위한 제안

앞에서 현재의 조직구조, 조직운영, 조직통제 방식의 문제점이 삼성의 경쟁력 저하에 어떻게 영향을 미쳤는가를 살펴봤습니다. 각 문제에 대해 제가 생각하는 대안은 아래와 같습니다. 네 가지 대안은 서로 밀접하게 연결되어 있습니다. 지금부터는 각 대안을 하나씩 살펴보면서, 이들 간의 유기적인 관계에 대해서도 함께 논의하겠습니다.

- 조직구조(조직화): 전문성에 기반한 기능식 조직
- 조직의 경계에 구애받지 않는 유연한 조직운영
- 조정 방식의 전환: 팀 간 수평적 조정
- 성과통제와 행동통제에서 문화통제로 조직통제 방식의 전환

사업부제 조직에서 기능 중심 조직으로의 전환

사업부 내에 혹은 사업부별로 흩어져있는 여러 기능을 통합하여 기능과 기술 중심의 조직화 방식을 제안합니다. 필요에 따라 제품조직과 기능(기술) 조직이 병존하는 혼합형 조직이나 매트릭스 조직도

가능합니다. 이 경우 제품조직은 독립적인 손익평가 단위가 되는 사업부와 같은 형태가 아니라 제품에 대한 책임과 조정을 담당하는 조직이 되어야 합니다. 그래야 단기 성과에 연연하지 않고 장기적인 관점에서 전문성과 역량을 강화할 수 있으며, 기능부서 간 협력이 원활하게 이루어질 수 있기 때문입니다. 아래에서 그 이유를 좀 더 자세히 설명하겠습니다.

기업은 사업 분야가 많아지면 보통 기능 중심에서 사업 중심으로 조직화 방식을 바꿉니다. 그러면 개발, 제조, 마케팅 같은 기능부서는 각 사업부로 분산됩니다. 사업부제 조직은 사업부별로 자율 경영이 가능하고, 경영자는 사업부의 성과평가를 통해 대규모 조직을 관리하기 쉽다는 장점이 있습니다. 그런데 사업부제는 단기 성과를 중시하고 사업부 간 성과 경쟁으로 협업이 어렵다는 단점이 있습니다. 특히 이런 문제는 장기경쟁력이 중요하고 혁신을 위해 부문 간 협력이 필요한 기술기업에게는 치명적 단점으로 작용합니다.

• 기능 중심 조직 사례: 애플

그래서 우리가 잘 아는 몇몇 기술기업은 이론과는 다르게 기능식 조직을 고집하고 있습니다. 애플이 좋은 사례입니다. 잡스가 애플에 다시 복귀할 즈음(1998년) 애플은 매킨토시 PC, 정보기기, 서버와 같이 제품별로 사업부제 조직을 택하고 있었습니다. 잡스는 회사에 복귀하자마자 사업부의 운영과 성과를 책임지는 총괄관리자general manager를 모두 해고하고, 사업부별로 운영되던 기능부서들을 기능조직으로 통합했습니다(〈그림 4〉).

애플의 경쟁력 회복을 위해 가장 중요한 것은 혁신적인 제품의 개

그림 4 사업부제 조직에서 기능식 조직으로 변화(애플, 1998년 잡스 복귀 후)

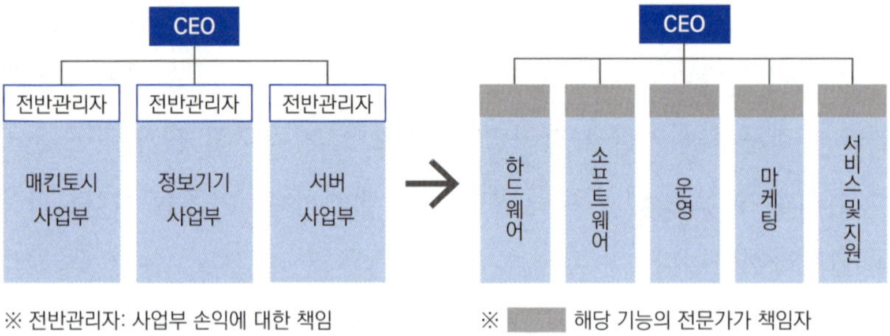

발이며, 혁신을 위해서는 (가) 각 기능부서의 전문성이 우선해야 하며(흩어진 기능부서들을 하나의 기능조직으로 통합), (나) 이러한 기능부서들이 단기 성과에 얽매이지 않고 전체 조직의 이익을 위해 상호 협력해야 한다(사업부의 폐지)는 신념에 기반하고 있습니다. 조직은 전문성에 기반해야 하며, 각 사업부가 별도의 손익계산 단위가 아니라 조직 전체가 하나의 통합된 손익계산 단위가 되어야 한다는 생각을 실행에 옮긴 것입니다.

그렇다면 예전보다는 훨씬 덩치가 커지고 다양한 사업을 영위하는 현재의 조직구조는 어떨까요? 놀랍게도 여전히 기능식 조직을 유지하고 있습니다. 1998년에 비하면 매출이 50배 이상 늘어났고, 인력의 수도 약 20배 이상 증가했는데도 말이죠. 애플의 수석부사장들은 제품이나 서비스를 담당하는 것이 아니라 디자인, 하드웨어 엔지니어링, 하드웨어 기술, 소프트웨어, 마케팅, 영업 등과 같이 기능부서를 담당하고 있으며, 개발부터 영업에 이르기까지 조직의 전 과정을 관장하고 회사의 손익에 대해 책임지는 사람은 최고경영자인 팀 쿡이 유일합니다.

애플에서는 독립적으로 운영되는 사업부도 없고, 사업부의 성과에 따라 평가받는 총괄책임자도 존재하지 않습니다. 스탠포드대 교수를 역임한 조엘 포돌니Joel Podolny 애플대 학장은 하버드 비즈니스 리뷰에 실린 논문에서 애플이 성공한 원동력 중 하나로 기능식 조직의 채택과 그 효과적 운영을 들고 있습니다.[8]

• 기능 중심 조직 사례: 마이크로소프트, 엔비디아

MS를 다시 세계 최고의 기업으로 이끈 CEO 사티아 나델라 역시, 취임 이후에 사업부별로 분산되어 있던 연구개발, 마케팅 조직을 통합하는 등 기능 중심으로 조직구조를 혁신했습니다. 그래서 제품이나 서비스 부문과 기능부서가 병존하는 혼합형 조직 혹은 부분적으로는 매트릭스 조직 형태로 조직을 운영하고 있습니다. 이는 사업부간 경쟁 구조를 완화하고, 기능조직의 전문성과 부서 간 협업을 강화하려는 전략적 조치였습니다.

엔비디아도 손익평가 단위가 되는 독립적인 사업부는 존재하지 않습니다. 조직은 기술(하드웨어, 소프트웨어, GPU 엔지니어링, 컴퓨팅, 칩 설계, 시뮬레이션 기술 등), 기능(운영, 재무, 마케팅, 영업, 사업개발, 공급망 등), 제품(GeForce, 네트워킹제품, 옴니버스 등) 단위로 구성됩니다. 기술, 기능 부서는 기술 전문성과 핵심 역량을 강화할 수 있도록 조직화 되어 있습니다. 제품부문은 해당 제품에 대한 개발, 성능 향상, 시장 개발, 제품 관련 활동의 조정 역할을 담당하며, 손익평가 단위가 되는 사업부와는 다릅니다.

신제품 개발과 같은 과업은 여러 부서의 인력이 협업하는 프로젝트팀에서 수행됩니다. 이를 통해 전문성을 융합하고 조직의 민첩성을 높입니다(〈그림 5〉). 따라서 공식 조직이 과업 수행의 단위가 되는

그림 5 엔비디아의 조직구조와 운영

기능/기술/제품별 조직화

- 전문성과 핵심 역량 강화
- 기능의 통합으로 효율성 제고
- 제품부서는 손익평가 단위가 아님

\+

프로젝트팀 중심의 과업 수행

- 소속부서에 얽매이지 않는 협력
- 임시 조직으로 민첩한 환경 대응
- 원팀 문화, 수평적 문화에 기여

것이 아니며, 지시-보고-통제로 이어지는 지휘계통으로 기능하지 않습니다.

그러나 기능식 조직은 규모가 커질수록 조직의 복잡성이 커지고, 부서 간 조정이 어려우며, 의사결정이 지연된다는 단점이 있습니다. 그러므로 **기능식 조직을 효과적으로 운영하기 위해서는 부서에 얽매이지 않는 유연한 조직운영이 필요**합니다. 조직의 조정 방식도 계층적 통제(하이어라키, hierarchy)에서 벗어나, 수평적이고 자율적인 상호 조정 방식으로 전환되어야 합니다. 이와 관련한 구체적인 내용은 이어지는 '유연한 조직운영'과 '조정 방식의 전환'에서 자세히 살펴보겠습니다.

유연한 조직운영

기능식 조직이 효과를 발휘하려면 유연한 조직운영이 필수적입니다. '유연하다'라는 것은 조직의 계층이나 부서와 같은 조직의 경계boundary에 구애받지 않고 의사소통과 협력이 이루어지는 것을 의미합니다.[9] 환경 변화가 빠르고 일의 성격이 복잡할수록 부서 간 혹은 조직 계층에 얽매이지 않는 협력이 필요합니다. 〈그림 6〉에서 (a)는 조

그림 6 두 가지 조직운영 방식

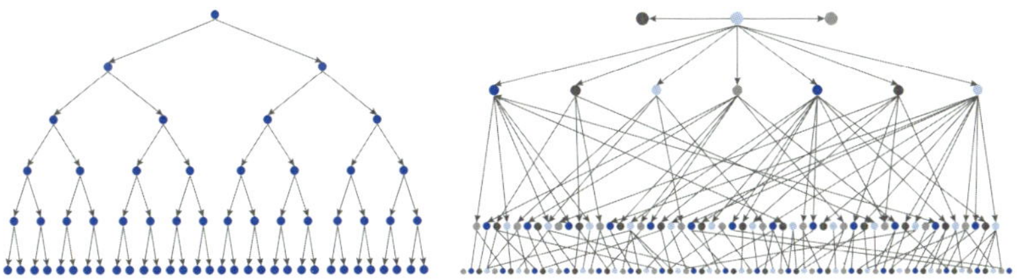

자료: BonkersWorld, 2011, http://www.bonkersworld.net/.

직의 계층이나 소속에 얽매인 경직적인 조직운영, (b)는 소속부서나 계층과 관계없이 의사소통과 협력이 이루어지는 유연한 조직운영 방식을 나타냅니다.

니토-로드리게스Nieto-Rodriguez는 '프로젝트 경제'project economy의 부상을 강조하며, 기업 운영도 프로젝트 중심으로 전환되어야 한다고 주장합니다.[10] 그는 20세기 생산성 향상의 핵심 요인으로 수직적 조직화를 들지만, 21세기 들어 환경 불확실성이 높아지면서 이 구조가 오히려 생산성 정체를 초래했다고 분석합니다. 오늘날 기업 과업의 80% 이상이 프로젝트 성격을 띠는 만큼, 민첩한 환경 대응을 위해 '프로젝트 주도형 조직'으로의 전환이 필요하다고 강조합니다.

• 유연한 조직운영 사례: 애플, 마이크로소프트, 엔비디아

애플의 기능 중심 조직이 효과적으로 작동하는 배경에는 리더십에 대한 독특한 기준이 있습니다. 애플은 리더에게 ① 맡은 분야에 대한 전문성과 디테일, ② 다른 부서와 소통하고 협력하려는 태도를 동시에 요구합니다. 이 중 하나라도 부족하면 리더가 될 수 없습니다.

그림 7 애플의 기능식 조직과 유연한 조직운영

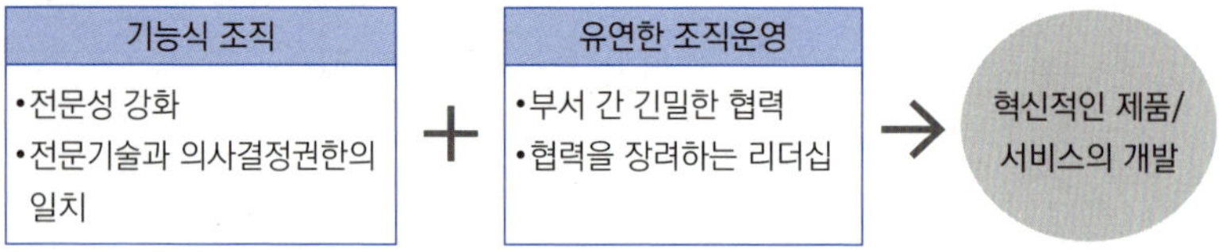

이는 어떤 기능 부서도 단독으로 제품을 완성할 수 없기 때문입니다. 실제로 아이폰의 인물 모드가 포함된 듀얼 카메라 개발에는 40개 이상의 전문가팀이 협업했다고 합니다.[11] 따라서 애플에서 기능식 조직이 혁신적 제품개발에 기여하기 위해서는 유연한 조직운영이 필수적입니다(〈그림 7〉).

나델라가 MS의 CEO로 부임해서 역점을 둔 것이 부서 간 협업입니다. 기능조직의 통합으로 인력과 자원을 통합하여 전문성을 강화했습니다. 더불어 클라우드, AI, 오피스365, 개인 컴퓨팅 등 사업부 간 경쟁을 억제하는 한편, 융합과 협업을 통해 혁신을 촉진하고 신사업을 발굴하는데 조직운영의 초점을 두었습니다. 제품조직과 기능조직은 병존하지만, 조직의 경계가 프로젝트의 진행이나 협력에 장애가 되지 않도록 한 것입니다. 희소한 자원의 효과적 활용과 혁신이라는 두 가지 목적을 함께 달성한 것입니다.

엔비디아에서는 많은 일이 프로젝트 단위로 이루어집니다. 신기술이나 제품개발, 시장 개척 등을 위해서는 다양한 전문성과 기술을 가진 사람들이 함께 필요하기 때문이죠. 프로젝트 대부분이 이처럼 단위 조직의 울타리를 벗어나 이루어집니다.

그래서 엔비디아는 '우리 회사에는 조직도가 없다. '미션이 보스다'(There are no organization charts; the mission is the boss)라고 자신

있게 말합니다. 프로젝트 책임자는 'PIC'Pilot-in-Command라 불리며, 이는 마치 비행기의 조종사처럼 임무 수행을 주도하는 역할입니다. PIC 역할은 직급과 관계없이 가장 적합한 사람이 맡습니다. 보스가 따로 있는 게 아니라 미션이 보스라는 조직운영 철학에 기반하고 있기 때문입니다.[12]

• 유연한 조직운영을 위한 제안

유연한 조직을 위해서는 조직에 대한 관점을 바꾸어야 합니다. 조직단위는 유사한 전문성과 기술, 기능을 가진 사람들이 모인 인력의 저수지이며, 전문성과 역량 개발을 위한 단위입니다. 일은 서로 다른 부서의 사람들(서로 다른 기술, 지식, 역량, 경험, 관점을 가진 사람들) 간의 협업을 통해 이루어집니다.

기본 조직 단위는 있지만, 많은 일이 다양한 프로젝트를 통해 수행되는 구조입니다. 기능 부서 책임자(관리자)는 인력을 동기부여하고 직원이 역량을 개발하도록 지원하는 역할을 해야 하며, 일을 지시하고 통제하는 보스가 되어서는 안 됩니다. 환경 변화가 빠르고 혁신이 중요한 기업은 전문성에 기반하면서도 수직적, 수평적으로 유연한 조직운영이 필요합니다.

자원 배분이나 인사권을 상사가 독점할수록, 지시-소통-보고 체계가 회사의 조직도를 따라 움직일수록, 업무가 주로 조직단위 내에서만 이루어질수록, 조직운영은 경직되기 마련입니다. 첫 번째 대안으로 제시한 기능 중심 조직(혹은 기능과 제품의 혼합형 조직이나 매트릭스 조직)이 잘 작동하기 위해서는 소속부서나 직급, 보고라인에 얽매이지 않는 유연한 조직운영이 필요합니다.

조정 방식의 전환: 팀 간 수평적 조정

• 두 가지 조정 방식: 하이어라키 vs 상호조정

삼성의 조직구조와 운영을 개선하기 위해서는 조정 방식의 전환이 필요합니다. 현재는 하이어라키(상사, 조직 계층)가 주된 조정 방법이며, 이는 수직적 계층 구조와 조직의 경직성을 초래하는 원인입니다. 대안으로 조직단위(팀) 간 수평적 조정 방법을 적극적으로 활용해야 합니다. 수평적 조정이 활성화되면 구조는 훨씬 평평해지고, 조직운영도 유연해집니다.

조직구조를 이해하려면 먼저 '조정'coordination의 개념을 살펴볼 필요가 있습니다. 조직구조는 일을 나누는 분업과, 나뉜 일을 다시 조율하는 조정이라는 두 축으로 구성됩니다. 즉, 목표 달성을 위해 업무를 나누고 조율하는 과정이 조직구조의 핵심이며, 구조는 이를 효과적으로 수행하기 위한 수단입니다.

그림 8 조정 방법 비교: 직접감독 vs 상호조정

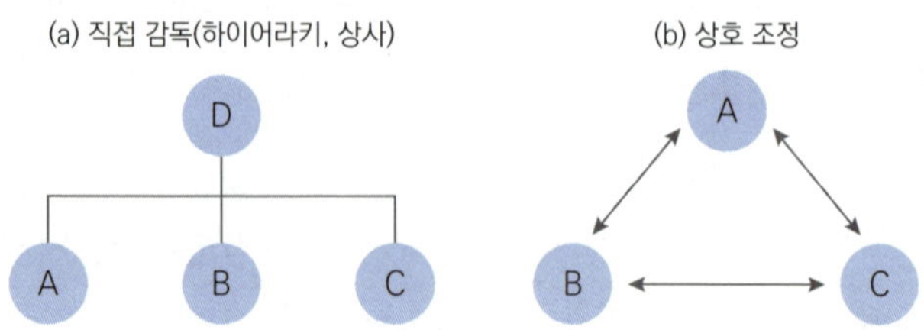

	(a) 직접 감독	(b) 상호 조정
조정 수단:	지시, 통제	수평적 비공식적 의사소통
적합한 업무:	정형화된 업무(단순 근로자)	지식 집약적 업무(지식근로자)
조직구조에 미치는 영향:	수직적, 경직적 구조	수평적, 유연한 구조
강점:	일사분란한 실행, 효율성	변화에 대한 적응. 민첩성, 창조성
효과적 상황:	• 대량생산 조직 • 안정적 환경 • 근로자의 전문성 낮음	• 혁신지향 조직 • 불확실한 환경 • 근로자의 전문성 높음

〈그림 8〉에서 보듯 대표적인 조정 방식에는 직접 감독direct supervision과 상호 조정mutual adjustment이 있습니다. 직접감독은 상사의 지시와 통제를 통해 업무를 조정하는 방식이고, 상호 조정은 구성원 간의 수평적이고 비공식적인 의사소통을 통해 업무를 조율하는 방식입니다.

단순한 차이처럼 보일 수 있지만, 조직이 두 방식 중 어떤 조정 방식을 택하느냐에 따라 조직구조와 운영 방식은 물론, 환경 적응력과 혁신 역량에도 근본적인 차이가 발생합니다. 관리 계층(하이어라키)에 의한 조정 방법을 주로 활용할수록, 계층이 늘어나 조직은 수직적으로 됩니다. 그리고 권한 계층이라는 공식적인 조정 방법을 활용하므로 조직운영의 경직성은 높아지고, 구성원의 창조성 발휘가 제약받습니다.

반면 조직에서 상호조정을 폭넓게 활용하면 계층이 줄어들어 조직구조는 평평해집니다. 상호 조정은 수평적 커뮤니케이션을 기반으로 하므로, 조직운영의 유연성을 높이고 구성원의 자율성을 강화하는 데 유리합니다.

상사(하이어라키)에 의한 조정은 계층 구조를 강화하고 의사결정 권한을 상층부에 집중시켜 일사불란한 실행에는 효과적이지만, 환경 변화에 민첩하게 대응하기 어렵고 구성원의 창의성 발휘도 제한됩니다. 따라서 단순하고 반복적인 과업에는 상사에 의한 조정이 효율적일 수 있지만, 업무가 지식집약적일수록 상호조정이 더 효과적인 방식입니다. 제조 부문은 하이어라키에 의한 조정이 어느 정도 필요하지만, 설계, 개발 업무는 상호조정이 효과적입니다.

• 상호조정의 장점

하이어라키에 의한 조정은 산업화 시대의 산물입니다. 근로자의 전문성이 낮고, 비교적 안정적인 환경에서 업무의 효율성과 일사불란한 실행이 중요한 제조업과 같은 대량생산 조직에 효과적인 방법입니다. 근로자의 전문성이 높고, 환경이 불확실하며, 혁신이 중요한 조직에는 적합하지 않습니다. 하이어라키에 의한 조정, 즉 상사의 지시와 통제에 의한 조정을 최소화하는 것이 민첩한 환경적응과 혁신에 효과적입니다.

또 하나 주목할 점은, **혁신처럼 복잡하고 역동적인 과업을 수행할 때는 위계적 통제보다 상호조정이 훨씬 더 효과적인 방식**이라는 점입니다. 〈그림 9〉에서 보듯, 업무가 매우 단순한 경우에는 자연스럽게 상호조정이 이루어집니다. 그러나 업무의 복잡성이 높아질수록 공식적 계층에 의한 직접감독은 비효과적이며, 오히려 상호조정이 가장 효과적인 조정 방식으로 작동합니다.

헨리 민츠버그Henry Mintzberg 교수는 인류 최초로 유인우주선을 달에 보낸 아폴로 11호 프로젝트를 예로 듭니다. 수천 명의 과학자와 전문가가 참여하고 각자의 역할과 책임을 아주 명확하게 나누었지만, 누구도 일의 전 과정과 시시각각 변하는 진행 상황을 정확하게 예측할 수 없었기 때문에, 임무의 완성은 결국 전문가들 사이의 비공

그림 9 업무의 복잡성에 따른 효과적 조정 방법

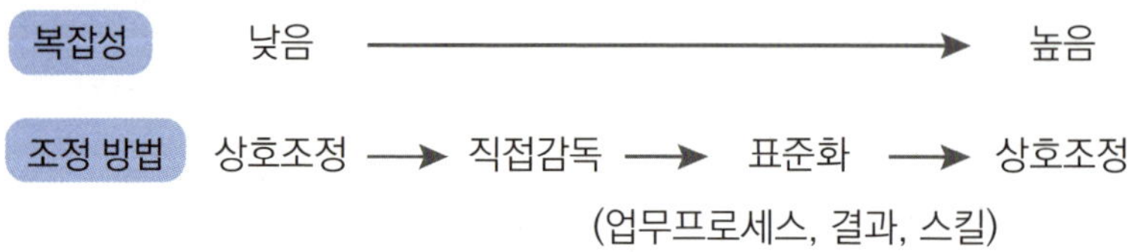

자료: Mintzberg(1979), p7.

식적 상호조정에 의존할 수밖에는 없었다는 것이죠.[13]

결국 달착륙 프로젝트의 최종적인 성공은 수평적 조정에 크게 좌우되었다고 할 수 있습니다. 조직에서 수행하는 혁신 프로젝트도 동일합니다. 하이어라키를 통한 조정은 혁신적 개발 프로젝트에는 부적합하며, 혁신을 촉진하기 위해서는 구성원 간, 조직단위 간 수평적 소통과 조정이 활성화되어야 합니다.

이상에서 논의한 상사(조직 계층)에 의한 조정 방식과 팀 간 수평적 조정 방식에 따른 전체 조직의 모습과 특징을 제시하면 〈그림 10〉과 같습니다. **환경 변화에 민첩하게 대응하고 혁신이 활발히 이루어지기 위해서는 하이어라키 대신 수평적 조정이 활성화**되어야 합니다. 이 제안은 조직 계층을 대폭 줄이거나 없애자는 데 초점이 있지 않습니다. 업무 특성에 따라 하이어라키에 의한 조정보다는(삼성전자는 워낙 큰 조직이므로 어느 정도의 조직 계층은 불가피합니다), 수평적 조정을 폭넓게

그림 10 하이어라키에 의한 조정과 팀 간 수평적 조정 방식 비교

하이어라키에 의한 조정	팀 간 수평적 조정
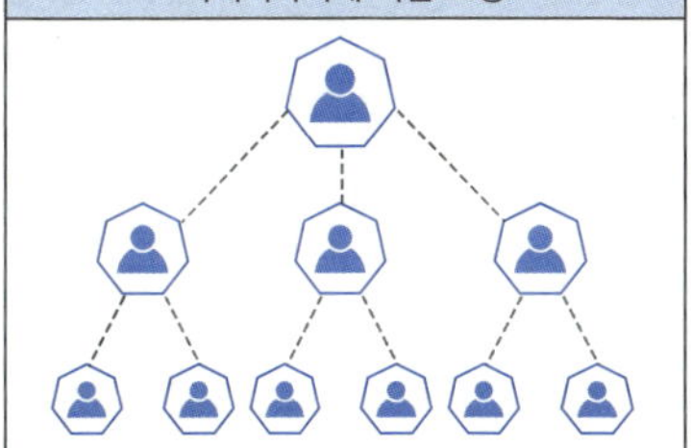	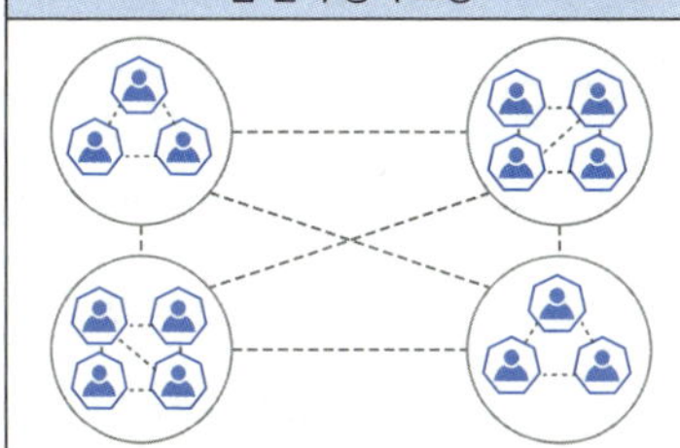
• 수직적 계층구조, 집중화된 의사결정 • 명확한 업무분장과 예측가능성 중시 • 하이어라키에 의한 조정 • 명확한 보고라인, 수직적 의사소통 • 규칙, 절차, 프로세스의 준수에 초점 • 안정적 환경, 성숙기 산업에 적합	• 평평하고 유연한 구조, 의사결정 분권화 • 유연한 업무 수행과 적응성 중시 • 협력과 수평적 조정 중시 • 직책, 소속에 구애받지 않는 수평적 의사소통 • 새로운 기회와 위협에 민첩한 대응에 초점 • 불확실하고 급변하는 환경, 성장 산업에 적합

활용하자는 것입니다.

이를 위해서는 우선 1~2계층 정도는 줄일 필요가 있습니다. 상사가 관장하는 조직단위의 수가 늘어날수록 직접적인 개입에 의한 조정이 물리적으로 어려워집니다. 자연히 수평적 조정을 활용할 수밖에 없습니다. 더 중요하게는 경영진과 관리자의 인식과 리더십 스타일, 조직문화의 변화가 필요합니다. 조직단위 간 업무 조정에 직접 개입하기보다는 수평적, 자율적 조정을 장려해야 합니다. 상사가 의사결정을 하는 방식이 아니라, 수평적 조정을 통해 의사결정이 이루어지도록 지원하고 후원하는 역할을 해야 합니다.

조직통제 방식의 전환: 문화통제의 활용

기술기업에서는 성과통제가 바람직하지 않습니다. 조직 간 칸막이를 형성하고 경쟁을 부추겨 혁신을 방해하기 때문입니다. 임직원의 단기 성과에 대한 집착과 조직 전반에 스며든 사업부, 부서, 임원, 직원 간 경쟁이 혁신을 저해하고 협력과 기업문화를 병들게 합니다.

행동통제도 마찬가지입니다. 경영자나 관리자의 스타일에 따라 차이가 있지만, 근래 삼성의 행동통제는 과도합니다. 조직 전반에 지시-보고-통제가 일상입니다. 지시 사항을 수행하거나 보고를 준비하는 데 많은 시간이 소요되면서, 구성원의 자율성은 과거보다 현저히 낮아졌습니다. 행동통제가 강화될수록 소속감과 일에 대한 열정은 떨어지고, 그 결과 인재들이 이직하거나 조직에 대한 냉소주의에 빠지게 됩니다.

• **문화통제 사례: 마이크로소프트, 픽사**

이제 오랫동안 유지해 왔던 성과통제와 행동통제 방식에서 탈피해야 합니다. MS의 재도약을 이끈 나델라가 경영자가 된 이후 주도한 개혁 중의 하나가 성과 관리 방식의 변화입니다. 전임 CEO 때는 사업부 간 부서 간 경쟁을 통해 생산성을 향상하려 하였고, 직원도 스택 랭킹stack ranking이라는 상대적 순위에 의해 평가, 보상했습니다. 나델라는 장기적 성장과 혁신에 초점을 두어 조직의 성과 관리를 바꾸었습니다. 특정 제품부문보다는 전체 조직의 성과를 우선하고, 팀 간 협업을 통한 성과 창출을 강조했으며, 개인 간 경쟁을 유발하는 스택 랭킹 제도를 폐지했습니다.

스티브 잡스도 애플로 돌아와 제품별로 나누어진 사업부를 폐지하면서, 애플에는 '전체 회사라는 하나의 손익계산 단위만 있으면 된다'라고 하였습니다. 잡스의 신념은 오늘날까지도 애플 조직에 계승되고 있습니다. 엔비디아에서는 이를 'one team 문화'라고 합니다. 원팀 문화는 모든 부서가 협업과 상호존중을 바탕으로 회사의 성공을 위해 하나의 팀으로 일한다는 의미입니다. 원 팀 문화에서 강조하는 요소는 다음과 같습니다.

- 협업: 부서 간 협업을 통한 문제해결 및 목표달성 중시
- 개방적, 수평적 소통: 투명하고 수평적인 소통, 아이디어의 자유로운 공유
- 다양성과 포용성: 창의적이고 혁신적인 아이디어의 원천
- 외부와 열린 협업: 고객, 파트너와 협력하여 엔비디아 생태계 확장

저는 삼성이 지향해야 할 조직통제 대안으로 '문화통제'를 제안합

니다. 문화통제는 통제의 수단이 성과 혹은 행동이 아니라 문화에 의해 구성원들을 통제한다는 의미입니다. 즉 지향해야 할 가치관을 전체 구성원들이 공유토록 하고, 이를 조직에서 실천하도록 하는 것입니다. 삼성이 지향해야 할 조직문화의 구체적 방향은 7장에서 제시하겠습니다.

• 성과통제와 행동통제를 완화하기 위한 방안

문화통제가 조직에 뿌리내리기 위해서는, 오히려 조직의 활력을 저해하는 성과통제와 행동 통제를 과감히 줄이는 것이 선행되어야 합니다. 현재의 성과통제와 차등 성과급 제도의 부작용을 줄이고, 더불어 주식보상 제도의 도입을 적극적으로 고려해야 합니다. 주식보상 제도는 단기 성과주의의 부작용을 완화하고 회사의 성장과 임직원의 이익을 일치시켜 회사에 대한 소속감을 높일 수 있다는 점에서 바람직합니다.

성과통제에 대한 대안을 정리하면 다음과 같습니다.

- 사업부제 조직에서 기능식 조직 혹은 기능과 제품의 혼합형 조직으로 변화
- 조직단위별 계량적 성과평가 완화 혹은 폐지(부서 성격에 따라 차별화)
- 조직단위별 차등 보상제도 폐지
- 임원 MBO 등 임직원에 대한 단기 성과 목표 폐지(필요 시, 중장기 성과 목표 운영)
- 직원 평가를 상대평가에서 피드백 중심의 절대평가로 전환
- 임직원에 대한 주식보상제도 도입

더불어 근래 강화된 관료주의적 행동통제를 과감하게 축소해야 합니다. 이를 위해서는 경영자 및 관리자의 인식과 리더십 변화가 필수적입니다. 행동통제를 완화하기 위한 저의 제안은 크게 ① 경영자, 관리자의 리더십과 역할 변화, ② 관료적 통제수단으로 작용하는 보고문화의 획기적 개선으로 나눌 수 있습니다.

한편, 문화통제가 정착되려면 시간이 소요됩니다. 그러나 경영자의 강력한 의지 및 실천과 더불어, 성과통제와 행동통제 방식의 과감한 변화가 함께 이루어진다면 회사의 일하는 문화는 빠르게 바뀔 수 있습니다. 이에 대한 상세한 논의와 구체적 실행 방안은 조직문화를 다루는 7장에서 통합, 제시하겠습니다.

조직이 초래하는 문제가 복합적이고 여러 요인이 서로 얽혀 있어서, 논의가 복잡해졌습니다. 분명한 것은 삼성이 조직구조, 조직운영, 조직통제의 각 부분에서 여러 문제점을 안고 있으며, 이러한 문제점이 삼성의 경쟁력과 직원의 사기 저하에 큰 영향을 미쳤다는 것입니다.

흔히 '조직에는 정답이 없다'라고 말합니다. 그만큼 현상과 문제가 복잡하게 얽혀 있고, 바라보는 관점에 따라 해석이 달라질 수 있다는 의미일 것입니다. 저 역시 문제의 원인에 대한 나름의 진단을 바탕으로, 구체적인 개선 방향을 제시하고자 했습니다. 이 부분에 대해 많은 분과 의견을 나누고, 함께 고민할 기회가 있기를 기대합니다.

이 장을 마치며

"유연하고 민첩하며, 자율과 신뢰의 문화를 갖춘 조직이 경쟁력을 만든다."

삼성전자는 다양한 사업 분야에서 전문성과 경험을 갖춘 인재들이 일하는 조직입니다. 이들의 기술, 역량, 전문성, 경험이 효과적으로 발휘되고 결합할 수 있다면, 엄청난 저력이 됩니다. 하지만 지금의 조직은 과연 그 힘을 제대로 발휘하고 있을까요?

이 장에서는 삼성전자의 조직을 구조, 운영, 통제라는 세 가지 관점에서 살펴보았습니다. 사업부제 구조는 수평적 협업과 지식의 융합을 어렵게 만들고, 수직적, 경직적 조직운영은 구성원의 조직의 유연성과 민첩성을 저해하며, 단기 성과 중심의 통제는 혁신의 동력을 약화하고 있습니다. 이 같은 문제는 규모 그 자체가 아니라, 커진 규모에 맞는 유연한 조직운영 체계를 갖추지 못한 데서 비롯됩니다.

조직구조의 개편과 더불어, 조직운영과 통제 방식의 전면적 재설계가 필요한 시점입니다. 조직의 경계와 계층에 얽매이지 않고 **기술과 지식이 자유롭게 흐르고 서로 융합할 수 있는 조직 환경**을 만드는 것이 핵심입니다. 이러한 조직 환경을 구현하기 위해서는 성과통제 방식에서 벗어나, 구성원의 자율과 몰입을 끌어낼 수 있는 문화통제 방식으로의 전환이 필요합니다.

조직은 전략을 실행하는 수단이며, 사람과 자원이 가치를 창출하는 플랫폼입니다. 이제는 속도보다 방향을, 효율보다 창의성을, 통제보다 자율을 중심에 두는 조직으로 전환해야 할 때입니다.

CHAPTER

7

조직문화

기술 중시 원팀 문화

기업의 혁신은 사람에게서 나오고, 사람을 움직이는 힘은 조직문화에서 비롯됩니다. 기술 리더십을 복원하고 미래 성장동력을 확보하기 위해서는 조직문화의 혁신이 필요합니다. 이 장에서는 '기술 중심 원팀 문화'를 그 방향으로 제시했습니다. 기술을 최고의 가치로 두고, 부서 간 경계를 넘어 하나의 팀처럼 협업하며, 실패를 포용하고 수평적 소통과 자율성을 통해 창의성과 혁신을 이끌어내는 문화입니다. 조직문화를 바꾸는 일은 결코 쉽지 않지만, 기업의 미래를 바꾸는 출발점입니다. 삼성전자가 다시 세계를 선도하는 기업으로 도약하려면, 변화는 문화에서부터 시작되어야 합니다.

사람을 움직이는 것은 시스템이 아니라 문화

"기업을 무너뜨리는 것은 시장의 경쟁자가 아니라, 스스로 만든 조직문화입니다."

기술과 시장의 변화가 그 어느 때보다 빠른 오늘날, 기업의 지속가능한 경쟁력은 단순히 제품이나 기술력만으로 설명할 수 없습니다. 사람과 조직, 그리고 그들이 공유하는 문화가 기업의 흥망을 결정짓는 요소가 되고 있습니다. 특히 기술기업에서는 조직문화가 혁신의 원동력이자 억제 요인으로 작용합니다. 혁신을 이끄는 것도 사람이고, 혁신을 가로막는 것도 사람입니다. 그리고 사람을 움직이는 것은 시스템이 아니라 문화입니다.

삼성전자는 뛰어난 실행력과 기술력을 바탕으로 세계 시장을 선도해왔습니다. 하지만 지금, AI 시대라는 거대한 물결 앞에서 삼성전자는 다시 자신을 돌아봐야 하는 갈림길에 서 있습니다. 과연 우리의 조직문화는 이 거센 변화에 부합하는가? 새로운 시대를 선도할 준비가 되어 있는가?

이 장에서는 삼성전자의 조직문화를 진단합니다. 성과주의, 수직적 통제, 실패 회피, 협업 부족, 폐쇄적 생태계 등 현 조직문화의 구조적 특징이 어떻게 혁신을 제약하고 미래 경쟁력을 약화시키는지 살펴볼 것입니다. 그리고 글로벌 기업들의 사례를 통해, 기술기업에 적합한 건강한 문화가 무엇인지, 삼성전자가 재도약하려면 어떤 문화적 전환이 필요한가를 제시하고자 합니다.

1 현황과 과제

이 장은 삼성의 조직문화를 살펴봅니다. 조직의 역사, 경영자의 의사결정과 리더십, 조직구조와 관리방식, 평가 및 보상시스템, 구성원 간 관계 등과 같은 다양한 요소가 조직문화 형성에 영향을 미칩니다. 어떤 기업이 얼마나 경쟁력이 있는가를 하나의 요소에 의해 평가한다면, 조직문화를 보면 됩니다. 조직문화가 경영의 많은 요인을 담고 있는 그릇이기 때문입니다. 여기서는 삼성이 개선해야 할 조직문화와 이러한 문화가 형성된 주요 원인을 살펴보겠습니다.

조직문화의 의의와 중요성

• **조직문화의 중요성**

조직문화는 구성원들이 공유하는 가치관과 신념의 체계입니다. 문화는 구성원의 사고방식, 태도, 행동 양식에 깊이 스며들어, 결국 기업의 혁신성, 협업 수준, 문제해결 방식 등에 큰 영향을 미칩니다. 따라서 기업 경쟁력의 바탕에는 조직문화가 있습니다. 특히 기술기업에서는 사람이 가장 귀중한 자원이므로 조직문화가 더 중요합니다. 기술개발은 관료적 행동통제로 성과를 보장할 수 없으므로, 건강한 조직문화의 중요성이 더욱 커집니다.

GE의 잭 웰치는 부임 초기 대대적인 구조조정을 단행했는데, 그 본질은 관료화된 조직문화를 바꾸는 데 있었습니다. 나중에 그는 조직문화의 변화를 통해 GE가 세계 최고의 기업이 될 수 있었다고 회고했습니다.[1]

픽사Pixar의 창업자이자 디즈니 애니메이션 스튜디오를 이끌었던 에드 캣멀Ed Catmull은 경영자의 가장 중요한 역할은 조직문화를 형성하고 발전시키는 일이라고 믿었고, 이를 경영에 일관되게 실천했습니다. 그가 픽사를 이끄는 동안, 토이 스토리와 벅스 라이프부터 인사이드 아웃에 이르기까지 픽사가 제작한 모든 애니메이션 영화가 흥행에 성공했습니다. 고위험·고수익 구조를 지닌 영화산업에서 이는 극히 이례적인 성과였습니다. 그는 '누구나 자신의 아이디어를 스스럼없이 얘기하고, 비판을 수용하며, 서로 협업하고 창의성을 발휘하는 픽사의 조직문화'를 성공의 원인으로 꼽았습니다.[2]

다시 설명하겠지만, 마이크로소프트 CEO인 사티아 나델라도 조직문화가 기업의 성공에 가장 중요한 요소라고 강조했으며, 조직문화 변화를 통해 MS의 재도약을 이끌었습니다. 오랜 전통을 가진 프로스포츠팀들도 예외는 아닙니다. 장기간 하위권에 머물던 팀이 새로운 감독(수석코치)의 부임 이후 갑자기 성적이 반등하는 사례는 드물지 않습니다. 이런 변화의 이면에는 예외 없이, 패배의식에 젖은 기존 문화를 혁신한 '문화 구축자'culture builder로서 감독의 리더십이 자리하고 있습니다.

• 하수의 경영, 고수의 경영

조직문화의 중요성을 길게 이야기한 이유는, 삼성전자의 현재 조직문화가 회사 경쟁력에 부정적 영향을 미치고 있다고 판단했기 때문입니다. 한국을 대표하는 세계적 기업임에도 불구하고, 근시안적 경영으로 인해 경영의 본질을 놓치고 있다는 인상을 지울 수 없었습니다.

저는 연구를 진행하면서 '삼성은 눈앞의 성과에 쫓기느라 조직문화를 돌보고 가꿀 여유가 없다'라고 느꼈습니다. 성과는 건강한 조직문화에서 비롯됩니다. 그러나 현재는 조직문화에 대한 관심보다는 성과 달성에 대한 부담이 앞서면서, 조직과 구성원 모두에게 과도한 압력이 가해지고 있습니다. 통제 중심의 문화, 경쟁과 단기 성과 중심의 문화가 이를 대변합니다.

〈그림 1〉에서 보듯, 경영의 하수는 눈앞의 성과에만 집착하며, 이를 끌어내기 위해 조직과 구성원에게 압박과 부담을 가합니다. 그 결과 역기능적 조직문화가 형성되고, 경쟁력은 하락합니다. 경영의 고

그림 1 하수의 경영 vs 고수의 경영

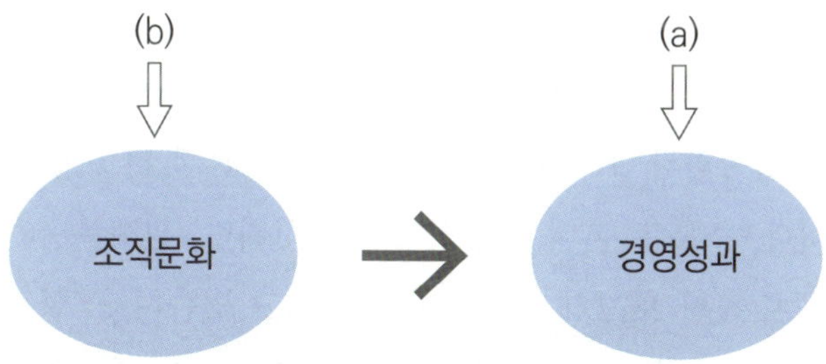

(a) 성과에만 초점을 두는 근시안적 경영
- 성과에만 매달리다 조직문화 훼손, 경쟁력 하락으로 경영성과 저하

(b) 조직문화에 초점을 두는 가치지향적 경영
- 건강한 조직문화를 구축해서 조직의 경쟁력을 높이고, 이를 통해 자연히 경영성과 향상

수는 건강한 조직문화를 만드는 데 초점을 둡니다. 그러면 자연히 조직의 경쟁력이 높아지고 경영성과는 향상됩니다. 결과를 초래하는 '원인'을 봐야 경영의 고수입니다.

젠슨 황은 누구보다 조직문화의 중요성을 잘 인식하고 있는 경영자입니다. 다음은 엔비디아의 홈페이지에 있는 조직문화 얘기입니다.

> "엔비디아는 학습 기계입니다. 엔비디아는 회사의 운영시스템OS으로 작동하는 독특한 문화에 의해 하나가 됩니다. 우리는 크게 꿈꾸고, 위험을 감수하며, 실수로부터 함께 배웁니다. 스피드는 성공의 핵심 요소며, 장인정신은 우리의 열정입니다. 우리 회사에 조직도는 없으며, 미션이 보스입니다. 이런 믿음이 우리가 하는 모든 일에 반영됩니다. 탁월한 제품설계에서 세상에서 가장 위대한 기업(사람들이 인생을 걸고 일할 수 있는 일터)을 구축하는 일에 이르기까지. (…) 우리는 누구도 풀 수 없는 문제에 과감하게 도전하는 원팀입니다."

삼성의 조직문화 진단

(1) 소통 단절과 부서 간 경쟁 문화

현재 삼성의 조직문화에는 몇 가지 구조적인 문제점이 나타나고 있습니다. **경영진과 조직구성원, 관리자와 직원 간의 소통이 원활하지 않습니다.** 소통은 본래 쌍방향이어야 하지만, 언제부턴가 일방적인 지시와 수직적 보고가 지나치게 강조되고 있습니다. 현장의 엔지니어 조직과 스태프 조직 사이에도 신뢰 부족이 누적되어 있습니다. 조직 내 소통이 막히다 보니, 구성원 사이에 쌓인 불만이 다른 방식으로 왜곡되어 표출되기도 합니다.

이런 점에서 신임 DS 부문장이 '신뢰와 소통의 조직문화를 재건하겠다'고 밝힌 것은 문제의 본질을 정확히 짚은 진단으로 평가할 수 있습니다.

> "지금 DS 부문은 근원적 경쟁력 회복이라는 절박한 과제에 직면해 있다. 이를 개선하기 위해 리더 간, 부서 간 소통을 강화해 소통의 벽을 제거해야 한다. 직급과 직책과 관계없이 안되는 것은 안 된다고 인정하고 도전할 것은 도전하며 투명하게 드러내서 소통하는 반도체 고유의 치열한 토론 문화를 재건해야 한다." (2024. 8. 1 삼성전자 사내게시판, 전영현 삼성전자 DS 부문장)

> "예전의 기술경쟁이 한 사람이 방향을 잡으면 나머지는 그에 따라 열심히 노를 젓기만 하면 되는 조정 경기라면, 현재는 모든 개발자가 함께 환경 인식하고 방향 전환하며 협력해야 하는 래프팅 경기인데, 회사는 여전히 조정 경기처럼 운영됩니다. 우수한 직원들이 그냥 시키는 일만 하는 상황입니다." (반도체 부문 엔지니어)

부서 간 경쟁의식이 과도합니다. 조직단위나 임원, 관리자, 구성원에 이르기까지 경쟁적 성과평가를 적용하므로, 부서 간 서로 견제하고 정보나 노하우를 공유하지 않으려는 분위기가 퍼져있습니다. 상황이 이렇다 보니 수평적 소통도 원활하지 않습니다. 기술개발을 위해서는 부서 간 협력이 중요한데, 경쟁의식으로 부서 간 협업이 원활하지 않아서 기술개발이 정체됩니다.

특히 기술기업에서 수평적 협력과 협업은 중요합니다. 애플은 다른 부서와 협력할 의지가 부족한 사람은 아무리 능력이 있어도 리더로 쓰지 않습니다. 엔비디아가 '원팀 문화'를 강조하는 것도 부서 간 협업을 촉진하기 위해서입니다.

"임원들은 당장 내년에 공급에 들어가야 자기 실적이 되니까 빨리하려고만 한다. 어차피 망가지는 건 후임자 때니까. 부서 간 장벽도 마찬가지다. 여러 부서가 함께 일할 때, 가능한 한 자기네 부서 문제는 계속 숨긴다. 그러다 다른 부서에서 문제가 생기면 '저것 때문에 안 된다'라면서 묻어가려고." (20년 반도체맨이 말하는 삼성전자 위기론, 딥다이브, 동아일보, 2024. 10)

(2) 통제 중심의 문화: 중앙집권적 통제와 마이크로경영

현재의 문화는 중앙집권적 통제 성향이 강합니다. 이는 경영자의 스타일에 큰 영향을 받습니다. 경영진의 과도한 통제로 인해 의사결정이 지연되고 책임을 회피하는 문화가 형성되었습니다. 경영진의 관여와 통제가 강해질수록 부서장의 권한은 약화됩니다. 이렇게 되면 부서장은 책임을 회피하기 위해 결정을 상위 계층으로 미루게 됩니다. 자연히 의사결정은 지연되고, 책임회피 문화가 만연하며, 구성원의 자율성은 더욱 약화됩니다.

특히 환경 변화가 빠르고 기술개발이 중요한 조직에서 상사가 업무 수행 과정을 통제할수록, 여러 가지 문제가 연쇄적으로 발생해서 조직의 환경 적응력과 기술혁신 역량이 저하됩니다('중앙집권적 통제의 문제점' 참고). 향후 차세대메모리 개발을 위해서는 기술혁신이 중요하다는 점을 고려할 때, 중앙집권적 통제는 미래 경쟁력에 부정적 영향을 미칩니다.

관련하여 조직이나 리더의 과도한 통제, 즉 '마이크로매니지먼트'micro-management가 심해졌다고 직원들은 느낍니다. 마이크로경영이란 상사가 직원의 업무에 과도하게 개입하고 통제하려는 관리방식을 뜻합니다. 자신이 직원보다 우월하다는 생각을 바탕으로 직원의 업무 수행 과정을 세밀하게 관찰하거나 보고하도록 하고, 상사가 모든 의사결정을 직접 하려는 특징을 가집니다.

중앙집권적 통제의 문제점(환경 변화가 빠르고 기술이 중요한 기업의 경우)

- 의사결정 속도 지연으로 환경 변화에 빠른 대응이 어렵다.
- 불필요한 보고, 승인이 많아져 업무 수행의 비효율성이 커지고 조직은 관료화된다.
- 중간관리자와 직원들이 책임을 회피하고 부서 간에도 책임 전가 분위기가 형성된다.
- 문제를 드러내서 해결하려고 하지 않고, 문제를 숨기는 데 급급해한다.
- 변화에 대한 유연한 대응이 어려워져서 혁신이나 신사업 추진이 정체된다.
- 탐험적 프로젝트의 추진이나 창조성 발휘가 힘들어져 조직의 혁신능력이 약화한다.
- 경영층과 현장의 소통 단절로 일선 조직이 무기력해진다.
- 인재들의 소속감, 사기가 저하되고 조직을 떠나게 된다.

이러한 경영 방식은 조직구성원의 자율성 발휘를 제한하고, 조직과 구성원의 관계에서 신뢰를 앗아갑니다. IT 전문가들을 대상으로 한 최근 연구에 따르면, 마이크로경영은 구성원들의 조직에 대한 몰입, 생산성, 사기에 부정적 영향을 미치고, 이직 의도를 높이는 것으로 나타났습니다.[3] 무엇보다 조직(리더)과 직원의 관계를 무너뜨리는 요인으로 작용하였으며, 전문성이 높은 직원일수록 이런 상사를 최악의 리더로 꼽았습니다.

요약하면, 기술기업에서 과도한 통제 중심의 문화는 구성원의 자율성과 창의성 발휘를 제약하여 기술개발에 부정적 영향을 미칠 뿐만 아니라, 조직과 구성원 관계를 해치는 핵심 요인입니다.

> "과거에는 개발 자율성이 보장되었지만, 최근에는 안 되는 이유를 먼저 찾는 분위기로 변했다. 설계팀의 자율성이 줄어들면서, 결정이 사장 레벨까지 올라가야 실행될 수 있다. 이는 개발 속도를 늦추고, 현장 엔지니어들

의 사기를 저하시킨다" (THEELEC. 20년 근무 삼성반도체맨이 말하는 삼성반도체의 위기, 2024. 10.7)

(3) 성과 제일주의 문화

성과 제일주의의 부작용이 큽니다. 성과를 중요시하는 것이 잘못이 아니라 결과에만 초점을 두고 성과에 의해서만 평가하려는 풍토가 문제입니다. 조직에서 성과는 여러 과정이 쌓여 드러나는 결과입니다. 성과에 영향을 미치는 요인에 집중하는 것이 중요합니다. 성과에만 초점을 두면 단기 성과에 조직 활동이 좌우되며, 통제 중심의 문화가 강화됩니다. 나델라는 비즈니스 인사이더Business Insider와 인터뷰에서 다음과 같이 말합니다.[4]

> "우리는 매출, 이익 같은 성공의 후행 지표lagging indicators of success에 대해서는 더 이상 얘기하지 않습니다. 성공을 이끄는 요소는 무엇인가요? 고객의 사랑customer love입니다. 사람들이 MS 제품들을 사랑하면, 나머지는 따라옵니다."

삼성의 성과제일주의 문화는 IMF 위기를 겪으며 도입되었고, 한동안 조직의 경쟁력 제고에 공헌했습니다. 그러나 근래 이로 인한 여러 문제점이 나타나고 있습니다. 임원 승진 연령이 대폭 낮아져, 30대 상무, 40대 부사장이 빈번하게 등장합니다. 경영진과는 물론이고 임원과 직원의 연봉 격차도 아주 큽니다. 이는 임원 승진을 못 한 직원의 근로 의욕과 사기에 부정적 영향을 미칩니다.

법적으로 정년이 보장되는 현실을 고려할 때, 숙련된 인력이 업무와 회사에 대한 애정을 갖고 조직에 계속 기여할 수 있도록 해야 합니다. 이에 대해 회사를 잘 아는 전문가는 다음과 같이 지적합니다.

> "소프트웨어 개발은 1명의 천재가 중요하지만, 반도체 개발은 여러 사람의 협업으로 이루어집니다. 그리고 공정, 제조와 직접 연계해야 하므로 오랜 경험이 쌓인 엔지니어가 필요합니다. 삼성은 임원과 직원의 대우 차이가 크기 때문에 누구나 임원이 되고 싶어 합니다. 또 근래에는 특별승진을 통해 임원이 너무 많습니다. 임원 비전이 안 보이는 부장급 엔지니어는 열심히 일할 동기를 잃고, 중국이나 다른 곳을 기웃거리게 됩니다. 숙련된 인력이 임원 승진이 안 되더라도 좋은 대우를 받으면서 조직에 오래 기여할 수 있어야 합니다."

(4) 실패를 용인하지 않는 문화

실패를 실수나 무능한 탓이라 여기고, 실패하면 안 된다는 생각이 지배적입니다. 메모리 반도체의 성공이 공정기술과 제조경쟁력에 기반하고 있기 때문입니다. 근래 들어 원가 통제, 단기 성과 통제가 더욱 강화되면서 실패에 대한 부정적 관념이 심해졌습니다. 새로운 시도나 과감한 개발은 실패의 가능성을 안고 있으며 실패를 통한 학습이 혁신의 씨앗이 된다는 점을 고려할 때, 실패를 부정적으로만 생각하는 분위기에서 과감한 도전이 이루어지기 어렵습니다. 실패를 용인하지 않는 문화는 기술혁신이 점점 더 중요해지는 상황에서 '미래를 위한 경쟁'에는 더 큰 걸림돌로 작용할 가능성이 큽니다.

> "문제가 생기면 개인에게 책임을 묻습니다. 실패를 용납하지 않으니 도전을 회피하는 것은 당연하지 않을까요? 관리자들도 변화를 시도하지 않습니다. 실패하지 않기 위해 안전한 길로만 가려는 문화가 자연스럽게 형성됐습니다." (반도체부문 엔지니어)

"삼성은 너무 현재에만 몰두하고 있다는 생각이 듭니다. 지금 당장은 원가절감이나 수율이 중요하지만, 앞으로는 메모리도 혁신에서 승부가 갈릴 겁니다. 당장 차세대메모리 개발부터 앞으로 메모리 반도체의 기술 패러다임 변화가 시작됩니다. 새로운 기술개발에 과감히 도전하려면 실패를 용인하는 문화가 중요합니다." (외부 반도체 전문가)

(5) 삼성 중심 문화: 생태계 고립

삼성전자는 **'삼성 우월주의' 문화로 인해 조직생태계 내에서 고립을 초래했습니다.** 이는 조직 간 관계에 대한 문화로 볼 수 있습니다. 삼성은 수직계열화를 통해 성장했으므로, 물량·가격·품질·사양의 조정을 주도하는 '갑의 위치'에 익숙해져 왔습니다. 특히 메모리 반도체는 지금까지 표준화된 규격품 중심의 시장이었기 때문에, 고객 맞춤형 대응보다는 원가절감과 품질 확보가 더 중요했고, 고객과의 관계는 상대적으로 덜 중요하게 여겨졌습니다. 이러한 배경 속에서 삼성은 외부 협력사나 고객과의 수평적이고 개방적인 관계 형성에 익숙하지 않았고, 성과 중심의 내부 논리가 고객 요구보다 앞서는 '삼성 중심' 문화가 형성되었습니다.

이런 문화는 고객과의 긴밀한 협력과 다양한 협력업체, IP 제공사, 패키징, 검증 업체 등과의 생태계 형성이 중요한 파운드리 사업에 부정적 영향을 미칩니다. 메모리 반도체도 HBM에서 보듯이 고객 맞춤형 제품의 비중이 커지고 있으며, 시스템 반도체(팹리스) 사업도 시장에서 고객의 요구를 선제적으로 파악하는 노력이 중요합니다.

그동안 회사의 발전에 기여했던 '삼성 중심의 문화'는 이제 회사의 경쟁력에 걸림돌이 되고 있습니다. 현재 고전하고 있는 HBM도 '경쟁사가 여러 업체와 협력을 통해 생태계를 구성하고 있지만, 삼성은 협력업체 등과 관계가 원활하지 못해 HBM 생태계에서 고립을 초래했다'라는 지적을 새길 필요가 있습니다.

앞서 제시한 조직문화의 문제점들은 서로 연결되어 있지만, 그중에서도 '성과와 경쟁 중심 문화'와 '통제 중심 문화'는 건강한 조직이 되기 위해 시급히 개선해야 할 요소라 생각합니다.

2 미래 발전을 위한 제안

앞서 살펴본 바와 같이 삼성전자의 현재 조직문화는 범용 메모리 제품의 성공 경험에 기반하고 있으며, 통제 중심의 수직적 문화, 성과 제일주의, 효율 우선 등과 같은 특징을 갖고 있습니다. 그러나 기술과 시장의 변화에 빠르게 적응하고 기술 리더십을 회복하기 위해서는 건강하고 유연한 문화로의 전환이 필요합니다. 이제까지 논의한 조직문화의 문제점과 이에 대한 개선 방향을 요약, 제시하면 〈표 1〉과 같습니다.

표 1 • 조직문화 문제점과 개선 방향 제안

문제점	개선 방향
· 통제 중심의 수직적 문화	· 자율과 존중의 수평적 문화
· 내부 경쟁과 성과 중심의 문화	· 원팀 문화
· 소통과 상호 신뢰가 부족한 문화	· 소통과 신뢰의 문화
· 실패를 용인하지 않는 문화	· 혁신 지향 문화: 도전-실패-학습의 가치 존중
· 자사 중심의 폐쇄적 문화(조직간 관계)	· 개방적 파트너십: 동등, 협업, 생태계 관점

삼성전자의 조직문화 혁신 방향은 한마디로 요약할 수 있습니다.

• '기술 중심 원팀 문화'

기술경쟁력을 최우선 가치로 삼고, 이를 위해 부서 간 장벽을 허물고, 실패를 용인하며, 수평적이고 유연한 협력을 추구하는 문화를 구축해야 합니다. 여기서는 다른 장에서 제시한 여러 제안과 중복을 피하면서 문화의 구축과 변화에 가장 큰 영향을 미치는 리더(경영자와 관리자)와 제도에 초점을 두고 새로운 문화 구축을 위한 대안을 제시하겠습니다.

조직문화 구축자로서 경영자 역할

조직문화의 형성이나 변화에 가장 큰 영향을 미치는 요소는 무엇일까요? 바로 조직의 리더입니다. 그중에서도 경영진, 최고경영자의 영향이 제일 큽니다. 조직문화 분야의 세계적 석학인 샤인Edgar H. Schein 교수는 조직문화 형성에 영향을 미치는 요소를 기본 메커니즘과 이차 메커니즘으로 제시하였는데, 기본 메커니즘이 최고경영자를 비롯한 리더에 대한 것입니다(〈그림 2〉).[5]

문화의 형성, 변화에는 리더의 영향이 절대적입니다. 엔비디아가 지향하는 소통과 협업 문화의 진원지는 창업자이자 경영자인 젠슨 황입니다. 특히 리더의 행동이 중요합니다. 리더가 조직구성원들의 목소리에 귀를 기울이고 경청하며, 이들의 제안을 경영에 적극 반영할 때 비로소 단절된 소통이 재생되기 시작합니다. 리더가 부서와 개인의 자율성을 존중할 때, 통제 중심의 문화는 바뀝니다.

그림 2 조직문화 형성/변화를 위한 핵심적 방법과 이차적 방법

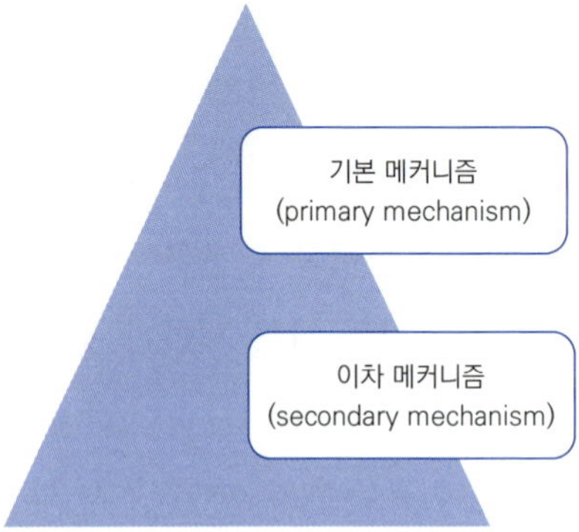

① 리더가 주의를 기울이는 것측정하고 통제하는 것
② 주요 사건이나 위기에 대응하는 방법
③ 역할 모델, 전수, 코칭
④ 인재 발탁이나 보상의 기준
⑤ 재용, 선발, 승진, 퇴사의 기준

① 조직설계와 구조
② 조직시스템과 절차
③ 사옥, 물리적 공간의 설계
④ 중요한 사건이나 사람에 대한 스토리, 일화
⑤ 조직철학, 신조, 현장과 같은 공식 선언문

※이차 메커니즘은 기본 메커니즘과 일관성을 가질 때, 비로소 문화 형성에 기여함

자료: Schein(1985), p.224-242.

• 마이크로소프트의 문화 변화

사티아 나델라가 MS의 최고경영자로 부임 초기에 가장 먼저 한 일을 꼽으라면 첫째, 회사의 성장 방향을 클라우드와 AI 중심으로 재정립하고 노키아에서 인수한 휴대폰 사업을 정리하여 **사업구조를 명확히 한 것과** 둘째, **조직문화의 변혁을 주도한 것**의 두 가지를 들 수 있습니다. 그만큼 회사의 경쟁력 회복을 위해 조직문화의 변화를 시급한 과제로 꼽은 것입니다.

그 결과, MS는 혁신과 성장이 정체된 회사에서 빠르게 성장하는 혁신기업으로 변신하여 글로벌 기술 시장에서의 리더십을 확보하였습니다. 조직문화에 대한 나델라의 생각은 그의 자서전에 잘 드러나 있습니다.

> "나는 CEO의 C가 문화 culture의 약자라고 생각한다. CEO는 조직문화를 담당하는 큐레이터다. (…). 회사가 사명을 이루기 위해 듣고 배우고 개인의 열정과 재능을 활용하는 문화를 지녔다면 해내지 못할 일이 없다.

CEO인 내가 가장 먼저 해야 할 일도 그런 조직문화를 탄생시키는 것이었다." (사티아 나델라, 히트 리프레시Hit Refresh, 2018)

현재 삼성의 기업문화는 스티브 발머 시절의 MS와 유사합니다. 따라서 발머의 후임인 나델라가 주도한 MS의 기업문화 변화 방향은 상당 부분 삼성에도 적용될 수 있습니다. 나델라가 중시한 가치는 협업, 혁신을 통한 성장, 실패를 통한 학습, 자율성, 개방적 생태계 형성, 고객 중심으로 요약할 수 있습니다.

- 내부 경쟁을 억제하고 협업 중시
- 혁신과 장기적 성장에 초점을 둔 성과 관리
- 분권화된 통제와 자율성, 창조성 중시
- 실패를 두려워하지 않고 학습과 성장 지향
- 개방적 생태계 지향
- 고객 중심 문화

• 픽사의 문화와 심리적 안전감

픽사의 창업자 캣멀은 조직문화 구축을 경영자의 가장 중요한 임무라고 다음과 같이 얘기하고 있습니다.

> 픽사 사장으로서 내 목표는 픽사에 계속 생명력을 불어넣는 창의적 기업문화를 구축하는 것이었다. (…) 경영자로서 내 임무는 직원들이 협력할 수 있는 환경을 조성하고, 이를 유지하고, 이런 환경을 위협하는 불안요소들이 없는지 감시하는 것이다. 나는 모든 사람이 창의성을 발휘할 잠재력이 있으며, 이런 잠재력이 표출되도록 이끌어주는 게 경영자의 고귀한 임무라고 확신한다. (에드 캣멀, 창의성을 지휘하라Creativity, Inc., 2014)

이처럼 캣멀은 **조직문화가 창조성과 혁신을 실현하는 핵심적인 요소**라고 강조합니다. 창의적 조직을 성공적으로 이끌기 위해 그가 중요시한 가치는 다음과 같이 요약할 수 있습니다.

- 심리적으로 안전한 환경 조성: 아이디어 공유와 솔직한 피드백
- 실패에 대한 긍정적 태도: 작은 실패들을 통해 빨리 학습하는 것이 중요
- 리더는 통제자가 아니라 지원자: 통제를 목표로 하면 조직에서 공포가 만연
- 계층 구조보다는 팀워크와 협업이 우선
- 사람에 대한 존중: 신뢰할 대상은 프로세스가 아니라 사람

그는 구성원이 **심리적 안전감**psychological safety**을 느낄 수 있는 조직문화**를 구축하기 위해 노력했습니다. 심리적 안전감이란, '조직 내 인간관계 속에서 안전하다고 느끼는 믿음'을 의미합니다. 이는 어떤 의견이나 질문을 제시하더라도 무시당하거나 질책받거나 불이익을 받지 않는 환경에서 형성됩니다.[6] 이런 환경은 구성원이 서로 신뢰하고 존중하며 자신의 생각을 솔직하게 얘기할 수 있을 때 만들어집니다.

많은 연구에서 심리적 안전감이 높은 조직일수록 혁신성과가 높은 것으로 드러났습니다.[7] 구글은 사내 다양한 팀을 분석한 결과, 심리적 안전감이 고성과 팀과 저성과 팀을 가르는 가장 결정적인 요인임을 확인했습니다. 기술 지향적 기업에서 심리적으로 안전한 조직 환경을 만드는 것은 경영자의 주요 역할입니다.

반도체 산업의 미래 경쟁이 혁신 경쟁이 될 가능성이 크다는 점을 감안하면, 문화 변화의 필요성이 절실합니다. 사업 분야는 다르지만,

MS와 픽사가 추구하는 조직문화는 삼성전자에도 충분히 적용 가능합니다. 이러한 가치를 조직에 확산하고 각 부서와 구성원들이 공유하도록 하는 것이 최고경영자와 리더가 해야 할 가장 시급한 일입니다.

관리자의 요건과 역할 변화

• 관리자의 요건: 인간관계 능력이 중요

조직문화가 바뀌려면 관리자가 변해야 합니다. 주요 임원을 비롯한 관리자도 조직의 리더이며, 담당 부서에 직접적인 영향을 미칩니다. 먼저 관리자의 요건에 대해 논의하겠습니다. 앞서 삼성이 지향해야 할 조직문화의 방향으로 제시한 자율, 존중, 소통, 신뢰는 사람과 사람의 관계에 존재하는 가치입니다. 따라서 조직의 리더는 소통을 바탕으로 신뢰를 이끌어내는 인간관계 역량을 갖추어야 합니다(MS에서는 공감능력이라고 합니다).

삼성의 관리자는 대체로 업무능력이 우수합니다. 그러나 관리자는 기술적 능력 외에 관계적 역량도 필요합니다. 특히 조직문화를 바꾸려면 인간관계 능력이 중요합니다. 연구개발 관리자를 대상으로 한 코찬스키와 레드포드의 연구에 따르면(〈그림 3〉 누가 가장 나쁜 리더인가?), 조직에 가장 부정적 영향을 미치는 리더는 기술적 역량은 뛰어나지만, 인간관계 능력이 부족한 사람이었습니다. 이들이 이끄는 조직은 단기 성과를 내는 데는 성공했지만, 장기적으로는 성과의 지속이 어려웠습니다. 연구원들의 사기가 떨어지고, 조직 내에는 역기능적 문화가 확산되었기 때문입니다.[8]

그림 3 누가 가장 나쁜 리더인가?

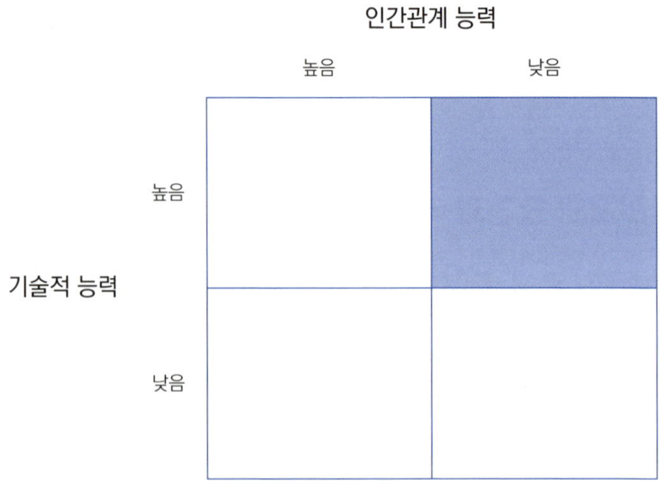

• **관리자의 역할 전환**

업무를 직접 수행하고 지시-통제 같은 관리 역할은 대폭 줄여야 합니다. 관리자가 지시, 감독, 통제, 종합, 보고와 같은 관리 역할에 치우칠수록, 구성원의 자율성은 약화하고 조직 전반에 통제 중심의 문화가 강화됩니다. 과업은 수행하지 않고 관리에만 집중하는 관리자가 늘어나면, 보고는 과도해지고 조직은 점점 더 관료화됩니다. 대기업이 관료화되는 핵심 원인은 '관리의 과잉'에 있으며, 이는 4장에서 지적한 관료적 행동통제의 문제를 심화시킵니다.

행동통제를 크게 줄이려면 경영자, 관리자의 인식 변화와 실천이 중요합니다. 첫째, **관리자의 역할 전환**이 필요합니다. 단순히 지시하고 보고를 받으며 의사결정과 통제를 수행하는 존재가 아니라, 전문성이 요구되는 과업에 직접 참여하고, 구성원의 성장과 역량 발휘를 지원하는 리더로서 역할을 해야 합니다.

개발자가 승진하면 관리자가 되는 것이 아니라, 더 복잡하고 중요한 개발을 맡거나, 여러 개발과제를 병행하고, 동시에 구성원의 역량 향상을 지원하는 리더 역할로 확장되어야 합니다. 엔비디아에서는 직급이 올라갈수록 프로젝트를 더 많이 담당하므로, 관리 때문에 바쁜 것이 아니라 맡은 일 때문에 더 바쁘다고 합니다.

관리자가 '관리'가 아니라 고유 업무를 수행할수록, 통제와 보고 중심의 문화가 완화되고 상사와 구성원의 신뢰가 형성될 것입니다. 애플의 고위 임원들은 관리자가 아닌 전문가로서 자신의 핵심 업무에 집중하며, 관리에는 최소한의 시간만 할애합니다('애플의 재량적 리더십 모델' 참고).

고위 임원도 자신의 업무를 직접 수행한다! (애플의 재량적 리더십 모델)[9]

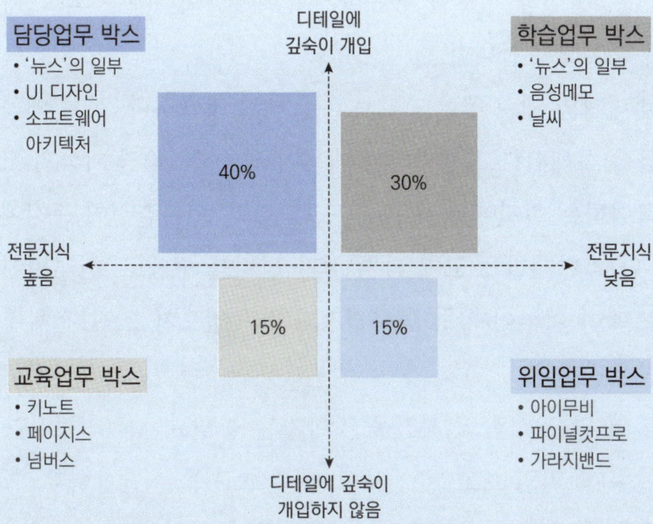

자료: 애플의 혁신형 조직체계, 하버드 비즈니스 리뷰, 2020, 90쪽.

위 그림은 애플의 고위 임원(부사장, 이사)에게 적용되는 리더십 모델입니다. 해당 업무에 대해 얼마나 깊이 개입하는지 그리고 전문성이 높은지 두 기준에 의해 리더의 업무를 나눕니다. 그림에 나타난 비중은 애플리케이션 담당 부사장의 예인데, 애플의 고위 임원 업무에서 가장 큰 비중을 차지하는 것이 '담당업무(owning)' 이며, 다음이 '학습업무(learning)'입니다. 담당업무란 리더가 해당 업무에 깊은 전문성을 가지고 디테일에 깊숙이 개입하는 업무를 의미하며, 고위 임원의 업무에서 가장 높은 비중을 차지합니다. 학습업무는 향후 수행할 업무로 전문성과 스킬을 꾸준히 향상해야 하는 일을 의미합니다. 애플의 고위 임원은 대부분 담당업무 비중이 제일 높으며, 다음이 학습업무입니다. 반면 '위임업무(delegating)' 비중은 작은데, 이 부분이 다른 회사에서 관리자들이 주로 수행하는 관리 업무에 해당합니다. 이를 보면, 애플의 부사장은 관리에 치중하는 것이 아니라, 자신의 업무를 더 큰 비중으로 직접 수행하고 있음을 알 수 있습니다.

둘째, **1:1 보고를 폐지하고 여러 계층의 많은 사람이 동시에 참여하는 투명한 의사결정 및 정보공유 회의**로 바뀌어야 합니다. 많은 사람이 참여한 회의에서 토의를 통해 의사결정을 하면, 참석한 모든 사람이 즉시 결정과 정보를 공유하게 됩니다. 회의에는 최소 세 계층 이상이 참여해야 합니다.

엔비디아의 젠슨 황은 1:1 보고는 받지 않습니다. 정보 왜곡과 권력 남용을 초래한다고 생각하기 때문이죠. 대신 60명 이상의 고위 임원이 참여하는 회의에서 보고, 피드백, 토의, 의사결정이 동시에 이루어집니다.[10] 단계별 보고에 따른 시간 낭비를 없애고, 한꺼번에 토의와 피드백이 이루어지며, 의사결정과정과 정보가 조직 전체에 투명하게 공유됩니다.

더불어 많은 사람의 시간을 앗아가는 불필요한 정기보고가 없어져야 합니다. 일일 보고, 주간보고, 월간보고 등을 말합니다. 여러 협업 도구를 활용해서 정보공유, 피드백 등이 실시간으로 이루어질 수 있습니다.

셋째, 모든 구성원을 전문가로 대우하고 **개인의 아이디어와 자율성을 존중하는 문화**가 필요합니다. 이를 위해서는 경영진과 관리자의 솔선수범이 필수적입니다. 엔비디아 직원의 인터뷰를 소개하겠습니다.

> "우리 회사가 독특한 점은 모두를 존중하고 평등하게 대한다는 것입니다. 모든 구성원이 크게 생각하고(think big) 아이디어를 나누도록 권장하며, 경영진과 관리자는 이를 적극 지원합니다. 직원은 경영진이나 관리자와 편하게 얘기할 수 있으며 동등하게 대우받습니다. 나는 경영진도 관리자도 아니지만 스스로 중요하다고 느낍니다. 경영진과 대화를 나눌 때, 경영진은 나를 존중하고, 내 아이디어를 경청합니다. 우리는 아주 수평적인 문화를 갖고 있습니다." (employee interview, Fortune 100 best companies to work for 2024)

평가보상제도의 변화, 기술직에 대한 별도의 인사시스템 구축

조직문화를 바꾸는 일은 쉽지 않습니다. 앞서 살펴본 바와 같이, 리더와 관리자의 역할 전환이 선행되어야 하며, 이를 뒷받침할 수 있는 제도와 시스템의 변화도 함께 이루어져야 합니다.

특히 구성원의 인식과 행동을 바꾸기 위해서는 평가·보상 체계의 변화가 핵심적입니다. 현재의 평가·보상 시스템은 성과 제일주의, 내부 경쟁 중심, 실패 회피, 통제 중심 문화의 형성에 깊은 영향을 미쳤습니다. 이에 따라, 앞으로는 원팀 문화, 협업 중심 문화, 혁신 지향 문화를 촉진할 수 있도록 평가·보상 시스템의 방향을 재설계할 필요가 있습니다('평가보상시스템의 변화 방향' 참고).

평가보상시스템의 변화 방향

- 원팀 문화: 사업부보다는 조직 전체, 장기 성과를 중시하는 평가, 보상제도
  - 사업부 간 경쟁적 차등 성과급 제도 폐지
  - 전체 조직의 성과를 반영하는 성과급 제도 도입
  - 주식보상 제도 도입(회사의 장기 성장과 보상의 연계 강화)
- 협업 문화
  - 개별 조직보다는 조직 단위 간 협업을 장려하는 방향으로 평가, 보상제도 개선
  - 관리자 평가에 동료 관리자와의 협업, 협력을 반영
  - 직원 평가에 동료와의 협력을 반영
  - 강제 할당식 상대평가 제도 폐지
- 혁신 지향 문화
  - 단기 성과 지표에 의한 평가(임원 MBO 등) 지양
  - 기술개발, 혁신과 같은 장기경쟁력을 반영하는 중장기 평가지표 개발
  - 2~3년 주기의 평가지표 개발, 적용

• 기술직을 위한 별도의 인사시스템 구축

이와 더불어 엔지니어 직군에 대한 차별적 인사시스템의 도입이 필요합니다. 이미 주요 기술기업 간에는 치열한 인재전쟁talent war이 벌어지고 있습니다. 기술인력이 경쟁력의 원천이기 때문이지요. 엔비디아는 특유의 주식보상제도RSU, ESPP를 통해 고강도 업무환경에서도 직원의 이직률을 업계 평균인 17%보다 훨씬 낮은 3% 이하로 유지하고 있습니다.[11] 최근 HBM과 첨단 D램 개발에서 눈부신 성과를 내는 마이크론의 약진도 삼성과 하이닉스 엔지니어를 적극적으로 영입한 결과라는 분석입니다.[12]

이런 상황에서 삼성의 엔지니어에 대한 보상제도는 동기부여 기능을 상실한 상태이며, 인력유출, 사기 저하의 원인으로 작용하고 있습니다. 그리고 엔지니어 우대 정책은 극히 소수에만 적용되는 임원

특별승진에 초점을 두고 있습니다.

소위 '30대 상무, 40대 부사장' 대열에 끼지 못한 대부분 엔지니어가 좋은 대우를 받으며 긍지를 갖고 일할 수 있는 조직 분위기를 구축하는 것이 절실합니다. 이를 위해서는 기술직에 대한 별도의 인사시스템 마련이 필요하며, 몇 가지 방향을 제시합니다('기술직에 대한 별도의 인사시스템 구축' 참고).

기술직에 대한 별도의 인사시스템 구축

- 필요성
  - 국내외 경쟁사 대비 보상 수준이 낮아서, 보상의 동기부여 기능 상실
  - 우수 엔지니어의 국내외 경쟁사 이직 증가
  - 임원 미승진 고 연차 엔지니어의 근무 의욕 저하, 업무 기여도 약화
  - 타 직군 대비 상대적 박탈감('기여는 우리가 하고, 권한은 적다')
- 인사시스템 설계 방향

  (1) 보상
  - 국내외 경쟁사 대비(사내 타 직군 대비가 아니라) 경쟁력 있는 보수 체계 설계
  - 장기 성과와 연계한 주식보상제도 도입(양도제한 조건부주식, 직원주식매수제도 등)
  - 팀 성과, 협업 성과와 연계한 보상
  - 고용환경 변화(정년보장)를 반영한 장기근속 엔지니어를 위한 보상제도 설계
  - 탄력적 보상제도 마련: 특별성과 기여자나 영입 인재 대우를 승진(직급)보다는 보상과 연계

  (2) 평가 및 경력개발
  - 직무 특성에 맞는 성장, 경력 경로 설계(기술전문가 vs 관리자)
  - 고용환경 변화를 반영, 장기적 관점의 경력 경로 설계 및 역할 부여
  - 기술 역량 평가제도 도입 및 역량 개발 기회 제공
  - 협력, 협업 성과에 대한 평가
  - 중장기 단위(2~3년)의 혁신성과 평가제도 도입(업무 특성 반영)

스태프 부서의 역할 변화: 관리, 통제 역할에서 지원 역할로

대기업에서 조직문화가 변화하려면, 스태프 부문의 역할도 중요합니다. 스태프 부서는 인사, 기획, 재무, 관리 등 조직운영을 간접적으로 지원하는 부서로, 생산·영업·개발 등 직접 성과를 창출하는 라인부서와는 다른 기능을 수행합니다.

일반적으로 스태프는 정책, 제도, 기준, 규칙, 절차 등을 설계하여 조직이 효과적으로 운영되도록 지원하며, 동시에 자신들이 수립한 제도와 시스템을 바탕으로 조직을 진단하고 분석하며 평가하는 기능도 수행합니다. 그러나 이러한 기능을 실행하는 과정에서 스태프 조직의 규모와 권한이 커지면, 라인부서에 대한 '지원' 역할이 점차 '견제'와 '통제'의 역할로 전환되기 쉽습니다. 이 경우, 현장 중심의 유연성과 자율성이 위축되면서 조직문화에도 부정적 영향을 미칠 수 있습니다.

삼성전자의 스태프 조직은 각 사업부뿐만 아니라 전사, 그룹본부까지 포함하는 다층적 구조를 이루고 있습니다. 조직의 전문성과 규모, 권한이 강화되면서, 의도와 무관하게 스태프는 지원조직이라기보다는 통제 기능을 수행하는 조직처럼 작동하게 되었습니다. 그 결과, 단기 성과 중심의 성과주의, 평가 기반의 경쟁문화, 통제 중심의 조직문화가 더욱 강화되었습니다.

스태프 조직이 커지고 권한이 강화될수록, 의사결정은 지연되고 라인부서와의 견제와 갈등이 깊어지며, 조직이 관료화되는 부작용이 나타납니다. (7장 부록: '조직의 관료화에 스태프 부서가 미치는 영향' 참고). 기술개발이 경쟁력의 원천이며 구성원의 역량 수준이 높은 삼성의 특성을 고려할 때, 스태프의 역할이 통제 중심에서 지원 중심으로 바뀌어야 합니다. 이를 위해서는 전사와 사업부 스태프의 규모를 축소하고, 라인 조직의 활동에 대한 분석, 평가 기능을 해당 조직의 책임자에게 일임하는 등, 문제를 진단하고 통제하는 기능에서 벗어나 현장을 지원하는 역할로 바뀔 필요가 있습니다.

이 장을 마치며

"혁신의 원천은 사람이며, 사람은 문화를 통해 움직인다."

조직문화는 보이지 않지만, 기업의 전략 실행과 혁신 역량을 좌우하며, 지속 성장을 가능케 하는 토대입니다. 기술 패러다임이나 산업 구조를 뒤바꾸는 혁신이 일상이 되는 오늘날, 성과 중심의 단기적 사고방식이나 수직적 통제 문화로는 지속 가능한 혁신을 기대하기 어렵습니다. 기업의 혁신은 시스템이 아니라 사람에게서 나오고, 사람을 움직이는 것은 조직문화입니다.

삼성전자는 과거의 성공을 이끈 문화적 자산을 가지고 있습니다. 그러나 현재의 조직문화는 기술기업에 필요한 민첩성, 창의성, 수평적 협업을 제약하는 요인으로 작용하고 있습니다. 성과에 대한 압박은 도전과 실험을 억제하고, 중앙집권적 통제는 책임 회피와 의사결정 지연을 낳았습니다. 실패를 용납하지 않는 분위기는 구성원들이 새로운 시도에 나서는 것을 주저하게 했고, 부서 간 과도한 경쟁은 지식과 기술의 융합을 방해하고 있습니다.

결과적으로 이러한 문화적 특성은 기술혁신을 가로막고, 시장의 변화에 민첩하게 대응하는 능력을 저해하고 있습니다. 삼성전자가 기술 리더십을 회복하고 미래 성장동력을 확보하기 위해서는, 기술 개발만큼이나 조직문화를 혁신해야 합니다.

이 장에서는 '**기술 중심 원팀 문화**'라는 방향을 제시했습니다. 기술을 최고의 가치로 삼고, 부서 간 경계를 넘어 하나의 팀처럼 움직이며, 실패를 용인하고, 수평적 소통과 자율성을 통해 창의성과 혁신을 끌어내는 문화입니다. 기술기업이 생존하고 번영하기 위해서는 이러한 문화를 가꾸어 나가야 합니다.

문화를 혁신하려면, 우선 리더가 달라져야 합니다. 경영자는 문화의 방향을 설계하고 변화를 이끄는 역할을 해야 하며, 관리자도 구성원의 역량 발휘를 지원해야 합니다. 평가·보상 제도는 협업과 혁신, 원팀 문화를 촉진하는 방향으로 바뀌어야 하며, 기술인력에 대한 별도의 인사시스템 마련이 절실합니다.

조직문화의 변화는 어렵지만, 기업의 미래를 바꾸는 일입니다. 삼성전자가 다시 한번 세계를 선도하는 기업으로 도약하려면, 그 출발점은 조직문화의 변화에서 시작해야 합니다.

Conclusion

삼성전자의 미래, 그리고 한국기업의 나아갈 길

삼성전자는 한국을 대표하는 글로벌 기업입니다. 그러나 가장 강력한 경쟁력을 가졌다고 자부하던 반도체 부문에서도 고전하고 있습니다. 야심 찬 투자를 통해 2030년까지 세계 1위로 키우겠다던 시스템 반도체 부문은 파운드리와 팹리스 모두 선두기업과 격차가 벌어지고 있습니다. 초격차 경쟁력이라던 메모리 반도체마저 기술 리더십을 상실할 위기에 처했습니다.

산업의 경계가 허물어지고 기술 패러다임의 대전환기를 맞이한 지금, 삼성전자가 다시 한번 초격차 기업으로 거듭나기 위해서는 근본적인 변화가 필요하다고 생각합니다.

이 책은 삼성전자가 당면한 위기의 원인을 사업구조와 전략, 지배구조, 그룹본부, 혁신 활동, 기업 역량, 조직구조와 운영, 조직문화 등 여러 측면에서 분석했습니다. 각 장을 통해 현재의 문제점을 살펴보고, 미래를 위한 제안을 제시했습니다. 이제 전체를 아우르는 결론을 통해, 삼성전자가 나아가야 할 방향과 더불어, 한국

기업 전반에 던지는 시사점을 정리합니다.

삼성전자의 진단: 성공이 남긴 과제

삼성전자는 수직계열화된 멀티비즈니스 사업구조를 바탕으로, 규모의 경제를 통한 원가절감, 필요한 인력과 자원의 내부조달, 사업부문 간 시너지를 활용하여 세계적 기업으로 성장했습니다. 그러나 지금은 경영의 복잡성 증가, 환경 대응의 유연성 저하, 경영자원의 분산이라는 부작용이 더 크게 나타나고 있습니다. 경쟁자를 압도하고 1등이 되어야 한다는 메모리의 지배논리는 오히려 시스템 반도체 부문의 경쟁력에 부정적 영향을 미치고 있습니다.

기술과 시장이 구조적으로 재편되는 상황에서, 이사회에는 경영진을 보완하고 전략적 통찰을 제공하는 역할이 요구되지만, 현실에서는 소극적 역할에 그치며 전문성과 다양성이 부족합니다. 그룹본부는 삼성전자 경영의 자율성을 제약하고, 단기 재무성과에 치우친 개입으로 혁신과 장기적 경쟁력 강화를 제약하고 있습니다.

혁신 측면에서는 활용(개선) 활동에 치중하고, 탐험(미래 개척) 활동이 위축되었습니다. 환경감지 역량과 재구성 역량이 취약한 탓에, 기술과 시장의 변화에 능동적으로 대응하지 못하고 있습니다. 조직구조는 인력, 자원, 지식, 정보의 결합을 저해하는 장벽으로 작용하고, 수직적이고 경직된 조직운영 방식은 혁신과 구성원의 창의성을 제약하고 있습니다. 수직적 통제와 내부 경쟁, 단기 성과 중심의 조직문화는 기술경쟁력과 구성원의 사기에 역효과를 미치고 있습니다.

삼성전자의 성공을 이끌었던 경영방식, 조직구조, 기업문화가 이제는 기술 리더십을 저해하는 요소로 작용하고 있습니다. 과거의 성공 방정식이 미래의 걸림돌이 되는 '성공의 덫'에 빠진 것입니다.

삼성전자가 나아가야 할 방향

Part 1. 전략과 지배구조

- **사업구조의 선택과 집중, 차별화된 경쟁**(1장): 복합적 사업구조와 수직계열화는 이제 득보다 실이 큽니다. 사업 간 특성과 지배논리의 차이를 고려하여, 핵심 사업 중심으로 선택과 집중이 필요합니다. 경쟁력이 취약한 시스템 반도체에서는 어느 부문에 집중할지, 기업분할까지도 고려한 과감한 선택이 필요합니다. 또한 경쟁자를 넘어서는 1등이 되기 위한 경쟁이 아니라, 경쟁자와 차별적인 경쟁 방법competition to be unique을 고민해야 합니다.

- **경영진을 보완하는 적극적 이사회**(2장): 경영에 대한 감독이라는 소극적 역할을 넘어 전문성과 다양성으로 경영에 전략적 통찰을 제공하는 이사회가 되어야 합니다. 회장의 이사회 참여를 통해 이사회의 권한과 책임을 강화하고, 최고 의사결정 기구로 자리매김해야 합니다. 기술·과학 분야의 전문성과 글로벌 경영 경험을 갖춘 사외이사를 대폭 보강하고, 이사회가 전략 수립에 더 능동적으로 참여해야 합니다.

▶ **그룹본부 역할의 재정립**(3장): 그룹본부는 삼성전자의 경영에 대한 개입을 최소화하고 삼성전자와 타 계열사 간 혹은 전자 내 사업부 간의 관계 조정도 자율적, 수평적으로 이루어지도록 해야 합니다. 그룹본부 조직의 통합이 필요하며, 이를 바탕으로 그룹본부는 사업개발과 그룹 차원의 업무에 집중할 필요가 있습니다.

Part 2. 혁신과 조직

▶ **활용과 탐험의 균형 확보**(4장): 현재 성과에 안주하지 않고, 불확실하지만 미래를 여는 탐험적 혁신을 장려해야 합니다. 공정혁신(활용) 일변도에서 벗어나, 제품의 아키텍처와 구조를 바꾸는 설계혁신(탐험)에도 역량을 집중해야 합니다. 활용과 탐험의 균형을 확보하는 방안으로 조직분리와 양면적 조직 컨텍스트를 구축하는 두 가지 방안을 제시했습니다.

▶ **환경감지와 재구성 역량 강화**(5장): 추격자가 아니라 창조적 리더가 되기 위해서는 부족한 환경감지 역량과 재구성(변혁) 역량을 강화해야 합니다. 구체적 방법으로서, 경영진 구성의 다양화, 신사업을 실험하고 추진하는 비즈니스 이노베이션 허브 설계, 기회감지와 선점에 적합한 생태계 구축, 도전과 실패를 통한 학습 촉진 등을 제안했습니다.

▶ **조직구조, 운영, 통제방식의 변화**(6장): 혁신을 촉진하기 위해 전문성에 기반한 기능과 기술 중심의 조직구조 혹은 기능과

제품조직이 병존하는 혼합형 조직구조를 제안했습니다. 그리고 기능 중심의 조직구조가 효과를 발휘하기 위해서는 부서나 계층에 제약받지 않는 유연한 조직운영과 수평적, 자율적 조정 방식이 뒤따라야 합니다. 나아가 조직통제도 성과통제, 행동통제에서 문화통제로 바뀌어야 합니다.

▶ **조직문화의 대전환**(7장): 기술과 혁신을 중시하는 원팀 문화, 자율과 존중, 소통과 신뢰의 수평적 문화를 구축해야 합니다. 이를 위해서는 경영자와 관리자의 인식과 역할이 변해야 하며, 평가보상 시스템과 같은 제도 변화가 따라야 합니다. 특히 기술직에 대한 별도의 인사시스템 구축을 제안했습니다.

한국기업, 어디로 가야 하는가?

전략에서 문화까지, 기업의 미래를 다시 설계하라

삼성전자의 사례는 한국기업 전체에 중요한 경고와 통찰을 제공합니다. 빠른 추격자 전략으로 세계적 기업으로 우뚝 섰지만, 과거의 성공방식이 새롭게 전개되는 기술과 시장의 변화에 기업의 발목을 잡는 경우를 흔히 목격합니다. 제품과 기술의 토대가 되는 경영방식과 사람에 대해 깊이 성찰하고, 근본적인 전환을 해야 합니다. 실행력으로 경쟁해 왔지만, 전략적 통찰력을 키워야 퍼스트 무버first mover가 될 수 있습니다.

대규모 조직과 여러 사업 분야를 효과적으로 경영하기 위해서는 부서와 계층의 틀을 벗어난 조직설계 및 운영 능력이 필요합니다. 눈앞의 성과에 집착하기보다는 건강한 조직문화를 가꿀 수 있어야, 성과의 토대가 흔들리지 않습니다. 단기적 인센티브 대신 회사의 성장과 직원의 이익을 일치시키는 보상제도(예를 들면, 주식보상)를 도입해야 합니다. 관리는 줄이고, 직원의 잠재력과 창의성이 발현되는 조직을 만들어야 합니다.

이 책은 기업이 나아갈 방향을 설정하고, 그 방향으로 조직을 이끌어가는 데 핵심적인 역할을 하는 전략, 지배구조, 기업 본부, 혁신, 역량, 조직구조와 운영, 조직문화라는 일곱 가지 요소를 중심으로 분석과 제안을 담고 있습니다. 특히 이 책의 내용은 기술이 경쟁력의 핵심이 되는 기업, 환경 변화에 민첩하게 대응해야 하는 조직, 조직설계 역량을 키우려는 기업, 그리고 사람과 건강한 조직문화를 중시하는 기업에 실질적인 시사점을 제공할 것입니다. 아래에서 각 장별로 한국기업에 대한 교훈을 요약, 제시합니다.

• 전략

멀티비즈니스 사업구조와 수직계열화 모델은 기술과 시장의 변화가 빠르고 경쟁자의 역량이 강한 경우에는 강점보다는 약점이 많습니다. 경영의 복잡성을 초래하고 조직의 유연성을 떨어뜨려, 민첩한 환경적응을 저해하기 때문입니다. 자원과 경영자의 관심도 분산됩니다. 특히 경쟁 기업이 가치사슬 상의 특정 활동에 전문화하고 경쟁력이 강한 경우, 수직계열화된 기업이 경쟁우위를 확보하기 어렵습니다.

멀티비즈니스 구조를 가진 경우에는 자원, 기술, 지식, 사람을 효과적으로 활용하기 위한 조직설계 역량이 중요합니다. 멀티비즈니스 기업에서는 각 사업의 성과를 확인하기 전에 경쟁력을 항상 점검해야 합니다. 경쟁력이 약하거나 개선이 어렵다고 판단하는 경우에는 사업의 철수를 고려하는 '선택'이 필요합니다. 전략은 선택이라고 하는데, 이 말은 '무엇을 하지 않을 것인가'를 결정하는 것입니다. 때로는 과감한 선택을 할 수 있는 용기가 경영자의 덕목입니다.

여러 사업을 수행하는 기업은 각 사업을 성공적으로 경영하는데 필요한 경영방식(지배논리)이 유사한가 서로 다른가를 잘 살펴야 합니다. 사업의 성공을 위한 지배논리가 서로 다른 경우에는, 경영자나 경영방식을 선택할 때 차별적인 방법이 필요합니다. 주력 사업 분야와 신규 사업 분야의 지배논리가 서로 다른 경우, 주력 사업 부문에서 성장한 경영진에게 신규 사업을 맡기기보다는 해당 사업에 적합한 경영자를 조직 내외부에서 물색하는 것이 효과적입니다.

목표 설정과 전략을 혼동하지 말아야 합니다. 전략은 목표를 달성하기 위한 구체적 방법을 고안하고 설계하는 것입니다. 해당 사업에서 강력한 선도기업이 존재하는 경우, 선도기업과 다른 방식으로 경쟁해야 합니다. 해당 사업에 경쟁자가 많거나 전반적으로 수익성이 낮은 경우에도, 기존 기업과 차별적인 경쟁 방법을 모색해야 합니다.

궁극적으로, 전략적 사고의 본질인 **'선택'의 용기와 '경쟁자와 다른 방법으로 경쟁'하려는 창의적 발상이 한국기업의 미래 경쟁력을 좌우할 것입니다.**

• **지배구조**

글로벌 경쟁이 격화되고 기술변화가 가속화되는 환경에서, 이사회는 감독 기능을 넘어 적극적, 전략적 역할을 할 수 있어야 합니다. 기술 패러다임이 수시로 바뀌고, 기술과 시장이 복잡하게 연결된 환경을 경영진 홀로 감당하고 헤쳐나가기는 쉽지 않습니다. 이런 상황에서는 이사회(사외이사)의 전문성과 다양성이 회사의 전략과 주요 의사결정에 새로운 통찰과 아이디어를 제공하는 중요한 원천이 됩니다.

이를 위해서는 이사회의 구성과 운영 방식을 혁신해야 합니다. 기술 전문성과 글로벌 경영 경험을 갖춘 다양한 사외이사를 영입해야 합니다. 경영진이 보고하는 안건에 대한 심의, 승인 역할을 넘어, 회사의 전략, 투자, 기술개발 방향에 대해 심층적으로 토의하고 새로운 아이디어 제시를 주도해야 합니다. 사외이사에 의한 이사회 안건 설정이 활성화되어야 하며, 아이디어 제안 목적의 회의, 전략 세션과 같은 토의 목적의 회의도 필요합니다.

이러한 변화는 **이사회가 기업의 장기적 경쟁력 강화에 공헌하는 최고 의사결정 기구**로 자리매김하는 데 기여할 것입니다.

• **그룹본부(기업 본사)**

다각화된 기업에서 본사(그룹본부)는 사업부 간 관계 조정이나 기업 전반의 사업 포트폴리오 관리를 위해 필요한 조직입니다. 그러나 구조적으로 본사는 가치를 창출하기보다는 경영에 부정적 영향을 미치는 경우가 많습니다.

본사가 가치를 창출하는 방법은 계열사(사업부) 경영에 대한 직접 개입, 계열사 간 관계 조정, 전문 기능과 공통 서비스 제공, 사업개발과 같은 네 가지 요소로 나눌 수 있습니다. **본사는 어떤 방법으로 기업 전체 경영에 공헌할 수 있을지를 구체화하고, 이에 따라 본사의 역할을 명확하게 설정해야 합니다.** 본사 조직은 역할에 따라 달라져야 하며, 최소한의 규모로 설계해야 합니다. 그리고 본사의 관리 스타일은 사업부의 경쟁력, 사업 및 환경 특성, 전략 방향 등에 따라 차별화해야 합니다.

본사의 계열사 평가는 측정 가능한 단기 정량성과에 치우치기 쉽습니다. 재무성과 중심의 관리는 오히려 계열사의 혁신과 장기적 경쟁력에 부정적 영향을 미칠 수 있습니다. 계열사가 충분한 자원과 역량을 보유한 경우, 본사의 개입은 의사결정을 지연시키고 사업부의 환경 적응력을 떨어뜨릴 위험이 큽니다. 이런 경우 본사는 신사업 개발, 미래기술에 대한 투자, 기업(그룹) 전체의 자원 배분과 같은 그룹 차원의 역할에만 집중해야 합니다.

- **혁신**

기업이 장기적으로 생존하고 발전하기 위해서는 **현재의 성과와 미래의 경쟁력을 균형 있게 추구하는 '양손잡이 경영'**이 필요합니다. 기술 패러다임의 변화가 빈번한 환경에서, 단기 성과를 중시하는 '활용' 중심의 경영은 장기적 경쟁력을 위태롭게 합니다. 눈앞의 성과를 다소 희생하더라도, 불확실성과 실패 가능성을 감수하면서 미래를 준비하는 '탐험' 활동이 필요합니다. 즉 활용과 탐험의 균형이 기술개발, 혁신, 성과 관리, 경영 전반에 요구됩니다.

특히 1등 기업일수록 현재의 성공에 안주하지 않고, 미래 기회를 선제적으로 발굴하기 위한 탐험적 혁신을 적극적으로 추진해야 합니다. 환경이 불연속적으로 바뀌면 선도기업이 위기에 처하는 경우를 흔히 목격합니다. 그 이유는 자신을 1등으로 만들어준 강점에만 집착하고, 탐험 활동을 게을리한 탓입니다.

조직 내에서 활용과 탐험의 균형을 이루기 위해서는 활용 부문과 탐험 부문을 담당하는 조직을 분리해야 하며, 분리된 조직에 대한 경영방식도 차별화해야 합니다. 두 부문을 효과적으로 경영하는 방식이 다르기 때문입니다. 궁극적으로는 조직구성원이 업무 수행에서 활용과 탐험 활동을 동시에 수행하도록 하는 방법도 고려할 수 있습니다. 문화적 양면성cultural ambidexterity이라고 할 수 있는데, 이는 혁신적인 기업의 공통적 특성입니다.

• **역량**

기업을 성공으로 이끈 핵심 역량도 환경이 바뀌면 쓸모없어지는 경우가 흔합니다. 오히려 기존 강점이 새로운 환경에 적응하는데 걸림돌이 되기도 합니다. 따라서 기술이나 시장의 변화가 빠르게 변하는 환경에서는, **기업이 보유한 자원과 능력을 재결합함으로써 새로운 기업능력을 만들어 내는 역량, 즉 동적 역량**이 중요합니다.

추격자 전략은 더 이상 한국기업에 적합하지 않습니다. 퍼스트 무버나 창조적 리더로 도약하기 위해서는 경쟁자보다 앞서 환경의 기회를 빠르게 감지하는 환경감지 역량이 중요합니다. 더불어 불연속적인 환경 변화에 효과적으로 적응하기 위해서는 기존의 자원과 역량을 창조적으로 재구성하고 바꿀 수 있는 재구성(변혁) 역량이 중요합니다.

환경감지 역량과 재구성 역량을 구축하기 위해서는 경영진 구성의 다양화, 작은 규모로 신사업을 실험, 개발, 추진하는 조직(비즈니스 이노베이션 허브)의 운영, 다양한 지식, 기술, 정보가 수평적으로 교류되는 비즈니스 생태계 구축, 일선 조직의 자율성과 상향적 의사결정 프로세스, 사업이나 조직 간 경계를 넘어서는 자원과 역량의 유연한 결합과 인력 운영이 필요합니다.

• **조직**

기업의 규모가 커지고 사업영역이 늘어날수록 조직설계가 기업의 환경적응과 경쟁력에 큰 영향을 미칩니다. 사업부제 조직에서는 분리된 사업부 간에 자원과 인력의 교류와 협력이 이루어질 수 있는 구조의 설계가 필요합니다. 기능식 조직의 경우에는 부서 간 수평적인 소통과 협력이 이루어질 수 있어야 합니다.

부서 간, 개인 간 조정을 주로 하이어라키(상사)에 의존하는 방식은 조직의 관료화와 경직성을 촉진합니다. 조직에서 대부분의 조정은 자율적, 수평적 상호조정mutual adjustment을 통해 이루어지도록 해야 합니다.

조직운영은 구조의 틀을 깰 수 있어야 합니다. 소속부서나 조직 계층에 구애받지 않고 협업과 소통이 이루어지는 유연한 조직 운영이 중요합니다. 이미 서구의 앞선 기업들은 구조 중심주의에서 탈피하고 있는데, 여전히 우리 기업들은 소속 부서, 명령체계 일원화, 분명한 보고라인 등 100년도 지난 조직구조의 오랜 원칙에 집착하고 있습니다.

조직통제 방식에도 고민이 필요합니다. 행동통제, 성과통제, 문화통제 중 어떤 방법을 택할 것인지 판단이 중요합니다. 구성원의 전문성이 높고 기술개발이나 혁신이 중요한 조직에서는 특히 행동통제의 부작용이 큽니다. 창의성과 자율성을 제약해서 혁신의 씨앗을 잘라버리고, 가장 중요한 자산인 사람의 마음이 조직을 떠나는 결과를 초래하기 때문입니다.

성과통제 방식의 부작용도 인식해야 합니다. 측정하기 쉬운 단기 성과 중심의 계량적 지표를 활용하면, 조직 활동이 눈앞의 지표 달성에만 초점을 두게 되어 장기적 경쟁력이 훼손될 가능성이 큽니다.

기업의 경쟁력에 사람이 미치는 영향이 큰 조직일수록, 문화통제가 바람직합니다. 조직이 지향하는 가치를 구성원들이 공유하고, 조직 활동에서 이를 실천하도록 하는 방법입니다.

• 조직문화

기업에서 지속가능한 성과 창출의 원동력이 조직문화입니다. 성공을 오래 유지하는 기업은 건강한 조직문화를 갖고 있으며, 경영자가 바람직한 조직문화를 구축하는 데 특별한 관심을 기울입니다.

경영자는 우리 조직에 어떤 문화가 필요한가를 고민하고, 분명한 청사진을 제시해야 합니다. 그리고 이를 조직구성원들과 끊임없이 소통해야 합니다. 조직문화의 큐레이터로서 어떤 역할을 해야 하는가를 인식하고, 의사결정, 환경 대응, 내부 통합, 의사소통 등 경영자의 모든 활동에서 이를 실천해야 합니다.

관리자는 조직문화의 전파자입니다. 관리자는 자신의 고유 업무를 직접 수행하면서 직원의 과업 수행을 지원하는 역할을 해야 합니다. 이를 위해서는 직무 전문성과 인간관계 능력을 함께 보유해야 합니다. 제도와 평가보상 시스템도 기업이 추구하는 조직문화의 방향과 긴밀히 연계되어야 합니다.

추격하는 기업을 넘어 선도하는 기업이 되기를 원하십니까? 심리적으로 안전한 조직 환경을 만들어야 합니다. 도전과 실험을 장려하고, 실패를 학습의 기회로 삼는 문화가 필요합니다. 수직적 명령과 통제에서 탈피하여, 자율과 신뢰를 기반으로 한 문화통제로 전환해야 합니다.

여러분의 기업에서 조직 목표를 달성하는 데 '사람'이 중요하다고 생각하시나요? 그러면 건강한 조직문화를 만드는 데 더 관심을 기울여야 합니다. **사람을 움직이는 힘은 결국 문화에서 나오기 때문입니다.**

맺으며

한국 대표기업을 응원하는 마음으로 시작한 여정을 이제 마무리하려 합니다.

기업의 성공은 선택과 실행의 결과입니다. 이 책은 삼성전자의 오늘을 진단하고, 내일의 청사진을 제시하고자 했습니다. 그 작업이 한국의 다른 기업들에게도 유용한 교훈을 제공할 수 있다고 판단했기 때문입니다. 이 책에서 제시한 진단과 제안이, 변화를 모색하는 기업들에게 작은 이정표가 되기를 바랍니다.

한국경제를 이끌어가는 건강한 기업들을 응원하며 책을 맺습니다.

부록: 이론과 사례

▶ 1장 전략

전략적 선택의 본질: '무엇을 하지 않을 것인가'[1]

'전략은 선택'이라고 합니다. **선택의 핵심은 '무엇을 하지 않을 것인가를 결정하는 것**'입니다. 태양의 서커스Cirque de Soleil. 영화, 뮤지컬 등에 밀려 쇠락하던 서커스 산업에서 매출 1조 원과 순이익 25%라는 놀라운 실적을 기록한 세계 최고의 공연기업입니다.

성공 비결은 서커스의 핵심인 스타 곡예사와 동물 묘기를 포기했기 때문입니다. 대신 서커스에 주제와 스토리를 가미하여 다양한 레퍼토리를 제공하고, 음악과 무용을 통해 예술성과 아름다움을 담았습니다. 마이클 잭슨 임모털Immortal, 퀴담, 루치아 등 수많은 공연을 통해 주제와 스토리, 예술성과 감동이 있는 서커스를 선보여 찬사를 받았습니다. 스타 곡예사와 동물 묘기를 포기함으로써, 서커스에 스토리와 예술성을 입힐 수 있었고 이를 통해 관객들에게 감동을 제공한 것입니다. '버려야 비로소 얻게 된다'는 것을 직접 실천한 것입니다.

스티브 잡스는 '버림의 미학'을 실천한 경영자였습니다. 1997년 도산 위기에 처한 애플에 복귀한 그는, 복잡하게 늘어난 매킨토시 제품군을 보고 "이건 미친 짓이야"라고 말하며 화이트보드에 2×2 매트릭스를 그렸습니다.

소비자와 전문가, 데스크톱과 휴대용으로 구분된 네 개의 사분면에 각각 하나의 제품만 남기고, 나머지는 모두 정리하라고 지시했습니다. 그는 "무엇을 하지 않을지를 결정하는 것이, 무엇을 할지를 결정하는 것만큼이나 중요하다. 기업도 그렇고 제품도 그렇다"라고 강조했습니다. 이 과감한 선택은 애플을 위기에서 구해낸 결정적 전환점이었습니다.

무엇을 하지 않을 것인가를 결정하는 것이 왜 그렇게 중요할까요? 첫째, **전략적 의사결정은 상충 관계**trade-off**를 수반**하기 때문입니다. 맥도날드는 스피드와 일관성이 생명입니다. 1990년대 후반 성장이 정체되자, 고객이 자신의 기호에 따라 매장에서 재료를 선택하고 직접 버거를 만들 수 있도록 했습니다. 이른바 "Made for You" 캠페인이 그것입니다. 그러나 고객이 직접 버거를 만들 수 있게 되자, 스피드와 일관성에서 문제가 발생했습니다. 결국 엄청난 대가를 치르고 버거의 고객 맞춤화customization를 포기하였습니다. 맥도널드에서 스피드와 일관성은 고객화와 상충 관계에 있는 것입니다.

둘째, **기업이 보유한 자원은 한계가 있습니다.** 인텔의 전성기를 이끌었던 앤디 그로브Andrew Groove CEO는 메모리 반도체에서 마이크로프로세서로 사업영역을 전환하기로 결정한 후, 모든 자원과 역량을 마이크로프로세서 분야에 집중했습니다. 인텔이 수십 년간 CPU 시장을 장악한 배경에는 '메모리 사업으로부터 완전 철수'라는 전략적 의사결정이 있었기 때문입니다.

셋째, **인간(경영자)의 인지적 능력은 한계가 있어 여러 분야에 골고루 주의를 기울이기 어렵습니다.** 주의 기반 이론attention-based view of the firm에 따르면, 기업의 행동은 의사결정자가 주의를 기울이고 관심을 배분한 결과입니다.[2] 사람의 주의 과정은 선택적입니다. 따라서 무엇을 하지 않을 것인가를 명확하게 선택하면, 의사결정자는 남은 대안에 주의를 집중할 수 있습니다. 잡스는 사람이든 기업이든 주의를 골고루 기울일 수 없다는 것을 잘 알고 있었습니다. 애플 재임 시절, 그는 매년 연말 최고 인재 100명을 모아 '다음 해에 할 일 10가지'를 정하는 워크숍을 열었습니다. 열띤 토론 끝에 목록이 완성되면, 잡스는 그중 7개를 지우며 말했습니다. "우리가 할 수 있는 건 3개뿐이야."

넷째, 무엇을 하지 않을지를 명확하게 하면, **구성원의 불필요한 에너지 분산을 막고, 역량을 결집할 수 있습니다.** 경영자의 주의와 마찬가지로 구성원의 에너지도 희소한 자원입니다. 태양의 서커스가 동물 묘기를 버리기로 함으로써, 구성원들은 동물과 조련사 확보에 들어가는 에너지를 스토리와 예술성 추구에 쏟을 수 있었습니다. 회사의 방향이 명확하지 않으면 구성원들은 우왕좌왕하고, 경영진의 눈치를 살피며 에너지를 낭비하기 마련입니다. 경영자는 어려운 의사결정을 통해 구성원의 에너지를 한 방향으로 결집할 수 있어야 합니다.

경영자가 선택을 미루거나 꺼리는 이유는 무엇일까요? '선택'에 따르는 심리적, 정치적, 조직적 장애물 때문입니다. 첫째, 인간은 누구나 선택을 회피하는 성향이 있습니다. 선택에는 위험이 따르고, 포기한 것에 대한 미련이 남기 때문입니다. 시간이 지나면 상황이 좀 더 확실해지고 더 나은 의사결정을 내릴 수 있을 거라 기대하지만, 시간이 흐를수록 또 다른 변수가 생기고 불확실성은 줄어들지 않습니다. 선택을 미루면 변화의 타이밍을 놓쳐 실기하기 쉽고, 조직의 자원과 구성원의 에너지를 낭비할 뿐입니다.

둘째, 선택과 포기는 동전의 양면입니다. 버림과 포기에는 자원 배분의 변화가 따르며, 손해를 입는 집단이나 사람들은 반발하기 마련입니다. 따라서 선택을 한다는 것은 이런 조직적, 정치적 난관을 헤쳐나갈 용기가 필요합니다. 인텔의 경영자였던 앤디 그로브의 회고에 따르면 메모리 사업에서 철수하기로 한 것이 1985년 중반이었는데, 메모리 사업에서 철수를 시작한 것은 그보다 1년이 지난 후였다고 합니다. 그동안 경영진, 관리자, 엔지니어, 직원, 협력업체, 고객 등 다양한 사람들을 만나서 설득하고 타협하느라 시간이 소요된 것입니다. 그는 이때의 고통을 훗날 '죽음의 계곡valley of death을 지나는 것 같았다'라고 회상했습니다.[3]

전략은 모호한 열망이나 희망 사항이 아니라, 다른 길은 모두 버리고 하나의 길을 선택하는 것입니다. 수많은 희망과 꿈, 가능성으로 가득한 세계에서 하나만 택하고 나머지를 모두 포기하는 것은 힘든 결단입니다. 그래서 루멜트Rumelt 교수는 **전략을 만드는 것의 어려움은 논리나 분석이 아니라 '선택' 그 자체에 기인한다**고 통찰했습니다.[4]

전략의 출발점은 '버림'입니다 인텔의 성공은 메모리 반도체 사업의 포기에 기반하고 있습니다. 태양의 서커스는 스타 곡예사와 동물 묘기를 버림으로써 서커스를 재창조했습니다. 서로 경쟁했던 넷플릭스와 블록버스터의 운명을 가른 것은 넷플릭스가 DVD 대여사업을 하지 않기로 한 결정에 있습니다. 그러므로 '무엇을 하지 않을 것인가'를 결정하는 것이야말로 가장 중요한 전략적 선택입니다.

불확실성은 기업의 숙명이며 경영자는 불확실성 속에서 중요한 결정을 내려야 합니다. 선택을 미루면 변화의 타이밍을 놓치고 조직의 자원과 구성원의 에너지를 허비하게 됩니다. 전략은 선택입니다. 선택의 핵심은 앞에 놓인 여러 대안과 가능성을 포기하는 것입니다.

비즈니스 경쟁의 본질: 독특해지기 위한 경쟁[5]

콜라 전쟁cola wars. 코카콜라와 펩시가 탄산음료 시장의 주도권을 놓고 지난 한 세기 동안 벌인 치열한 경쟁을 일컫는 말입니다. 누가 이겼을까요? 정답은 '둘 다 승자'입니다. 두 회사가 서로 경쟁하는 과정에서, 탄산음료는 한때 소비량이 앞섰던 커피, 맥주, 우유 등을 제치고 미국에서 가장 많이 소비되는 음료가 되었습니다. 경쟁을 통해 두 회사는 세계적 기업으로 성장했으며, 탄산음료 시장은 미국에서만 100조 규모의 시장으로 성장했으며, 20세기를 통틀어 세계에서 가장 수익성이 높은 산업이 되었습니다. 경쟁을 통해서 두 기업 모두 승자가 된 것입니다.[6]

반면 전쟁은 승패가 분명합니다. 로마는 카르타고와 두 차례에 걸친 포에니 전쟁에서 승리하면서 대제국으로 성장했지만, 지중해의 상권을 장악하고 번창했던 카르타고는 역사의 뒤안길로 사라졌습니다. 전쟁의 결과는 항상 승자와 패자로 나뉘며, 내가 아무리 강해도 상대가 더 강하면 승자가 될 수 없습니다. 이런 전쟁의 속성을 기업 간 경쟁에 적용할 경우, '비즈니스 경쟁의 본질'을 놓치기 쉽습니다.

루멜트Rumelt 교수도 '좋은 전략 나쁜 전략'good strategy, bad strategy 이란 책에서, 인류가 전쟁에서 이기기 위해 축적한 군사전략에 대한 방대한 지식은 비즈니스 전략에는 별로 활용할 여지가 없다고 주장합니다. 전쟁에서 전투를 치르는 방식과 기업이 경쟁하는 방법이 다르기 때문입니다.

기업 간 경쟁은 누구나 승자가 될 수 있으며, 승자가 되는 방법도 여러 가지입니다. 고객이 다양하며 고객의 욕구도 차별적이기 때문입니다. 맥도날드도 있지만, 파이브 가이즈Five Guys나 인앤아웃 버거In-N-Out Burger도 함께 성업 중인 이유입니다. 월마트와 함께 고급 슈퍼마켓 체인인 홀푸드 마켓Whole Foods Market도 성공하는 이유입니다.

전쟁이 최고가 되기 위한 경쟁competition to be best이라면, **기업 간 경쟁은 자신만의 차별적 가치를 제공하기 위한 경쟁**competition to be unique이 되어야 합니다.[7] 최고가 되기 위한 경쟁은 상대를 이겨야 내가 사는 제로섬 경쟁입니다. 그 결과 치열한 경쟁은 결국 '가격경쟁'이 되어 경쟁자를 쓰러뜨리기 위해 싸우는 '전쟁'이 됩니다.

메모리 반도체의 치킨게임이 이런 경쟁의 표본입니다. PC 산업의 역사도 유사합니다. 성능과 가격경쟁의 결과로 많은 1등 기업이 사라졌습니다. 애플의 시장점유율은 5% 수준이지만, 합쳐서 시장점유율이 40%에 이르는 상위 3개 기업이 PC 시장에서 거두는 영업이익보다 훨씬 큽니다. 애플이 '남과 다르기 위한 경쟁'을 했다면, 다른 PC 업체들은 '최고가 되기 위한 경쟁', '경쟁자를 제압하기 위한 경쟁'에 몰두한 결과입니다.

구글의 창업자인 래리 페이지는 '다른 회사와의 경쟁에는 별 관심이 없습니다. 우리는 시장에 존재하지 않는 것을 만들어야 합니다. 신기술은 시장을 만드는 것이지, 기존 시장을 경쟁자와 나눠 가지는 제로섬 경쟁이 아닙니다.' 라고 했습니다. 엔비디아도 GPU 기술을 바탕으로 데이터센터용 AI 반도체, AI 소프트웨어, 자율주행솔루션, 로보틱스, 바이오 등으로 끊임없이 새로운 사업영역을 개척하고 있습니다. 기존 시장을 놓고 경쟁하는 것이 아니라, 스스로 새로운 시장을 창출하고 그 속에서 다른 경쟁자와 차별화하는 경쟁을 펼치고 있습니다.

전략적 사고의 본질은 상대를 이기는 것이 아니라, '경쟁자와 다르게'입니다. 경쟁의 목적도 경쟁자를 압도하는 것이 아니라, 경쟁자가 제공하지 못하는 독특한 가치를 고객에게 제공하는 데 둬야 합니다. 이것이 경쟁을 통해 성공에 이르는 방법입니다.

▶ 3장 그룹본부

본사의 가치창출에 대한 주요 연구결과[1]

• 본사의 존재 의의

기업 본사corporate centre는 고객을 상대하지도, 수익을 창출하지도 않는 비용 센터이다. 비용보다 중요한 것은 개별 사업부의 의사결정이나 활동에 부정적 영향을 미치는 경우가 많다는 것이다. 기업 본사의 존재가 정당화되려면, 개별 사업부가 독립적으로 경영을 하는 경우보다 본사의 영향력 아래에서 더 나은 성과를 달성해야 한다.

그러나 많은 사업부 경영자들은 본사의 개입 없이 사업부가 독립적으로 운영되면 사업부 성과나 경쟁력이 더 향상될 것이라고 믿는다. 실제로도 다각화된 기업에서 특정 사업부가 분사하거나 매각된 후 독립적 기업으로 운영될 때 성과가 향상된 사례가 훨씬 많다. 따라서 **본사의 존재 의의는 본사가 가치를 창출한다는 특별한 조건에서만 타당**하다.

• 본사의 가치 파괴value destruction

오버헤드 비용은 차치하고라도 본사 관리자들의 잘못된 영향력 행사와 정보 필터링이 가치 파괴의 주요 원인으로 작용한다. 본사 관리자는 비즈니스 현장과 떨어져 있고 여러 사업부에 관심이 분산되므로, 잘못된 의사결정이나 영향력을 행사할 가능성이 크다.

한편 사업부(계열사) 경영자는 자원 확보나 개인의 인사상 이익을 위해 본사 관리자에게 제공하는 정보를 필터링한다. 사업부의 좋은 점, 밝은 면에 대한 정보만 제공하기 때문에, 본사 관리자는 왜곡된 정보에 의해 의사결정을 내리거나 사업부에 부적합한 영향력을 행사할 가능성이 커진다. 더불어 본사는 자신이 수행하는 활동의 효과성, 타당성을 검증받지 않고 계열사 경영자가 본사를 비판하기는 어려우므로, 본사는 자신의 활동이나 개입의 타당성을 점검할 기회를 얻지 못한다.

이러한 이유로 본사의 과도한 비용 지출과 계열사 경영에 대한 부정적 영향은 멀티비즈니스 기업의 공통적 현상이다. 이런 부작용은 본사가 이에 상응한 가치 창출을 할 수 있을 때 정당성이 인정받을 수 있는데, 현실은 그렇지 못한 경우가 많다.

따라서 **본사는 권한을 절제해서 행사**해야 한다. 영향력 행사가 계열사 경영에 긍정적 결과를 초래할 것이라는 확신이 없으면 경영에 개입하지 말아야 한다. 자신이 보유한 스킬이나 역량에 적합하지 않은 사업부가 있다면 스핀오프spin-off 하거나 독립적 경영을 보장해야 한다. 그리고 가치 창출이 명확하지 않은 기능은 본사에서 제거하거나 줄여야 한다.

• 사업부 간 시너지

본사는 시너지 창출 기회가 분명하지 않은 경우에도 시너지 창출 명목으로 종종 사업부 간 관계에 개입하는 경향이 있다. 관찰에 의하면 본사의 사업부 간 관계에 대한 개입은 대부분 부정적 결과를 초래한다. 사업부 간 관계 조정이 필요하더라도 본사의 개입 없이 사업부가 서로 자율적으로 조정하는 것이 더 나은 결과를 낳는다. 따라서 **본사 관리자들은 사업부 간 시너지를 찾으려 애쓰지 말고, 사업부 간의 거래는 시장 원리에 의해 자율적으로 이루어지도록** 맡겨 두는 것이 좋다.

• 본사의 가치 창출value creation

성공적인 본사는 여러 계열사의 다양한 이슈에 개입하기보다는 **분명한 가치 창출 기회가 존재하는 소수의 영역에만 활동을 집중**한다. 가치 창출 기회가 명확하고 본사가 이를 달성할 수 있는 스킬, 자원, 역량을 보유한 경우에만 관여해야 한다. 가치 창출이 가능한 소수의 핵심 이슈에만 집중함으로써, 성과 달성이 쉬워지고 사업부로부터 신뢰를 얻을 수 있다. 이 과정에서 본사는 자신의 고유한 스킬을 개발할 수 있으며, 여러 가지 이슈에 에너지가 분산되는 것을 방지할 수 있다.

정기적으로 이루어지는 사업부에 대한 모니터링은 사업부와 본사 모두에게 노력과 시간 낭비만을 초래할 뿐이다. 사업부의 경쟁력이 취약하거나 경영자의 경영능력이 부족한 경우에 본사의 가치창출 기회가 있을 가능성이 크다.

본사는 불필요한 개입이나 권한 행사를 자제함으로써, 사업부 경영자들과 신뢰 관계를 쌓아야 한다. 관료주의에 빠지지 않기 위해서는 문서를 통한 공식적 보고나 의사소통을 줄이고 대면 미팅, 비공식적 네트워킹을 활용할 필요가 있다. 성공적인 본사의 관리자는 업무능력뿐만 아니라 대인관계 스킬과 유연한 소통능력을 갖춰야 한다.

▶ 4장 혁신

탐험과 활용의 균형 달성 방법

장수기업이 되려면 활용과 탐험 활동의 균형을 유지하는 것이 중요합니다. 활용 활동과 탐험 활동의 상충 관계를 살펴보고, 조직에서 활용과 탐험의 균형을 달성하는 네 가지 서로 다른 방법에 대해 제시하겠습니다.

• 활용과 탐험의 상충 관계

활용은 단기 성과, 탐험은 장기 경쟁력에 이바지하는 활동이므로, 기업이 오래 생존하기 위해서는 활용과 탐험의 균형이 필요합니다. 그런데 활용과 탐험은 서로 상충 관계trade-off를 가져 동시에 추구하기가 어렵습니다. 장수기업이 드문 이유입니다.

반도체 산업의 기술이 진공관에서 트랜지스터로 바뀌면서, 진공관 분야 상위 10대 기업 중 8개가 파산했습니다. 환경 변화를 예측하지 못해서가 아닙니다. 도태된 기업은 (1) 신기술(트랜지스터)에 투자하지 않기로 한 기업, (2) 트랜지스터 기술에 투자하였으나, 잘못된 기술을 선택한 기업, (3) 기술 변화를 예측하고 적기에 투자를 실행했지만 실패한 기업의 세 집단으로 나눌 수 있는데, 세 번째가 다수였습니다.

세 번째 집단의 실패는 기존 사업과 신사업을 동시에 추진하는 데 실패했기 때문입니다.[1] 기존 사업과 신사업을 수행하는 방식이 달라야 하는데도 불구하고, 성공의 관성과 내부 조직 간 갈등으로 기존 사업(활용)과 신사업(탐험)을 동시에 수행하는 데 실패한 것입니다. 활용과 탐험의 상충 관계를 잘 보여주는 사례입니다.

〈표 1〉에서 보면, **활용과 탐험에 요구되는 조직특성이 대조적**입니다. 활용을 추구하는 경우 규모가 크고(규모의 경제) 위계적 조직구조와 집권화된 의사결정, 표준화된 프로세스가 효율적입니다. 반면 탐험을 촉진하기 위해서는 위험 감수, 실험, 탐색 등이 조직에서 자유롭게 이루어져야 하며, 이를 위해 분권화와 자율, 느슨하고 유연한 프로세스, 개방적이고 수평적인 조직문화와 같은 요소의 뒷받침이 필요합니다.[2]

표 1 • 활용과 탐험의 상충 관계: 요구되는 조직특성

	활용	탐험
조직구조	집권화, 공식화	분권화, 자율
조직규모	크다	작다
시간지향성	단기	장기
프로세스	엄밀함, 표준화	느슨하고 유연함
문화	수직적, 원칙 중시	수평적, 학습지향적

자료: 허문구, 추격과 추월을 넘어 혁신과 개척으로, 이홍 외, K-매니지먼트: 기로에선 한국형 기업경영, 클라우드나인, 2015, 182쪽.

(1) 활용과 탐험의 균형 달성 방법: 조직구조의 분리[3]

활용과 탐험 활동 간의 상충 관계를 관리하기 위한 가장 직접적인 방법은 **활용 조직과 탐험 조직을 분리하고, 각 조직에 대한 경영방식을 차별화**하는 것입니다.

대표적인 사례로 '스컹크웍스'Skunk Works가 있습니다. 제2차 세계대전 중, 독일의 유럽 공습에 대응하기 위해 미 국방부는 록히드마틴에 민첩한 전투기 개발을 요청했습니다. 록히드는 기존 조직의 절차와 규정을 따르면 개발이 지연될 것을 우려해, 본사에서 완전히 독립된 비밀 프로젝트 조직을 만들고, 조직운영의 완전한 자율성을 부여하고 경영진과의 직접 소통 권한을 부여했습니다. 그 결과 최신형 전투기 P-38을 조기에 개발해 전쟁 승리에 기여할 수 있었습니다.[4]

반면 스마트폰에서 노키아의 실패는 구조분리를 못한 데 따른 실패입니다. 앞서 설명했듯이 노키아는 세계 최초의 스마트폰 시제품을 개발하는 등 스마트폰 시대의 도래를 예측하고 준비했었습니다. 그러나 2006년 CFO를 거쳐 경영자가 된 칼라스부오Kallasvuo는 조직운영의 제1원칙을 비용 절감에 두고, 원가절감과 이익을 높이기 위해 피처폰 부문과 스마트폰 부문을 통합했습니다. 그 결과 피처폰 부문을 중심으로 조직이 운영되고 스마트폰의 개발은 뒤로 밀리게 된 것입니다. 활용형 리더가 환경이 급변하던 시기에 최고

경영자가 된 것이 노키아에는 재앙이 된 것입니다.

조직 양면성을 위해서는 조직이 축적한 역량이나 자원을 새로운 조직 단위(탐험 부문)에서 활용할 수 있어야 합니다. 따라서 구조분리와 함께 통합이 필요합니다. 종이신문인 USA Today는 변화하는 미디어 환경에 적응하기 위해 USAToday.com이라는 온라인 뉴스 서비스 사업을 시작했습니다. 신사업을 운영하기 위해 외부에서 책임자를 영입하고 기존 신문사업부로부터 조직을 독립하고 관리방식도 차별화했습니다. 탐험 조직을 활용 조직과 분리한 것입니다.

그리고 구조분리를 보완하려는 조치로 신문, TV, 온라인뉴스 부문의 책임자가 매일 편집 미팅을 하여 아이디어를 공유하고 시너지 창출 기회를 모색하도록 보완했습니다. 그 결과 조직 단위의 분리는 유지하면서, **분리된 조직 간 조정과 통합을 위한 노력**을 통해 온라인 사업이 급속도로 성장하는 계기가 마련되었습니다.[5]

이상의 사례에서 알 수 있듯 조직 분리는 조직 단위의 물리적 분리를 넘어서 분리된 조직 간에 지식과 자원이 공유되고 조정과 통합이 효과적으로 이루어질 수 있어야 합니다.

(2) 활용과 탐험의 균형 달성 방법: 양면적 컨텍스트의 구축

이 방법은 구성원 모두가 업무수행 과정에서 활용과 탐험 활동을 병행하도록 하는 방법입니다. 이에 대한 자세한 내용은 본문에서 제시하였으므로, 여기서는 생략하겠습니다. 구조분리 방법은 상황 변화, 경영자 교체, 성과 악화 등이 발생하면 탐험 조직의 위상이 약해지고 자칫하면 활용 조직에 통합될 위험성이 있습니다. 반면 양면적 조직 컨텍스트는 환경이나 상황 변화에 상대적으로 영향을 덜 받으며 활용과 탐험을 병행할 수 있다는 점이 장점입니다.

(3) 활용과 탐험의 균형 달성 방법: 양손잡이 리더십 팀

이 방법은 활용형 리더와 탐험형 리더로 구성된 경영팀이 함께 조직을 이끌어나가는 방법입니다. 사업영역이 다양하고 조직규모가 클수록 한 사람의 경영자가 조직을 효과적으로 경영하기는 어렵습니다. 양손잡이 조직의 구축은 경영자의 역량이라는 주장처럼,[6] 역량과 스타일이 서로 다른 활용형 리더와 탐험형 리더로 리더십팀을 구성하는 것은 큰 변화 없이 양손잡이 조직을 구축할 수 있는 효과적 방법입니다.

HP를 창립하고 HP의 문화에 큰 영향을 미친 빌 휴렛과 데이빗 패커드는 리더십팀의 환상적인 사례입니다. 휴렛은 사업과 관리를 담당했으며, 엔지니어였던 패커드는 연구와 기술개발을 맡았습니다. 빌이 활용, 데이빗은 탐험형 경영자로서 HP는 활용과 탐험의 균형을 유지하며 급성장할 수 있었지요. 구글에서 래리 페이지가 현 사업을, 세르게이 브린은 기술과 신사업을 맡아 경영 업무를 분담한 것도 동일한 맥락입니다.

반면 MS는 활용 지향적 리더가 전권을 가지면서 혁신이 쇠퇴하고, 모바일 환경에 적응하는 데 실패한 사례입니다. 빌 게이츠가 MS의 CEO로 있을 때 그는 회사의 미래 방향설정과 개발을 주관하는 탐험형 리더였으며, 스티브 발머는 관리, 재무, 성과 관리와 같은 활용 중심의 업무를 담당했습니다. 문제는 빌 게이츠가 자신이 세운 자선재단에 전념하기 위해 발머에게 경영을 맡기고 회사를 떠난 후에 발생했습니다. 전형적인 활용형 리더였던 발머 시대에, MS는 혁신이 정체되면서 모바일로 바뀐 환경에 적응하지 못하고 유능한 개발자들이 회사를 떠나면서 위기를 겪었습니다. 리더십이 한쪽으로 치우쳐 생긴 문제입니다.

변화와 혁신의 시대에 **멀티비즈니스 기업일수록 서로 다른 특성을 가진 리더들이 팀을 이루어 조직을 이끌어야 합니다.** 서로 약점을 보완할 수 있는 경영자들로 구성된 리더십 팀이 활용과 탐험에 대한 역할과 책임을 분담할 때, 현재와 미래의 균형을 유지하는 양손잡이 경영의 달성이 가능해집니다.

(4) 활용과 탐험의 균형 달성 방법: 시간 분리

시간 분리temporal separation는 **시간의 흐름에 따라 활용에 전념하는 시기와 탐험에 초점을 두는 시기를 달리함**으로써, 결과적으로 활용과 탐험의 균형을 달성하는 방법입니다. 앞서 제시한 세 방법은 활용과 탐험의 균형을 달성하는데 시간적 차이를 두지 않는 동시 병행 방법simultaneous approach이라면, 시간 분리는 순차적 방법sequential approach에 해당합니다.[7]

시간 분리의 사례로 하드디스크 드라이버 산업을 들 수 있습니다. HDD

그림 1 시간적 분리 사례: HDD 산업

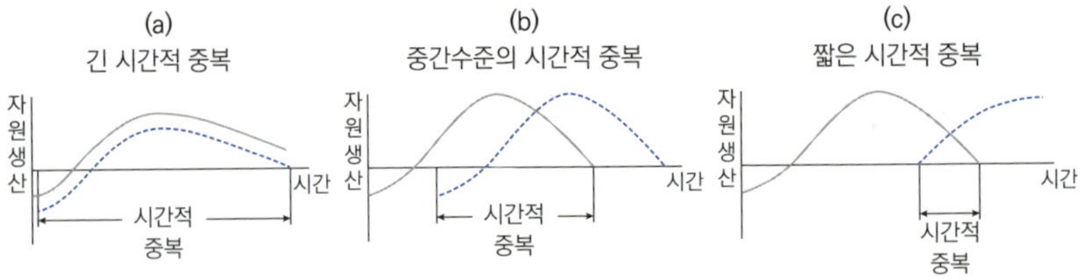

자료: Ming Piao(2010), p.1535.

의 산업 표준이 130mm에서 95mm로 진화하는 과정에서 나타난 기업의 대응은 크게 세 가지로 나뉩니다.[8] 첫째는 130mm의 효율적 생산(활용)과 함께 95mm의 개발(탐험)에 자원을 동시에 투자한 경우입니다(〈그림 1〉 (a)). 둘째는 130mm의 효율적 생산에 주력하면서, 적절한 시차를 두고 95mm의 개발을 진행한 기업들이며(〈그림 1〉 (b)), 세 번째는 모든 자원을 130mm 생산에 투입하다가 시장변화가 확연히 나타난 시점에 95mm 개발에 뛰어든 경우입니다(〈그림 1〉 (c)).

장기적으로 보면 두 번째 접근방식[b]을 택한 기업들의 성과가 가장 우수했습니다. 첫 번째 기업군은 현 제품 생산과 신제품 개발을 동시 추진하면서 자원 활용의 비효율성이 발생했으며, 세 번째 기업군은 너무 늦게 신제품 개발에 뛰어들어서, 주력 제품이 95mm로 바뀌는 시장환경에 적응하지 못하고 상당수가 도태됐습니다. 반면 두 번째 집단은 자원 활용의 효율성과 환경 변화 적응이라는 두 과제를 효과적으로 달성함으로써 가장 높은 성과를 보였습니다. 조직 양면성 달성에 시간 분리가 가지는 장점을 잘 보여주는 사례입니다.

그러나 시간 분리와 같은 순차적 방법도 한계가 있습니다. 첫째는 기업의 경영방식을 '활용 중심-탐험 중심-활용 중심'과 같은 방식으로 바꾸기 쉽지 않습니다. 조직에서 루틴이 형성되면 관성이 생겨 변화가 쉽지 않기 때문입니다. 둘째는 환경 변화가 너무 빨라서 활용이 필요한 시기와 탐험이 필요한 시기를 사전에 판단하기 어렵습니다. 즉 자원 활용의 효율성이라는 면에서는 순차적 방법이 장점이 있지만, 환경 변화에 대한 선제적 대응을 위해서는 동시 병행 방법이 더 효과적입니다.

▶ 5장 동적 역량

경영전략 이론 패러다임의 발전

경영전략은 비즈니스의 성공과 실패의 원천을 탐구하는 학문입니다. 경쟁자보다 우월한 성과를 가져다주는 요소를 전략적인 표현으로 경쟁우위competitive advantage라 하는데, 경영전략의 핵심 질문은 '기업이 어떻게 경쟁우위를 획득하고 지속하는가' 하는 것입니다. 전략이 독립적 학문으로 성립, 발전하기 시작한 1970년대 이후, 경쟁우위의 원천에 대한 이론은 크게 포지셔닝 이론, 자원기반 이론, 동적 역량 이론의 세 가지로 나눌 수 있습니다.

• 포지셔닝 이론

포지셔닝 이론positioning view은 특정 산업에서 **기업이 구축, 점유하고 있는 독특한(경쟁사와 차별적인) 포지션**position을 경쟁우위의 원천으로 봅니다. 포지셔닝 이론은 산업의 구조적 특성에 대한 경쟁 세력competitive forces과 경쟁전략에 대한 마이클 포터Michael Porter의 일련의 연구를 바탕으로 발전했습니다.[1] 이 이론에 따르면, 경쟁우위는 기업이 구축한 경쟁자에 대해 독특한(우월한) 포지션으로부터 발생하며, 기업의 독특한 포지션은 여러 활동의 결합으로 구축됩니다.[2] 따라서 전략의 목적은 상호 관련된 활동의 결합을 통해 경쟁자와 다른 독특한 포지션을 구축하고, 이를 지속적으로 방어하는 것이라고 봅니다.

• 자원기반 이론

자원기반 이론resource-based theory은 기업을 자원과 능력의 결합체bundle로 파악합니다.[3] 이 이론은 여러 활동의 집합인 포지션은 다른 기업이 모방할 수 있어 지속적 경쟁우위의 원천이 될 수 없다고 주장합니다. 대신 **기업이 보유한 독특한 자원과 능력**에 주목합니다. 이러한 자원과 능력은 동일 산업에서도 기업 간에 차이가 있으며, 인과적 모호성causal ambiguity, 사회적 복잡성social complexity, 시간 단축에 따른 비경제성time compression diseconomies과 같은 요인들로 인해 다른 기업이 모방하거나 시장에서 거래를 통해 획득하기 어렵다고 주장합니다.[4] 따라서 경쟁자가 모방하거나 대체하기 어려운 기업 내부의 자원과 능력이야말로 지속적 경쟁우위의 원천이라고 봅니다. 실무적으로 널리 알려진 핵심 역량이론은 자원기반 이론에 근거하고 있습니다.

• 동적 역량 이론

포지셔닝 이론과 자원기반 이론은 특정 시점에서 기업 간 경쟁과 경쟁우위 분석에 초점을 두고 있어서 정태적 분석이라는 한계가 있습니다.[5] 그리고 자원기반 이론에서 경쟁우위의 원천이 되는 자원과 능력은 환경이 급격히 바뀌면 오히려 기업의 환경적응을 가로막는 요인이 될 수 있다는 점을 간과하고 있습니다. 소위 핵심 역량이 바뀐 환경에서 핵심 경직성이 되는 것이지요.[6]

반면 동적 역량 이론은 **환경 변화에 대응하여 기업이 보유한(활용 가능한) 자원과 능력을 재구성하거나 변혁할 수 있는 역량**을 성공의 원천으로 파악합니다(동적 역량에 대한 더 자세한 논의는 5장 '동적 역량의 개념과 구성요소'를 참고하시기 바랍니다).

동적 역량의 미시적 기반microfoundations of dynamic capabilities

동적 역량 연구의 선구자인 Teece 교수는 동적 역량을 형성하는 세 가지 역량을 개발하기 위한 방법을 〈그림 2〉와 같이 제시하고 있습니다.[7] 이 그림은 끊임없이 변화하는 환경 속에서, 기업이 어떻게 성공적으로 환경에 적응하고 경쟁우위를 유지할 수 있는지 동적 역량의 핵심 과정을 나타냅니다. 각 과정의 구성요소는 환경에 따라 선택되거나 변화될 수 있습니다. 마치 생물이 환경에 적응하며 진화하듯, 기업도 환경 변화에 민감하게 반응하고, 새로운 기회를 포착하며, 위협에 맞서 스스로 변혁해야 합니다.

그림 2 동적 역량과 비즈니스 성과의 토대

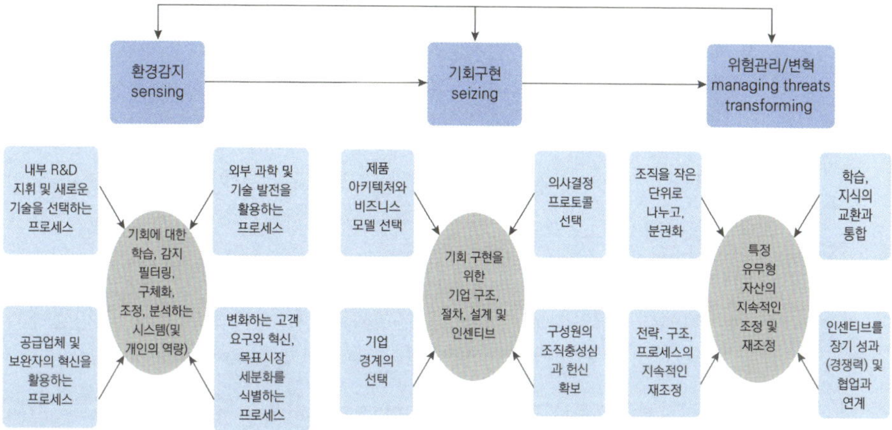

자료: David Teece(2007), 1342쪽, 부분 수정.

동적 역량 이론의 적용: 엔비디아

동적 역량 이론에 대한 이해를 돕기 위해 엔비디아를 동적 역량 관점에서 분석해 보겠습니다. 젠슨 황이 1993년 창업한 엔비디아는 PC 게임용 GPU 회사에서 AI 반도체 회사로 변신하였으며, 슈퍼컴퓨터, 데이터센터, 자율주행, 로봇, 바이오 분야에 이르기까지 GPU 기술을 기반으로 끊임없이 새로운 비즈니스를 창출하고 있습니다. 이제는 하드웨어를 넘어 플랫폼, 서비스 제공 기업으로까지 사업영역 확장과 변신을 거듭하고 있습니다. 이 과정을 환경감지 역량, 기회활용 역량, 재구성 역량으로 나누어 살펴 보겠습니다.

• 환경감지 역량

엔비디아의 눈부신 발전은 기술발전과 시장변화 속에서 사업기회를 인식하는 탁월한 환경감지 역량에 바탕을 두고 있습니다. 엔비디아의 민첩한 환경감지를 가능케 하는 요인을 정리하면 다음과 같습니다.

(가) 시장의 작은 신호에 관해 관심을 두고 민감하게 대응합니다. 연구자 수준에서 이루어지기 시작한 딥러닝의 발전을 목격하고 인공지능의 발전 가

능성을 인식하였으며, 인공지능 학습에 GPU가 사용되도록 연구자와 관련 기업을 적극적으로 지원하였습니다. 또한 데이터센터의 AI 반도체 수요 폭발을 예상하고 경쟁자보다 앞서 선제 대응했습니다.

(나) 다양한 분야의 기술발전 동향을 지속해서 조사, 추적합니다. 인공지능, 퀀텀 컴퓨팅, 로보틱스, 바이오 등 광범위한 영역에서 시장과 기술발전을 모니터링하며, 항상 새로운 사업기회를 모색합니다. 신기술 분야는 적극적 연구개발을 바탕으로 고객의 니즈를 인지하고 비즈니스 가능성을 검토합니다.

(다) 업계 주요 기업과 광범위한 파트너십을 구축하고 협업을 통해 새로운 영역에서의 변화와 발전을 지속 추적합니다. 진출한 모든 사업영역에서 기회 선점을 위해 파트너십을 구축하고, 적극적으로 협업합니다.

(라) 개발자, 고객과의 협력을 바탕으로 사업에 대한 통찰력을 얻고 기회를 감지합니다. 각 사업 분야에서 고객과 긴밀한 협력 관계를 유지함으로써, 고객의 요구와 사업기회에 대한 정보와 통찰력을 습득합니다. 인공지능 소프트웨어 플랫폼인 쿠다CUDA의 무상 제공과 지속적 업데이트에서 알 수 있듯이 연구자와 개발자를 적극적으로 지원하고 무엇이 필요한지 빨리 인식합니다.

이상에서, 엔비디아는 현 사업 분야와 관련된 다양한 영역에 걸쳐 끊임없이 시장 동향과 기술발전 추세를 조사, 분석하는데 많은 노력을 기울입니다. 이 과정에서 관련 기업, 고객, 연구자, 개발자 등 산업 생태계를 구성하는 주체들과 지속 협력하며, 이를 통해 기회를 선점하는 데 능숙하다는 것을 잘 알 수 있습니다.

• 기회활용 역량

기회활용 역량은 자원 동원, 신제품 개발, 비즈니스 모델 개발 등을 통해 감지한 기회를 비즈니스 성과로 구현하는 기업의 능력입니다. 엔비디아는 **유연한 조직구조와 운영, 빠른 의사결정과 실행, 과감한 투자, 혁신적 비즈니스 모델 개발을 통해 탁월한 기회활용 역량**을 보여왔습니다. 다음은 엔비디아의 기회활용 역량을 잘 나타내는 사례입니다.

(가) 인공지능, 데이터센터 분야에 대해 신속하고 과감한 투자를 실행했습니다. 고성능 컴퓨팅과 인공지능의 부상을 감지하자마자, GPU 개발 방향을 게임에서 데이터센터 수요 중심으로 신속히 전환했습니다. A100,

H100(호퍼 아키텍처), H200, B100/B200(블랙웰), R100(루빈) 등 빠르게 신제품을 개발, 출시하고 있습니다.

(나) 주요 기업과 전략적 협력을 통해 신제품 개발을 촉진하고 시장지배력을 확대합니다. 테크기업과 공동연구, 제품 최적화, 서비스 제공과 같은 상호 협력을 통해 인공지능 반도체 업체로서 입지를 강화하고 고객 요구를 반영한 제품개발과 투자를 실행했습니다. 마이크로소프트, 아마존, 메타, 구글, xAI 등과 긴밀하게 협력하고 있습니다. 자율주행 분야에서는 메르세데스-벤츠, 볼보, 현대차 그룹, BYD, 니오와 같은 완성차 업체 및 수많은 부품업체와 협력하여 자율주행 솔루션을 고도화하고 있습니다.

(다) 빠른 환경감지를 통해 인식한 사업기회 활용을 위해 신제품 및 서비스를 신속히 개발, 출시합니다. 메타버스가 떠오르자 디지털 트윈, 가상 협업, 인공지능을 활용한 시뮬레이션 플랫폼인 옴니버스Omniverse를 출시하여, 시장 기회를 선점하였습니다. 자율주행 기술 등장에 대응하여 자율주행 기술을 제공하는 플랫폼인 NVIDIA DRIVE를 개발, 출시하였습니다.

(라) 성공에 안주하지 않고 끊임없이 새로운 비즈니스 모델을 개발합니다. 고객 맞춤형 AI 모델 개발을 위한 엔터프라이즈 솔루션인 엔비디아 AI 파운드리 서비스, 전 세계 데이터센터에 설치된 엔비디아 GPU로 AI 서비스를 제공하는 엔비디아 NIM 등 혁신적인 비즈니스 모델을 바탕으로 시장을 확장하고 있습니다.

• 재구성/변혁 역량

환경 변화에 대응하여 지속적으로 시장과 비즈니스를 창조하는 것은 보유 자원과 능력을 통합하거나 재구성하는 역량이 탁월하다는 증거입니다. 엔비디아의 재구성/변혁 역량을 보여주는 요인을 살펴보겠습니다.

(가) GPU 기술을 끊임없이 개선, 강화하고 다른 분야의 기술과 결합하여 새로운 사업영역을 개척합니다. 게임용 그래픽카드에서, GPU를 거쳐 AI 반도체 하드웨어 및 플랫폼 기업으로, 나아가 자율주행, 메타버스, 바이오, 로봇 분야로 사업 분야를 확장하고 있습니다. GPU 기술을 기반으로 기술, 자원, 역량을 재구성함으로써 신사업을 개척한 것입니다.

(나) 전략적 기업 인수를 통해 기술과 역량을 확장했습니다. 컴퓨터 네트

워킹 솔루션을 제공하는 이스라엘 벤처기업인 멜라녹스Mellanox를 인수하여, 자사 기술과 멜라녹스의 고성능 네트워킹 기술을 결합함으로써 데이터센터에 들어가는 AI 반도체 성능 향상에 결정적 역할을 했습니다. 이를 통해 엔비디아는 AI 컴퓨팅에서 네트워킹, 프로세서에서 소프트웨어에 이르는 풀스택 제품과 차세대 데이터센터 기술을 보유하게 되었습니다.

(다) 다양한 분야에 걸쳐 비즈니스 생태계를 구성하는 주요 주체들과 협업을 통해 끊임없이 역량을 개발, 재구성합니다. 2006년 공개한 소프트웨어 플랫폼인 쿠다CUDA는 딥러닝 연구자들이 엔비디아 GPU를 AI 학습에 사용하도록 지원하기 위해 만들어졌으며, 지속적인 업데이트를 통해 엔비디아 AI 반도체가 시장을 장악하는 데 결정적 영향을 미쳤습니다. 새로 진출하는 비즈니스에서도 관련 기업, 고객, 개발자와 조직생태계를 구축하고, 지식, 정보, 기술의 교류와 결합을 통해 혁신을 가속합니다. 이처럼 **재구성 역량은 엔비디아가 여러 사업영역에서 다양한 제품과 서비스를 개발, 혁신하는데 핵심적인 역할**을 하고 있습니다.

▶ 6장 조직

Being big, Acting small (큰 조직이 작은 조직처럼 민첩하게 움직이도록 하는 방법)

기업의 규모가 커지면 대규모 투자가 가능해지고 글로벌 범위에서 사업을 수행할 수 있으며, 규모의 경제를 누릴 수 있는 등 여러 장점이 있습니다. 하지만 '조직'에 문제가 발생합니다. 조직이 관료화되어 의사결정이 느려지고, 개인의 자율성이 제한되고 환경 변화에 적응력이 둔화합니다. 한때 성공을 거두었던 1등 기업이 추락한 원인으로 늘 '조직의 관료화'가 빠지지 않는 이유입니다.

반면 작은 조직은 자원의 제약으로 경쟁력 강화에는 한계가 있지만, 의사결정이 빠르고 조직 유연성이 높고 개인의 창의성 발휘가 가능해서 환경 변화에 민첩한 대응에는 이점이 있습니다.[1] 즉 조직의 환경 대응성과 민첩성 측면에서는 규모가 작은 것이 유리합니다. 그래서 많은 대기업이 '규모는 크지만, 작은 조직처럼 민첩한 조직'being big, acting small을 만들려고 노력합니다.[2]

가장 기본적인 방법은 **분권화된 작은 팀(혹은 조직 단위)을 중심으로 조직을 운영**하는 것입니다. 팀은 부서와 같은 공식적인 조직 단위의 기능보다는, 분명한 목적을 가지고 다양한 사람이 협력하여 성과(목적)를 달성하는 조직이 되어야 합니다. **팀에 자율성과 책임을 부여하면 전체 조직의 유연성이 향상되고 빠른 의사결정이 가능**해집니다.

엔비디아는 공식적인 조직도가 없습니다. 많은 일이 프로젝트팀 단위로 수행됩니다. 팀은 GPU, AI, 데이터센터, 자율주행 등 특정 기술분야(플랫폼)를 중심으로 이루어집니다. 팀의 미션을 효과적으로 달성하기 위해 팀원들은 엔지니어, 제품과학자, 연구자, 데이터과학자 등 다양한 기술을 가진 사람들로 구성됩니다. 프로젝트팀의 책임자는 파일럿 인 커맨드pilot-in-command; PIC라고 하는데, PIC는 직급과 관계없이 적임자가 책임을 맡습니다. 여러 부문이 관련되어 있을 때는 PIC들끼리 협업을 통해서 조정하고 일을 추진합니다.[3]

공식 조직의 관리자가 업무를 조정하기보다는 프로젝트팀 리더들 간에 수평적, 유기적으로 협업하고 조정하므로 신속한 의사결정과 민첩한 대응이 가능해집니다(본문 6장, 〈그림 8〉 참고). 프로젝트 중심의 팀 구성, 여러 기술분야의 인력이 서로 협력하여 팀의 미션 달성, 팀 운영의 자율성, 하이어라키에 의한 조정이 아니라 팀 리더 간 수평적 조정 등을 통해서 엔비디아는 소규모 조직과 같이 빠르게 의사결정하고 민첩하게 환경에 적응하고 있습니다.

대기업이 작은 조직과 같은 유연성과 민첩성을 가지기 위해서는 일선 조직 단위를 작은 규모로 구성하고, 해당 조직에 충분한 자율성을 부여해야 합니다. 그리고 **업무의 조정은 상위 계층(하이어라키)이 아니라 팀 간 수평적 조정을 통해 해결**하도록 해야 합니다. 그러면 불필요한 계층 구조나 관리자의 개입을 방지할 수 있으므로 의사결정이 빨라지고 조직의 유연성과 민첩성이 향상됩니다. 아울러 일선 조직의 자율성을 강화하기 위해서는 본사 스태프의 개입을 최소화해야 합니다.

마이크로소프트의 조직구조, 운영, 통제 및 조직문화 비교: 발머 vs 나델라

마이크로소프트의 창업자인 빌 게이츠는 경영 일선에서 물러나면서 자신이 가장 신뢰하는 친구이자 동료였던 스티브 발머에게 MS의 경영을 맡겼습니다. 누구보다 MS를 사랑하고 일벌레였던 발머가 재임한 14년간 회사는 혁신이 정체되어 경쟁력이 저하되고, 직원의 사기는 땅에 떨어져 많은 사람이 이직하였습니다. 14년간 기업가치는 오히려 반 토막이 났습니다(2000년 5,000억 달러 → 2013년 말 2,390억 달러). 이로 인해 발머의 시절은 MS의 암흑기로 평가받고 있습니다.

반면 발머의 후임 나델라는 MS의 재도약을 이끈 경영자로 높이 평가받고 있으며, 현재도 CEO로 재직 중입니다. 엔지니어 출신인 나델라는 전략, 혁신에 대한 관점, 조직구조, 조직관리 및 운영, 조직통제, 조직문화에 이르기까지 발머와는 경영방식이 아주 대조적입니다. 특히 기술기업의 경영에는 발머보다는 나델라의 경영 스타일이 훨씬 효과적인 것으로 평가받고 있어, 삼성에도 시사점이 많습니다. 두 CEO의 경영방식은 〈표 2〉에 정리했습니다.

표 2 • 발머 시대와 나델라 시대 마이크로소프트 비교

	스티브 발머(2000-2014)	사티아 나델라(2014 - 현재)
전략 초점: 제품, 사업 분야	윈도우 중심: 모바일 시장에서도 윈도우 중심으로 플랫폼 확장하려 했으나 실패	클라우드와 AI 중심으로 전략 피벗
전략 초점: 생태계 구축	자사 중심 폐쇄적 생태계 구축, 유지(애플, 구글과 협력 제한, 독점적 기술과 폐쇄적 플랫폼 유지-윈도우)	협업과 개방: open source와 cross-platform 전략, 경쟁사와도 협력(애플, 구글 생태계에 소프트웨어 제공)
제품개발, 혁신	단기 수익 중심의 제품개발, 불확실한 장기 프로젝트 개발 중단('쿠리어' 등)	장기적 성장을 중시하는 혁신과 제품개발
조직구조: 조직화 방식	제품 중심-사업부제 (윈도우, 오피스, 엔터프라이즈 솔루션, 엔터테인먼트 등)	기능과 제품의 혼합형 조직
조직관리 방식	· 사업부 간 부서 간 경쟁 체제 · 손익 평가 단위로 조직 구성 · 재무 중심의 전반관리자general manager 중용	· 부서 간 협업 강조, 부서의 전문성 강조(기능/기술) · 전문성을 가진 엔지니어 중용
조직운영	· 중앙집권적 통제와 의사결정 · 관리 계층과 공식 조직 중심의 조직운영	· 분권화된 통제와 자율성 중시: 프로젝트팀에서 목표, 실행방법, 결과에 대해 자율적 의사결정 · 기술이나 시장변화에 민첩한 대응
성과 관리	단기 성과 중심, 계량적 목표	장기적 성장과 혁신에 초점
조직통제	· 성과통제-단기 성과 지표(재무지표)에 따른 사업부별 성과평가 및 보상 차별화 · 팀 보다 개인의 성과에 초점 · 개인별 엄밀한 상대평가 제도stack rankings 운영	· 문화통제-혁신, 장기 성장, 자율성 등 가치에 기반한 문화적 통제 · 전체 조직의 성과 중시, 개인보다 팀 성과 중시 · 개인 간 상대평가 제도 폐지
조직문화	· 실적주의, 내부 경쟁, 관료적 문화 · 폐쇄적 문화(우리 회사 중심) · 실패를 경원시하고 위험을 회피하는 문화	· 내부 경쟁 억제, 협력적 문화 · 조직 외부와 개방적, 수평적 관계 중시 · 학습과 성장 지향: 실패를 통한 학습과 혁신 강조

▶ 7장 조직문화

조직의 관료화에 스태프 부서가 미치는 영향

기업의 규모가 커질수록 조직은 관료화됩니다. 대규모 조직을 통일적, 효율적으로 관리하기 위해 규칙, 절차를 만들고 업무를 표준화, 공식화하기 때문입니다. 그런데 관료화는 업무수행의 유연성, 창의성을 제한하고 공식적인 보고절차로 인해 의사결정 속도를 늦춥니다. 따라서 환경 변화가 빠르고 예측하기 어려운 경우, 관료화는 조직의 환경적응에 심각한 문제를 초래합니다.

반면 환경 변화가 크지 않고 업무가 루틴한 경우, 관료주의는 조직운영의 효율성을 높여 성과에 긍정적입니다(세계 최대의 화물운송업체인 UPS는 화물 운송 과정에 수백 가지의 규칙이 있는데, 이러한 규칙은 배송업무의 표준화와 신속성을 높이는 데 중요한 요소입니다).[1]

관료주의가 항상 문제가 아니라 조직이 당면한 환경이나 일의 특성에 따라 좋을 수도 나쁠 수도 있습니다. 삼성과 같은 기술기업은 어떨까요? 삼성이 당면한 환경은 불확실성이 높고, 업무도 루틴하지 않고(절차나 규칙을 활용해서 업무를 처리하기 어렵고), 전문 지식과 기술을 활용해야하는 지식집약적 특성을 가집니다. 따라서, 이 경우에는 관료화된 조직은 변화에 민첩하게 대응하기 어렵고, 구성원의 창의성과 자율성을 제약하게 됩니다. 곧 관료화는 조직의 성과에도 부정적인 영향을 미칩니다.

조직에서 규정, 절차를 만들고 업무 프로세스를 분석해서 표준화하는 역할은 어느 부서에서 담당할까요? 스태프 부서입니다. 재무 부서는 예산관리나 재무통제시스템을 표준화하여 타 부서의 활동을 검토, 분석, 통제하는 역할을 합니다. HR 부서, 기획부서도 업무는 다르지만, 일의 성격은 유사합니다. 제조현장의 경우 품질관리, 생산기획, 공정관리 부서도 유사한 역할입니다.

전문 스태프의 일은 조직 전반 혹은 특정 부문을 대상으로 계획, 설계, 진단, 분석, 평가, 변화, 통제와 같은 업무 특성을 가집니다. 이 과정에서 규칙, 절차가 만들어지고 업무 프로세스의 표준화가 촉진됩니다. 조직을 효율적으로 경영하기 위한 목적으로 수행되는 일이지만, 동시에 조직의 관료화를 심화하는 역할을 합니다.

민츠버그 교수는 조직을 구성하는 부문을 역할에 따라 크게 다섯 가지로 분류하고 있습니다(〈그림 3〉). 여기서 규정, 절차를 만들고 프로세스를 분석하고 표준화하는 역할을 맡는 부문을 전문 스태프tecnostricture라고 합니다. 앞서 얘기한 여러 스태프가 여기에 속합니다. 한편 지원 스태프는 다른 부서의 업무 수행에 직접적인 영향을 미치지 않는 스태프를 말합니다. 대외협력, 노사관계, 법무, 급여 지급, 총무 등과 같은 업무입니다.

민츠버그 교수는 대규모 조직의 특징을 기계적 관료제machine bureaucracy라 부릅니다. 업무 프로세스의 표준화와 공식화에 의해 빈틈없이 운영되는 효율성을 추구하는 조직이라는 의미입니다. 기계적 관료제 조직을 만드는데 중요한 역할을 하는 부문이 바로 '전문 스태프'입니다(〈그림 3〉).[2]

그런데 기계적 관료제 조직의 가장 큰 단점은 환경 변화에 민첩하게 대응하지 못한다는 점입니다. 따라서 **환경 변화가 심하면 '전문 스태프'의 역할에 대한 고민이 필요**합니다. 규칙, 절차를 만들거나 업무를 표준화하면 효율성은 향상되지만, 유연성과 창조성이 발휘될 여지가 적어 기술 환경이 급변하는 시기에는 환경적응에 문제를 초래합니다.

그러므로 현재 회사가 당면한 상황이 프로세스 효율화, 표준화가 우선인지, 아니면 유연성과 창조성 발휘가 더 중요한지, 마찬가지로 효율성 향상이 우선인지 혁신과 환경 적응력을 높이는 것이 더 중요한가를 잘 판단해야 합니다.[3] 조직의 관료화가 초래하는 단점이 더 크다고 판단될 경우, 전문 스태프의 규모를 줄이고 역할을 축소할 필요가 있습니다.

그림 3 조직의 다섯 가지 구성요소와 기계적 관료제의 특징

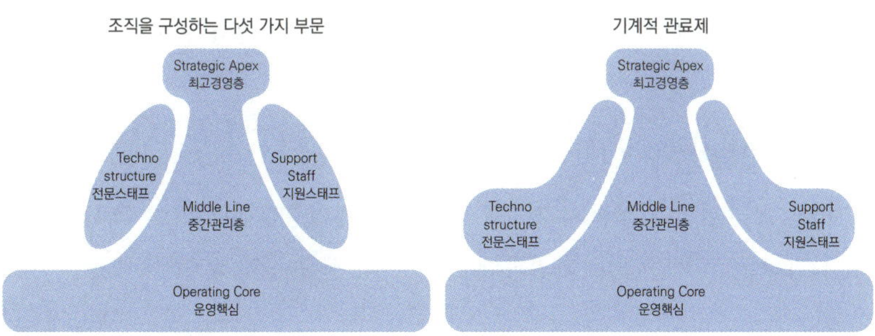

자료: Henry Mintzberg(1979), p.20, p.325.

용어 해설

▶ 1장 전략

AP(모바일 AP)

스마트폰의 두뇌 역할을 하는 반도체로, 연산, 통신, 멀티미디어 처리를 종합적으로 수행합니다(퀄컴, 미디어텍, 애플, 삼성전자의 LSI 사업부에서 제품을 설계합니다).

D램

데이터를 일시적으로 저장하는 메모리 반도체로, 컴퓨터나 스마트폰에서 주기억장치로 사용됩니다.

GPU(graphic processing unit: 그래픽처리장치)

그래픽처리를 위한 반도체 칩으로, 대량의 연산을 빠르게 수행하기 때문에, AI의 개발과 실행에 핵심적인 역할을 합니다. 엔비디아NVIDIA가 AI 시대의 대표 기업으로 떠오른 것도, GPU를 AI 연산용 칩으로 진화시켰기 때문입니다.

IPOInitial Public Offering

비상장 기업이 외부투자자에게 주식을 공개적으로 판매하여 주식시장에 상장하는 절차입니다. 기업공개 또는 주식 신규 상장을 말합니다.

MX 사업부

삼성전자에서 스마트폰, 노트북, 태블릿 사업을 담당하는 사업부입니다. 모바일 경험Mobile experience을 의미하며, 삼성의 사업부 중에서 매출 규모가 가장 큽니다.

고대역폭메모리HBM

D램을 층층이 쌓고 초고속 연결해 대용량 데이터를 빠르게 처리하는 고성능 메모리입니다. AI 반도체의 핵심 부품입니다(기존 메모리 제품은 범용 제품인 반면, HBM은 고객 맞춤형 제품이며, 범용 제품에 비해 수익성이 매우 높습니다).

규모의 경제

생산량이 늘어날수록(기업의 규모가 커질수록) 제품 단위당 비용이 줄어드는 현상입니다. 규모의 경제가 작용하는 산업에서는 대량생산이 원가절감과 가격경쟁력 확보에 중요합니다(메모리 제품은 규모의 경제 효과를 가집니다. 즉 생산규모가 클수록 원가에서 유리합니다).

기술기업

기술을 핵심 경쟁력으로 하여 제품이나 서비스를 제공하는 기업으로, 반도체, 소프트웨어, AI, 전자기기 분야 기업이 대표적입니다. 엔비디아, MS, 애플, TSMC, 삼성전자 등이 모두 기술기업입니다.

기업분할

하나의 기업을 둘 이상으로 나누는 방식으로, 경영 효율성을 높이거나 특정 사업에 집중하기 위해 활용됩니다. 기업분할 방법은 물적분할과 인적분할이 있습니다.

낸드플래시

전원이 꺼져도 데이터를 저장할 수 있는 비휘발성 메모리로, 모바일 기기나 SSD 등에 사용됩니다.

다각화 할인

여러 사업을 동시에 운영하는 기업이 하나의 사업에 집중하는 기업에 비해 오히려 시장(주식시장)에서 낮은 가치를 평가받는 현상입니다. 경영의 복잡성 증가와 자원 배분의 비효율성과 같은 요인이 주요 원인입니다.

메모리 반도체

데이터를 저장하는 반도체로, 대표적으로 D램과 낸드플래시가 있습니다. 표준화된 대량생산이 가능해 규모의 경제가 중요한 산업입니다.

물적분할

모회사에서 자산과 인력을 분리해 자회사를 설립하는 방식으로, 분할된 회사는 모회사의 자회사로 편입됩니다. 기존 주주는 신설회사에 대한 지분을 직접 보유하지 않으며, 모회사가 신설회사를 지배합니다. (반면, 인적분할은 기존 주주가 모회사와 신설회사의 주식을 모두 배정받는 방식으로, 두 회사는 별도 법인으로 독립되며 주주의 지분 구조는 동일하게 유지됩니다.)

비즈니스모델

어떻게 고객에게 가치를 제공하고 수익을 창출할 것인가에 대한 사업의 구조와 논리입니다. 반도체 산업의 비즈니스 모델은 설계+생산을 동시에 수행하는 종합 반도체 기업IDM 모델, 설계만 하는 팹리스fabless 모델, 팹리스로부터 주문을 받아 생산만 하는 파운드리foundry 모델로 나눌 수 있습니다.

수직계열화vertical integration

원재료부터 완제품까지 산업 가치사슬의 여러 단계를 한 기업 내부에서 수행하는 구조입니다. 공급망 안정성과 비용 절감에 유리하지만, 변화에 대한 유연성이 떨어지고, 경영의 복잡성이 증가하는 단점도 있습니다.

시스템LSI(사업부)

삼성전자에서 모바일 AP, 이미지 센서, DDI(디스플레이 구동칩), 전력관리 칩 등의 설계를 담당하는 사업부의 이름입니다. '팹리스'에 해당합니다.

시스템 반도체

정보의 연산, 제어, 처리, 통신 등의 기능을 수행하며, 스마트폰, AI 서버, 자동차(자율주행), 전자제품 등 다양한 기기의 '두뇌' 역할을 합니다. 미래

산업의 발전과 함께, 수요가 빠르게 증가하고 있습니다.

아키텍처 설계

제품이나 시스템의 전체 구조를 정의하고 구성 요소 간의 관계를 설계하는 활동으로, 시스템 반도체의 설계 경쟁력을 좌우하는 핵심입니다.

지배논리dominant logic

기업이 사업을 인식하고 의사결정을 내리는 데 사용하는 기본적인 사고방식이나 관점입니다. 주로 경영진의 경험과 믿음에 따라 형성되며, 특정 사업에서의 성공이 이 논리를 강화합니다.

최고경영팀top management team: TMT

CEO를 중심으로 한 최고경영진 그룹으로, 기업의 전략과 방향을 결정하는 핵심 의사결정 집단입니다.

파운드리foundry

팹리스 회사의 설계를 받아 반도체를 위탁 생산하는 회사입니다. 대표적으로 TSMC, 삼성전자 파운드리 사업부가 있습니다.

팹리스fabless

반도체를 설계만 하고 생산은 외부 파운드리에 맡기는 회사입니다. 퀄컴, 엔비디아 등이 대표적입니다.

협업collaboration

조직 내 서로 다른 부서나 조직 간에 지식, 자원, 아이디어를 공유하고 공동의 목표를 달성하기 위해 함께 일하는 활동입니다. 복잡한 문제 해결과 혁신에 필수적인 요소입니다.

▶ 2장 지배구조

사외이사outside director

회사 경영에 직접 관여하지 않으면서 이사회에 참여하는 외부 인사입니다. 경영진을 감시·견제하고 외부의 시각에서 조언을 제공하는 역할을 합니다. 이사회의 독립성과 전문성을 확보하기 위한 핵심 제도로, 경영진으로부터의 독립성과 관련 분야에 대한 전문성이 요구됩니다.

이사회 내 위원회committee

이사회가 전문성과 효율성을 높이기 위해 특정 안건을 사전에 심의하거나, 독립적으로 검토하는 역할을 맡는 소위원회입니다. 감사위원회, 경영진 평가·보상 위원회 등이 있습니다.

이사회board of directors: BOD

회사의 최고 의사결정 기구로, 주주를 대신해 경영진을 감독하고 회사의 주요 전략과 경영계획을 승인하는 역할을 합니다.

지배구조corporate governance

기업에서 의사결정 권한이 누구에게 있고, 그 권한이 어떻게 행사되고 통제되는지를 규정하는 시스템입니다. 주주, 이사회, 경영진 간의 관계를 규정하고 조율하는 틀입니다.

▶ 3장 그룹본부

그룹본부(headquarters, corporate center, 기업 본사)

다각화된 기업에서 여러 사업부나 계열사의 전략을 조정하고 기업(그룹) 전체의 자원 배분을 총괄하는 조직입니다. 보통 그룹의 최고경영자와 이를 지원하는 스태프로 구성됩니다. 삼성에서는 전자계열사에 대한 그룹본부 조직으로 '사업지원 TF'가 이 기능을 수행합니다.

베스트 프랙티스best practice

동종 업계나 조직 내에서 가장 효과적이라고 인정된 우수한 사례나 실행 방법을 말합니다. 벤치마킹 대상이 됩니다.

전문 스태프

기획, 재무, 인사 등 특정 기능에 대한 전문성을 바탕으로 경영진의 의사결정이나 조직 전반을 지원하는 역할을 합니다.

▶ 4장 혁신

가치공학value engineering: VE

제품이나 서비스의 필수 기능은 유지하면서 비용을 줄이는 기법입니다. 설계, 소재, 공정을 분석해 효율성과 경제성을 동시에 추구합니다.

구조분리structural separation

혁신이나 탐험 활동을 효과적으로 수행하기 위해, 기존 조직과 분리된 별도의 조직 단위를 만드는 것을 말합니다.

급진적 혁신(획기적 혁신)

완전히 새로운 기술이나 제품을 창출하는 큰 변화로, 시장이나 산업을 뒤바꿀 수 있는 잠재력이 있습니다.

기술 패러다임

특정 시기 기술과 산업 전반을 지배하는 공통된 원리나 방식입니다. 예를 들면, 필름카메라에서 디지털카메라로 시장이 바뀐 것을 '기술 패러다임의 변화'라고 합니다.

기술 리더십

산업 내에서 기술적으로 선도하거나 혁신을 주도할 수 있는 능력입니다. 기술이 중요한 산업에서는 기술 리더십이 경쟁 우위의 핵심입니다.

딥러닝deep learning

사람처럼 학습하는 인공지능 기술로, 이미지 인식, 언어 번역, 자율주행 등 다양한 분야에서 사용됩니다. 최근 AI 서비스는 딥러닝에 바탕을 두고 있습니다.

불연속적 변화discontinuous change

기술이나 산업이 기존 방식과는 전혀 다른 방향으로 급격히 전환되는 변화입니다. 점진적 변화와는 반대 개념입니다.

식스시그마six sigma

품질향상과 프로세스 개선을 위한 품질경영 기법입니다. 프로세스의 단순화, 표준화를 통해 업무의 효율성을 높이는 데 목적이 있습니다.

양손잡이 조직ambidextrous organization

활용과 탐험을 동시에 잘 수행하는 조직을 의미합니다. 현재의 성과와 미래의 경쟁력의 균형을 추구하는 조직을 뜻하며, 장수기업의 특징이기도 합니다.

점진적 혁신

기존 제품이나 기술을 개선하는 작은 변화로, 안정성과 효율성 향상에 초점을 둡니다.

조직분리 = '구조분리'

컨텍스트(organizational context, 조직 컨텍스트)

조직 내에서 구성원들이 일하고 협업하며 의사결정하는 데 영향을 미치는 환경과 분위기를 의미합니다. 구성원의 행동과 성과에 큰 영향을 미칩니다.

컨텍스트 양면성(contextual ambidexterity, 양면적 조직 컨텍스트)

하나의 조직 안에서 효율성(활용)과 창의성(탐험)을 동시에 추구할 수 있도록 조직 환경을 설계하는 방식입니다.

탐험exploration

새로운 기술이나 시장을 개척하기 위한 실험과 시도로, 실패의 가능성도 크고 당장은 결과도 불확실하므로 단기 성과에는 부정적 영향을 미칠 수 있습니다. 그러나 장기 경쟁력에는 긍정적인 영향을 미칩니다.

핵심성과지표key performance indicators: KPI

조직이나 개인의 목표 달성 정도를 측정하는 핵심 지표입니다. KPI는 성과를 수치화해 관리하고 평가할 수 있도록 도와주는 도구로, 기업의 성과 관리에 널리 활용됩니다.

혁신innovation

기존과는 다른 방식으로 새로운 제품, 기술, 서비스를 만들어 내는 변화입니다. 개선과 비교하면 '근본적인 변화'를 의미합니다. 장기적 경쟁력의 원천이 됩니다.

활용exploitation

기존의 강점이나 자원을 최대한 활용하여 효율성과 성과를 높이려는 활동입니다. 주로 점진적 개선과 단기 성과에 기여합니다.

▶ 5장 역량

기업능력(firm capability, 조직역량)

조직이 구체적 목적을 달성하기 위해, 보유한 자원-설비, 사람, 기술, 지식, 문화, 네트워크 등-을 효과적으로 활용하고 조정할 수 있는 능력, 노하우, 프로세스 등을 의미합니다. 기업이 비슷한 자원을 보유하고 있어도 결과에 차이가 나는 것은 자원을 활용하는 기업의 능력이 다르기 때문입니다.

기회활용 역량seizing capability

시장의 기회를 실제 사업 성과로 전환하기 위해, 필요한 자원과 역량을 신속히 동원하고 실행하는 능력입니다.

동적 역량dynamic capabilities

환경 변화에 따라 보유 자원과 능력을 조정하거나 변혁할 수 있는 조직의 능력입니다. 빠르게 변화하는 기술 산업에서 경쟁우위의 핵심 요소입니다.

변혁 역량transforming capability **= '재구성 역량'**

빠른추격자fast follower

선도기업의 기술이나 제품을 모방, 개선하여 시장에 진입하고, 빠르게 선도기업을 따라잡으려는 전략을 말합니다. 삼성전자의 반도체, 휴대폰과 스마트폰이 대표적 사례입니다.

사내기업가intrapreneur

기업 내부에서 새로운 사업을 발굴하고 추진하는 역할을 하는 사람으로, 외부 창업자처럼 혁신을 이끄는 내부 리더입니다.

재구성 역량reconfiguring capability

환경 변화로 인한 위협에 대응하여 보유한 자원과 능력을 갱신하고 재구성하거나 변화시킬 수 있는 능력을 뜻합니다. 변혁 역량transforming capability과 동일한 의미입니다.

조직생태계organizational ecosystem

기업(조직)과 상호작용하는 다양한 외부 조직-즉, 고객, 공급자, 경쟁자, 협력사, 스타트업, 연구소, 대학 등-으로 구성되며, 조직의 생존, 번영, 혁신에 큰 영향을 미칩니다. 생물의 생존과 번성에 자연생태계가 큰 영향을 미치는 것과 같은 이치입니다.

퍼스트 무버first mover

혁신적인 제품이나 서비스를 통해 새로운 시장을 만들고 선도하는 기업을 말합니다. 리스크도 있지만, 선점 효과가 큽니다. 애플의 아이폰, AI 반도체의 엔비디아를 예로 들 수 있습니다.

핵심 경직성core rigidity

한때 기업을 성공으로 이끌었던 핵심 역량이 시간이 지나 환경이 바뀌면, 오히려 조직을 경직시키고 혁신을 가로막아서 실패의 원인으로 작용하는 현상입니다.

핵심 역량core competence

특정 상황에서 기업을 성공으로 이끄는 차별적인 자원과 능력을 의미합니다. 환경이 바뀌면 핵심 역량이 핵심 경직성이 될 수 있습니다.

환경감지 역량sensing capability

시장과 기술의 변화 속에서 고객의 욕구나 새로운 기회를 민첩하게 감지하는 기업의 능력입니다. 선도기업이 되기 위해서는 환경감지 역량이 우선되어야 합니다.

▶ 6장 조직

MBO(management by objectives, 목표관리제)

조직구성원이 자신이 설정한 목표의 달성 여부에 따라 성과를 평가받는 평가 방법입니다. 성과평가를 위해 측정 가능한 목표를 피평가자가 스스로 설정한다는 점이 특징입니다. 삼성전자에서는 임원의 성과를 평가하는 도구로 활용되고 있습니다(임원 MBO).

기계적 관료제machine bureaucracy

규칙, 표준화된 절차, 관리 계층에 의해 운영되는 대규모 조직을 말합니다. 안정적인 환경에서 효율성을 추구하는 대규모 조직에 적합합니다. 그러나 유연성과 창의성이 떨어지므로, 빠르게 변화하는 환경이나 혁신이 중요한 조직에는 단점이 많습니다.

기능식 조직(기능 중심 조직, functional organization)

생산, 판매, 개발, 운영 등 유사한 기능별로 조직을 구성한 구조입니다. 효율성과 전문성은 강점이지만, 부서 간 조정이 어렵습니다.

루틴routine

일상적으로 반복되는 작업이나 업무절차를 의미합니다. 조직에서 루틴은 효율성에는 도움이 되지만 창의성 발휘를 제약할 수 있습니다.

마이크로경영micromanagement

상사가 구성원의 업무에 과도하게 개입하고 일일이 간섭하는 관리 방식입니다. 행동통제의 지나친 형태로, 조직구성원의 자율성과 창의성 발휘를 억제합니다. 부하 직원에게는 상사가 자신을 신뢰하지 못한다는 신호로 받아들여지므로, 건강한 조직문화 형성을 제약합니다.

문화통제

조직이 추구하는 가치와 문화를 구성원이 공유하도록 하여, 자율적으로 바람직한 행동을 유도하는 방식입니다.

사업부제 조직

제품, 지역, 시장에 따라 조직을 분리하여 구성하고, 각 사업부가 손익에 대한 책임을 지고 독립적으로 경영활동을 수행하도록 하는 조직구조입니다.

상호조정mutual adjustment

상사의 지시나 개입 없이 부서나 구성원들 간에 수평적, 자율적으로 의사소통하며 업무를 조정하는 방식입니다.

성과통제

목표를 구체적으로 설정하고, 목표 달성 여부에 따라 부서나 구성원을 평가하고 보상하는 방식입니다.

스택 랭킹stack ranking

구성원을 성과 순으로 순위 매기고 상대평가하는 방식입니다. 구성원 간 경쟁을 유발하고 협력은 저해할 수 있습니다.

조정coordination

조직에서 부서나 개인에게 할당된(분업화된) 업무를 연결하고 조율하는 활동을 의미합니다. 분업으로 나뉜 일이 조직목표 달성에 이바지하기 위해서는 '조정'이 필수적입니다. 대표적인 조정 방식으로 상사에 의한 직접감독, 표준화, 상호조정 등이 있습니다.

조직설계organization design

조직의 목표를 효과적으로 달성하기 위해 조직구조, 권한과 책임, 역할, 운영방식, 업무 프로세스 등을 설계하는 일을 의미합니다.

조직통제organizational control

조직의 목표를 달성하기 위해 부서나 구성원의 행동과 성과를 관리하는 방식입니다. 대표적으로 행동통제, 성과통제, 문화통제가 있습니다.

지식근로자knowledge worker

지식을 활용하여 업무를 수행하는 근로자를 말합니다. 연구개발, 디자인, 엔지니어뿐만 아니라, 마케팅, 구매, 스태프 부서에 이르기까지, 오늘날 육체노동자가 아닌 대부분의 근로자가 이에 해당합니다.

직접감독direct supervision

조직에서 상사가 부하 직원의 업무를 직접 지시하고 통제하는 조정방식입니다. 조직계층(하이어라키)에 의해 업무를 조정한다는 점에서 '하이어라키에 의한 조정 방식'이라고 합니다.

총괄관리자general manager

사업부제 조직에서 개별 사업부 전체를 독립적으로 경영하고, 사업부의 성과(손익)를 책임지는 관리자입니다. 특정 기능 부문의 전문성보다는 여러 부서의 활동을 관리·조정하는 역할을 중시합니다.

프로젝트팀

특정 과제를 해결하기 위해 구성된 임시 조직으로, 일반적으로 여러 부서의 인력을 유연하게 활용합니다.

하이어라키hierarchy

조직 내 권한과 책임이 상하로 분화된 계층 구조를 말합니다. 명확한 지휘체계와 통제가 쉽다는 장점이 있지만, 수평적 협력이나 조직구성원의 창의성 발휘를 제약하는 단점이 있습니다.

행동통제

규칙, 절차, 지시, 보고 등으로 구성원의 행동을 통제하는 방식입니다.

혼합형 조직hybrid organization

조직 단위를 구성할 때, 둘 이상의 기준(기능, 제품, 지역 등)을 함께 활용하는 조직화 방식입니다. 하이브리드 자동차가 전기와 휘발유를 동력원으로 함께 사용하는 것처럼, 조직 내 어떤 부문은 기능식으로, 또 다른 부문은 제품별 조직으로 구성하는 방식을 말합니다.

▶ 7장 조직문화

라인부서

조직의 수익 창출과 직접 관련된 기능을 수행하는 부서로, 개발, 생산(제조), 영업, 마케팅 등과 같은 기능을 담당합니다. 스태프 부서와 구분됩니다.

스태프부서

라인부서나 조직 전체를 지원하는 기능을 수행하는 부서로, 기획, 인사, 재무, 총무, 회계 등과 같은 기능을 담당합니다.

심리적 안전감psychological safety

구성원이 비난이나 불이익에 대한 두려움 없이 자신의 생각, 아이디어, 질문, 의견을 자유롭게 말할 수 있는 조직 분위기를 말합니다.

원팀 문화one team culture

소속 부서나 계층에 상관없이 조직 내 부서나 구성원이 공동의 목표 달성을 위해 하나의 팀처럼 서로 신뢰하고 협력하는 문화를 뜻합니다.

조직문화

조직구성원이 공유하는 가치, 신념, 행동양식을 말합니다. 조직구성원들의 생각, 태도, 행동, 상호 관계 등에 큰 영향을 미치며, 장기적인 성과로 표출됩니다.

주식보상 제도stock-based compensation

회사가 임직원에게 급여 외 보상으로 자사 주식을 지급하거나 주식 취득 기회를 제공하는 제도입니다. 조직구성원이 기업의 주주로서 장기 성과에 관심을 가지고 책임감을 느끼도록 유도하며, 인재 확보, 동기부여 및 인력 유지에도 효과적입니다.

- **양도제한조건부주식**Restricted Stock Unit: RSU: 직원이 일정 기간 근속하거나 성과 조건을 충족하면 무상으로 주식을 제공하는 제도
- **직원주식매입제도**Employee Stock Purchase Plan: ESPP: 직원이 자사 주식을 할인된 가격으로 구매할 수 있는 제도

감사의 말

원고를 마무리하며 아버지와 어머니를 추억합니다. 학업을 마치기까지 삶의 여러 순간을 지탱해 주신 두 분의 사랑과 희생을 가슴 깊이 새깁니다. 연구를 진행하고 책을 쓰는 내내 스승이신 김인수 교수님을 생각했습니다. 편안함과 타협하지 않고, 선생님께서 몸소 보여주신 학자의 길을 잊지 않겠습니다.

경영 현장에서 연구, 강연, 자문, 포럼 등을 통해 만난 많은 경영자와 실무자들은 제가 기업과 경영을 이해하는 데 큰 도움이 되었습니다. 학문공동체에서 훌륭한 학자들과 함께 연구하고 지식을 교류하면서 배우고 영감을 받았습니다. 눈을 반짝이며 강의를 듣고 질문을 하던 경북대학교의 학생들도 고맙습니다. 그들에게 더 나은 강의를 하려고 준비하던 과정에서 저도 함께 발전할 수 있었습니다. '혁신', '조직양면성', '동적 역량'과 같은 주제를 함께 고민했던 문상미 박사, 남동수 대표, 김국태 박사, 이재근 박사 등 사랑하는 제자들도 이 자리를 빌려 기억합니다.

책을 쓰는 과정에서 많은 분들의 도움이 있었습니다. 회사를 아끼는 마음으로 어렵게 인터뷰에 응해 주신 삼성전자의 전·현직

구성원들과 외부 전문가들께 감사드립니다. 모든 원고를 읽고 책의 구성, 분석, 제안의 타당성에 이르기까지, 날카로운 통찰과 조언을 제시한 서강대학교 박종훈 교수의 우정에도 감사합니다. 대학원 박사과정의 진태훈, 김원경, 김아영, 석사과정의 라건 학생은 여러 번에 걸친 자료 수집, 정리, 분석 및 초고 검토 과정에 헌신적으로 힘을 보탰습니다.

이 책은 사랑하는 아내 소영에게 드립니다. 여러 번 고쳐 쓴 글을 빠짐없이 읽고 독자의 눈높이에서 조언을 해줬습니다. 항상 일에만 전념할 수 있도록 배려해 주는 덕택에, 책을 쓰는 동안에도 매 순간 아내의 사랑을 느낄 수 있어 행복했습니다. 든든히 지켜봐 주시는 장모님, 언제나 마음을 다해 응원해주는 동생 허은정 교수, 얼굴만 봐도 마음이 편안해지는 친구들과 선후배에게도 고마움을 전합니다. 사랑하는 딸 종원과 아들 준영, 둘의 앞날을 응원합니다.

저자 소개

저자 허문구는 경북대학교 경영학부 교수이다. 고려대학교 경영대학을 졸업하고 대학원에서 경영전략 및 조직이론 전공으로 박사학위를 받았다. 학생들과 함께 토론하며 열정을 나누는 시간을 소중히 여긴다. 경북대학교에서 '우수강의상'을 받았으며, 가르치는 과목(경영전략론, 경영조직론, 인적자원론)마다 '경북대학교 다시 듣고 싶은 수업'에 선정되었다.

LG 연암재단 해외 연구교수로 선발되어, 듀크대학교 방문 교수를 지냈으며, 한국전략경영학회 회장, 한국경영학회 부회장을 역임했다. 유럽경영학회(EURAM) 연례학술대회(2018)에서 우수논문상을 받았으며, 미국경영학회(AOM) 학술대회(2013)에 발표한 논문은 상위 5%에 해당하는 우수논문집(Best Paper Proceedings)에 수록되었다. 전략, 혁신, 양손잡이 경영, 조직설계, 지식창출 등에 대한 연구를 통해, 매일경제 우수논문상(2012), 한국인사조직학회(2012, 2015), 한국전략경영학회(2013), 기술경영경제학회(2019), 대한경영학회(2014) 등 국내 주요 학회로부터 일곱 차례에 걸쳐 '최우수논문상'을 수상했다.

대학에서 학생을 가르치기 전에는 현대경제연구원, 산업과학연구원(RIST), 포스코경영연구원에서 국내외 대기업을 대상으로 연구와 컨설팅 경험을 쌓았다. 포스코, 삼성, 현대차, SK, HD현대중공업 등 여러 기업의 경영 자문과 임직원 교육을 수행해 왔다. 이러한 경험을 바탕으로 기업 경영의 본질과 한국 기업의 경영 방식에 대해 오랫동안 고민과 성찰을 이어오고 있다.

참고문헌

1장 • 전략

1) Raghuram Rajan, Henri Servaes, and Luigi Zingales, "The cost of diversity: The diversification discount and inefficient investment," Journal of Finance, 55(1), 2000, 35-80.

2) Michael Goold and Andrew Campbell, "Desperately seeking synergy," Harvard Business Review, 76(5), 1998, 131-143.

3) Jeffrey Funk and Jianxi Luo, "Open standards, vertical disintegration and entrepreneurial opportunities: How vertically-specialized firms entered the US semiconductor industry," Technovation, 45, 2015, 52-62.

4) CK Prahalad and Richard Bettis, "The dominant logic: A new linkage between diversity and performance," Strategic Management Journal, 7(6), 1986, 485-501.

5) 전 삼성 반도체맨이 말하는 삼성의 위기, 압권, 2024.11., 유튜브.

6) 허문구, 버려야 얻을 수 있다. 전략의 요체는 '포기', 동아비즈니스리뷰, 159호, 2014, 80-81.

7) Andrew Grove, Only the paranoid survive: How to exploit the crisis points that challenge every company, Crown currency, 1999.

8) Richard Rumelt, Good strategy bad strategy: The difference and why it matters, Crown Currency, 2011.

9) 삼성전자 전,현직자가 바라본 삼성 반도체의 위기와 해결방안, 담낭이, 2024.10., 유튜브.

10) Jeffrey Martin and Kathleen Eisenhardt, Rewiring: Cross-business-unit

collaborations in multibusiness organizations, Academy of Management Journal, 53(2), 2010, 265-301.

2장 • 지배구조

1) Linda A. Hill and George Davis, "The board's new innovation imperative," Harvard Business Review, Nov-Dec, 2017.
McKinsey & Company, "Toward a value-creating board," McKinsey Global Survey, February, 2016.
2) The CEO guide to boards, McKinsey Quarterly, September, 2016.
McKinsey & Company, op. cit.
3) Chinta Bhagat, Martin Hirt, and Conor Kehoe, "Tapping the strategic potential of boards," McKinsey Quarterly, February, 2013.
4) Maria Lillà Montagnani and Maria Lucia Passador, "Toward an enhanced level of corporate governance: Tech committees as a game changer for the board of directors." Journal of Business, Entrepreneurship and the Law, 15(1), 2022, 1-76.
5) William Forrest, Sidney Li, Isabelle Tamburro, and Steve Van Kuiken, "How effective boards approach technology governance," McKinsey Digital, September, 2022, 1-8.
6) Ryan McManus, "A special board committee can help drive corporate and transformational success," Harvard Law School Forum on Corporate Governance, August 31, 2021.
7) William Forrest, Sidney Li, Isabelle Tamburro, and Steve Van Kuiken, op. cit.
8) Tarun Khanna, Mary C. Beckerle, and Nabil Y. Sakkab, "Boards need a new approach to technology," Harvard Business Review, Sep-Oct, 2024.
9) 이 부분의 논의는 다음 문헌에 바탕을 두고 있습니다.
Tarun Khanna, Mary C. Beckerle, and Nabil Y. Sakkab, op. cit.

1) Tina Ambos and Guenter Mueller-Stewens, "Rethinking the role of the centre in the multidivisional firm: A retrospective," Long Range Planning, 50, 2017, 8-16.

2) Michael Goold, Andrew Campbell, and Marcus Alexander, "Corporate strategy and parenting theory," Long Range Planning, 31(2), 1998, 310-311.

3) Michael Goold and Andrew Campbell, "Desperately seeking synergy," Harvard Business Review, 1998.

4) Michael Goold, Andrew Campbell, and Marcus Alexander, op. cit., p.310.

5) Henry Mintzberg, The structuring of organizations, Prentice-Hall, 1979.

6) Sven Kunisch, Markus Menz, and David Collis, "Corporate headquarters in the twenty-first century: An organization design perspective," Journal of Organization Design, 2020, 1-32.

7) Tina Ambos and Guenter Mueller-Stewens, op. cit.
Fabrice Roghe, Michael Book, Stefan Webers, and Rainer Strack, Lean and Active: A new perspective on the role of the center, Boston Consulting Group, 2008.
Sven Kunisch, Markus Menz, and David Collis. op. cit.

8) Jeffrey Martin and Kathleen Eisenhardt. "Rewiring: Cross-business-unit collaborations in multibusiness organizations," Academy of Management Journal, 53(2), 2010, 265-301.
Michael Goold, Andrew Campbell, and Marcus Alexander, Corporate-level strategy: Creating value in the multibusiness company, John Wiley & Sons, 1994.

9) Michael Goold and Andrew Campbell, Strategies and styles: The role of the centre in managing diversified corporations, Basil Balkwell, UK, 1987.

4장 • 혁신

1) James March, "Exploration and exploitation in organizational learning," Organization Science, 2(1), 1991, 71-87.
2) Guktae Kim & Moon-Goo Huh, "Exploration and organizational longevity: The moderating role of strategy and environment," Asia Pacific Journal of Management, 32, 2015, 389-414.
3) 권오현, 초격차, 쌤앤파커스, 2018, 227-231.
4) 위의 책, 69-71.
5) Marlo Raveendran, Kannan Srikanth, Tiberiu Ungureanu, and George Zheng, "How do performance goals in≠uence exploration-exploitation choices?" Organization Science, 34(6), 2023, 2464-2486.
6) Microsoft's Satya Nadella on Flexible Work, the Metaverse, and the Power of Empathy, Harvard Business Review Digital, 2021. 10.
7) Bansi Nagji and Geoff Tuff, "Managing your innovation portfolio," Harvard Business Review, 90(5), 2012, 66-74.
8) Heidi Gardner and Ivan Matviak, "Performance management shouldn't kill collaboration: How to align goals across functions," Harvard Business Review, 100(Sep-Oct), 2022, 118-127.
9) 정혜진, 더 라스트 컴퍼니, 한빛비즈, 2024, 78-82.

5장 • 역량

1) 이 장의 내용은 동적 역량에 대한 저자의 여러 연구를 활용했습니다.
허문구, 한국기업의 경쟁력 강화 방안: 동적 역량 관점, Korea Business Review, 22(2), 2018, 155-175.
허문구, 1등이 되려면 환경감지 역량을 키워라, 송재용 외, 패러다임대전환, 자의누리, 2023, 241-274.
허문구, 추격과 추월을 넘어 혁신과 개척으로, 이홍 외, K-매니지먼트: 기로에 선 한국형 기업경영, 클라우드나인, 2015, 159-194.
2) Dorothy Leonard-Barton, "Core capabilities and core rigidities: A paradox in managing new product development," Strategic Management

Journal, 13(S1), 1992, 111-125.

3) David Teece, "Explicating dynamic capabilities: The nature and microfoundations of (sustainable) enterprise performance," Strategic Management Journal, 28(13), 2007, 1319-1350.

4) 앞선 제품을 분해하고 재조립하는 과정을 통해 제품에 체화된 기술과 지식을 습득함으로써, 자신의 제품을 개발하는 방법

5) Manuel Villasalero, "Multi-business firms, knowledge flows and intra-network open innovations," Journal of the Knowledge Economy, 9, 2018, 162-179.

6) Ivanka Visnjic and Ronnie Leten, "The Legacy Company's Guide to Innovation," Harvard Business Review, 2024.

7) Tae Kim, The NVIDIA Way: Jensen Huang and the making of a tech giant, W.W. Norton & Company, 2025, 168-169.

8) Joel Podolny and Morten Hansen, "How Apple is organized for innovation," Harvard Business Review, 2020, Nov-Dec.
Tae Kim, op. cit.

9) 이정동, 축적의 시간, 지식노마드, 2015.

10) Henrich R. Greve, "Exploration and exploitation in product innovation," Industrial and Corporate Change, 16(5), 2007, 945-975.

6장 • 조직

1) Bharat Anand and David Collis, "Why multibusiness strategies fail and how to make them succeed," Harvard Business Review, 103(9-10), 2024, 138-149.

2) Daniel Jugend, Tiago Araujo, Márcio Pimenta, José Alcides Gobbo Jr, and Per Hilletofth, "The role of cross-functional integration in new product development: Differences between incremental and radical innovation projects," Innovation, 20(1), 2018, 42-60.

3) Oliver Williamson, The economic institutions of capitalism: Firms, markets, and relational contracting. Free Press. 1985.

4) Robert Hoskisson, Charles Hill, and Hicheon Kim, "The multidivisional

structure: Organizational fossil or source of value?" Journal of Management, 19(2), 1993, 269-298.

5) Rachel Donadio and Jim Yardley, "Vatican's bureaucracy tests even the infallible", The New York Times, March 19, 2013, A1.

6) William G. Ouchi, "Markets, bureaucracies, and clans," Administrative Science Quarterly, 25, 1980, 129-141.

7) Satya Narayana Nadella, Hit refresh: The quest to rediscover Microsoft's soul and imagine a better future for everyone, Harper Business, 2018.

8) Joel Podolny and Morten Hansen, "How Apple is organized for innovation," Harvard Business Review, 2020, Nov-Dec.

9) Ron Ashkenas, Dave Ulrich, Todd Jick, and Steve Kerr, The boundaryless organization: Breaking the chains of organizational structure, John Wiley & Sons, 2015.

10) Antonio Nieto-Rodriguez, "The project economy has arrived," Harvard Business Review, 99(6), 2021, 38-45.

11) Joel Podolny and Morten Hansen, op. cit.

12) Tae Kim, The NVIDIA Way: Jensen Huang and the making of a tech giant, W. W. Norton & Company, 2025, 166-167.

13) Henry Mintzberg, The structuring of organizations, Prentice-Hall, 1979.

7장 • 조직문화

1) Joseph L. Bower, Jack Welch: General Electric's Revolutionary, Harvard Business School Case, 1993.

2) Ed Catmull and Amy Wallace, Creativity, Inc.: Overcoming the unseen forces that stand in the way of true inspiration. Random House, 2014.

3) Feruzan Irani Williams, Lori Trudell, Paige Rutner, Constance Campbell, Harrison McKnight, and Bill Hardgrave, "Just let me do my job! Exploring the impact of micromanagement on IT professionals," DATABASE for advances in information systems, 52(3), 2021, 77-95.

4) Satya Nadella, Customer love is a better sign of success than revenue or profit, Business Insider, 2015.10.8.

5) Edgar Schein, Organizational culture and leadership, Jossey-Bass, 1985.

6) Amy Edmondson, The fearless organization: Creating psychological safety in the workplace for learning, innovation, and growth, John Wiley & Sons, 2019.

7) Amy Edmondson and Josephine Mogelof, "Explaining psychological safety in innovation teams: Organizational culture, team dynamics, or personality?" Creativity and innovation in organizational teams, Psychology Press, 2006, 129-156.

8) James Kochanski and Gerald Ledford, "How to keep me-retaining technical professionals," Research-Technology Management, 44(3), 2001, 31-38.

9) Joel Podolny and Morten Hansen, "How Apple is organized for innovation," Harvard Business Review, 2020, Nov-Dec.

10) Tae Kim, The NVIDIA Way: Jensen Huang and the making of a tech giant, W. W. Norton & Company, 2025, 164.

11) 엔비디아, 주 7일 격무에도 퇴직률 2.7%(…)4년 근속하면 자사주 최대 지급, 조선일보, 2024.8.28.

12) 삼전, 하이닉스서 수백명 미 마이크론 이직..인재유출에 K-반도체 초비상, 매일경제, 2024.3.8.
"SK가 삼성보다 더 견제하는 이곳"(…)한 인재 빼가더니 제2의 HBM 노린다[김민지의 칩 만사!], 헤럴 드경제, 2025.3.22.
中보다 더 달콤하다..삼성, SK 인재노리는 미 마이크론, 아시아경제, 2024.12.28.

1장 • 전략 (부록)

1) 이 부분의 논의는 저자의 다음 글에 기초하고 있습니다.
허문구, 버려야 얻을 수 있다. 전략의 요체는 '포기', 동아비즈니스리뷰, 159호, 2014, 78-81.

2) William Ocasio, "Towards an attention-based view of the firm," Strategic Management Journal, 18(S1), 1997, 187-206.

John Joseph and Alex J. Wilson, "The growth of the firm: An attention-based view," Strategic Management Journal 39(6), 2018, 1779-1800.

3) Andrew Grove, Only the paranoid survive: How to exploit the crisis points that challenge every company, Crown currency, 1999.

4) Richard Rumelt, Good strategy bad strategy: The difference and why it matters, Crown Currency, 2011.

5) 이 부분의 논의는 저자의 다음 글에 기초하고 있습니다.
허문구, 1등 경쟁 멈춰라, 동아비즈니스리뷰, 130호, 2013, 14.

6) David B. Yoffie, Cola wars continue: Coke and Pepsi in the twenty-first century, Harvard Business School, 2002.

7) Joan Magretta, Understanding Michael Porter: The essential guide to competition and strategy, Harvard Business Review Press, 2012.

3장 • 그룹본부 (부록)

1) 이 부분의 논의는 Ashridge Strategic Management Centre의 다음 연구에 바탕을 두고 있습니다.
Michael Goold, Andrew Campbell, and Marcus Alexander, "Corporate strategy and parenting theory," Long Range Planning, 31(2), 1998, 310-311.
Michael Goold, Andrew Campbell, and Marcus Alexander, Corporate-level strategy: Creating value in the multibusiness company, John Wiley & Sons, 1994.

4장 • 혁신 (부록)

1) Michael Tushman and Charles O'Reilly, "Ambidextrous organizations: Managing evolutionary and revolutionary change," California Management Review, 38, 1996, 8-30.

2) Mary Benner and Michael Tushman, "Exploitation, exploration, and process management: The productivity dilemma revisited," Academy of Management Review, 28, 2003, 238-256.

Justin Jansen, Frans Van Den Bosch, and Henk Volberda, "Exploratory innovation, exploitative innovation and performance effects: Effects of organizational antecedents and environmental moderators," Management Science, 52, 2006, 1661-1674.

3) 이 부분의 논의는 저자의 다음 글에 바탕을 두고 있습니다.
허문구, 추격과 추월을 넘어 혁신과 개척으로, 이홍 외, K-매니지먼트: 기로에선 한국형 기업경영, 클라우드나인, 2015, 159-194.

4) Ben Rich and Leo Janos, Skunk Works: A personal memoir of my years at Lockheed, Little, Brown & Company, 1994.

5) Charles O'Reilly and Michael Tushman, "The ambidextrous organization," Harvard Business Review, 82(4), 2004, 74-83.

6) Julian Birkinshaw and Kamini Gupta, "Clarifying the distictive contribution of ambidexterity to the field of organization studies," Academy of Mmanagement Perspectives, 27, 2013, 287-298.

7) Eric Chen and Riitta Katila, "Rival interpretations of balancing exploration and exploitation: Simultaneous or sequential?" In S. Scott(Ed.), Handbook of technology and innovation management, Wiley, 2008, 197-214.
Charles O'Reilly and Michael Tushman, "Organizational ambidexterity: Past. present, and future," Academy of management perspectives, 27, 2013, 324-338.

8) 이 부분의 논의는 아래 연구에 바탕을 두고 있습니다.
Ming Piao, "Thriving in the new: Implication of exploration on organizational longevity," Journal of Management, 36, 2010, 1529-1554.

5장 • 역량 (부록)

1) Michael Porter, "How competitive forces shape strategy," Harvard Business Review, 1979.
Michael Porter, Competitive strategy: Techniques for analyzing industries and competitors, Free Press, 1980.

Michael Porter, Competitive advantage: Creating and sustaining superior performance, Free Press, 1985.

2) Michael Porter, "What is strategy?" Harvard Business Review, 1996.

3) Birger Wernerfelt, "A resource-based view of the firm," Strategic Management Journal, 5(2), 1984, 171-180.

4) Jay Barney, "Firm resources and sustained competitive advantage," Journal of Management, 17(1), 1991, 99-120.

Ingemar Diericks and Karel Cool, "Asset stock accumulation and sustainability of competitive advantage," Management Science, 35(2), 1989, 1504-1513.

Margaret Peteraf, "The cornerstones of competitive advantage: A resource-based view," Strategic Management Journal, 14(3), 1993, 179-191.

5) Bruce Harreld, Charles O'Reilly, and Michael Tushman, "Dynamic capabilities at IBM: Driving strategy into action," California Management Review, 49(4), 2007, 21-43.

6) Dorothy Leonard-Barton, op. cit.

7) David Teece, "Explicating dynamic capabilities: The nature and microfoundations of (sustainable) enterprise performance," Strategic Management Journal, 28(13), 2007, 1319-1350.

6장 • 조직 (부록)

1) Frits K. Pil and Matthias Holweg, "Exploring scale: the advantages of thinking small," MIT Sloan Management Review, Winter, 2003, 33-39.

2) Richard L. Daft, Organization theory and design, 13th ed., Cengage Learning, 2021.

3) Tae Kim, The NVIDIA Way: Jensen Huang and the making of a tech giant, W. W. Norton & Company, 2025, 166-167.

정혜진, 더 라스트 컴퍼니, 한빛비즈, 2024, 40-45.

1) Richard L. Daft, Organization theory and design, 13th ed., Chapter 10, Cengage Learning, 2021.

2) Henry Mintzberg, The structuring of organizations, Prentice-Hall, 1979.
Henry Mintzberg, "Structure in 5's: A synthesis of the research on organization design," Management Science, 26(3), 1980, 322-341.

3) Mary J. Benner and Michael L. Tushman, "Exploitation, exploration, and process management: The productivity dilemma revisited," Academy of Management Review, 28(2), 2003, 238-256.

초격차 이후, 삼성의 길을 묻다 – 전략, 조직, 문화의 재설계

초판발행 2025년 9월 30일
중판발행 2026년 1월 30일

지은이 허문구
펴낸이 안종만·안상준

편 집 탁종민
기획/마케팅 장규식
표지디자인 BEN STORY
제 작 고철민·김원표

펴낸곳 (주) 박영사
서울특별시 금천구 가산디지털2로 53, 210호(가산동, 한라시그마밸리)
등록 1959.3.11. 제300-1959-1호(倫)
전 화 02)733-6771
f a x 02)736-4818
e-mail pys@pybook.co.kr
homepage www.pybook.co.kr
ISBN 979-11-303-2386-2 93320

정 가 20,000원